Y0-EIJ-352

LEGEND

9	INTERCHANGE & EXIT NUMBER
	CONTROLLED ACCESS HIGHWAY
	TOLL HIGHWAY
	DIVIDED HIGHWAY
	PRIMARY ROAD
	SECONDARY ROAD
	OTHER ROAD
	UNDER CONSTRUCTION
	FERRY ROUTE
	STATE BOUNDARY
	INTERNATIONAL BOUNDARY
	FOREST
	PARK
	AIRPORT
	MILITARY RESERVE
	NATIVE AMERICAN RESERVE
	INCORPORATED AREA
	MOUNTAIN PEAK
	POINT OF INTEREST
	STATE PARK / FOREST
IL 19	PAGE LOCATOR TAB
22	DRIVING DISTANCE BETWEEN MARKERS (MILES IN UNITED STATES, KILOMETERS IN CANADA)
90	INTERSTATE HIGHWAY
30	U.S. HIGHWAY
15	STATE HIGHWAY
10	OTHER HIGHWAY
1	TRANS-CANADIAN HIGHWAY
5	MEXICO HIGHWAY
180	NEW EXIT NUMBERS
71	PREVIOUS EXIT NUMBERS
	NATIONAL CAPITAL
	STATE CAPITAL
	CITY / TOWN GREATER THAN 500,000
	CITY / TOWN 100,000 - 499,999
	CITY / TOWN 50,000 - 99,999
	CITY / TOWN 25,000 - 49,999
	CITY / TOWN 5,000 - 24,999
	CITY / TOWN LESS THAN 5,000

UniversalMAP™

Publisher & Distributor of Quality Travel Products

P.O. Box 15 • Williamston, MI 48895

Copyright © UNIVERSAL MAP ENTERPRISES, INC. All rights reserved. Reproduction, in whole or part, in any form or by any means whatsoever, is prohibited without written permission from the publisher. Information has been obtained from various sources believed to be reliable at press time. Universal Map assumes no liability for damages or inconveniences arising from errors or omissions. Additions or corrections brought to our attention will be verified and included in future editions.

Published by Publications International, Ltd.
Louis Weber, CEO
7373 North Cicero Avenue
Lincolnwood, IL 60712

ISBN: 1-4127-1299-8

Manufactured in China.

CONTENTS

UNITED STATES MAP 2-3
MILEAGE TABLE 4-5

UNITED STATES

ALABAMA 6
ALASKA 7
ARIZONA 8
ARKANSAS 9
CALIFORNIA (Northern) 10
CALIFORNIA (Southern) 11
COLORADO 12
CONNECTICUT 14-15
DELAWARE 13
FLORIDA 16
GEORGIA 17
HAWAII 7
IDAHO 18
ILLINOIS 19
INDIANA 20
IOWA 21
KANSAS 24
KENTUCKY 22-23
LOUISIANA 25
MAINE 26
MARYLAND 13
MASSACHUSETTS 14-15
MICHIGAN 28-29
MINNESOTA 27
MISSISSIPPI 30
MISSOURI 31
MONTANA 32
NEBRASKA 33
NEVADA 34
NEW HAMPSHIRE 35
NEW JERSEY 36
NEW MEXICO 37
NEW YORK 38-39
NORTH CAROLINA 40-41
NORTH DAKOTA 42
OHIO 43
OKLAHOMA 44
OREGON 45
PENNSYLVANIA 46
RHODE ISLAND 14-15
SOUTH CAROLINA 40-41
SOUTH DAKOTA 47
TENNESSEE 22-23
TEXAS 48-49
UTAH 50
VERMONT 35
VIRGINIA 52-53
WASHINGTON 51
WEST VIRGINIA 52-53
WISCONSIN 54
WYOMING 55

U.S. CITIES

ATLANTA, GA 67
BALTIMORE, MD 75
BIRMINGHAM, AL 71
BOSTON, MA 70
CHICAGO, IL 68
CINCINNATI, OH 70
CLEVELAND, OH 70
DALLAS, TX 69
DENVER, CO 71
DETROIT, MI 69
FT. WORTH, TX 69
HOUSTON, TX 76
KANSAS CITY, MO 72
LOS ANGELES, CA 73
LOUISVILLE, KY 71
MEMPHIS, TN 77
MIAMI, FL 71
MILWAUKEE, WI 67
MINNEAPOLIS, MN 72
NEW ORLEANS, LA 73
NEW YORK, NY 76
PHILADELPHIA, PA 75
PHOENIX, AZ 77
PORTLAND, OR 80
SALT LAKE CITY, UT 78
SAN ANTONIO, TX 78
SAN DIEGO, CA 79
SAN FRANCISCO, CA 80
SEATTLE, WA 74
ST. LOUIS, MO 79
ST. PAUL, MN 72
TACOMA, WA 74
WASHINGTON, DC 74

CANADA

ALBERTA 57
BRITISH COLUMBIA 56
MANITOBA 59
NEW BRUNSWICK 64-65
NEWFOUNDLAND & LAB.. 64-65
NOVA SCOTIA 64-65
ONTARIO 60-61
PRINCE EDWARD IS 64-65
QUEBEC 62-63
SASKATCHEWAN 58
YUKON TERRITORY 7

MEXICO

MEXICO 66

UNITED STATES
NATIONAL PARKS AND MONUMENTS ARE SHOWN IN RED
SCALE
0 50 100 150 200 MILES
0 100 200 300 KILOMETERS
Publications International, Ltd.
PACIFIC
9:00
MOUNTAIN
10:00
Pacific Ocean
BRITISH COLUMBIA
ALBERTA
SASKATCHEWAN
MANITOBA
WASHINGTON
OREGON
IDAHO
MONTANA
WYOMING
NORTH DAKOTA
SOUTH DAKOTA
NEBRASKA
NEVADA
UTAH
COLORADO
CALIFORNIA
ARIZONA
NEW MEXICO
TEXAS
BAJA CALIFORNIA
SONORA
CHIHUAHUA
COAHUILA
DURANGO
VANCOUVER
Victoria
CALGARY
Saskatoon
REGINA
SEATTLE
Olympia
Tacoma
Everett
Bellingham
SPOKANE
PORTLAND
Salem
Eugene
Medford
Klamath Falls
BOISE
Twin Falls
Idaho Falls
Pocatello
Helena
Missoula
Butte
GREAT FALLS
BILLINGS
Bismarck
Fargo
Minot
Rapid City
Pierre
Sheridan
CASPER
CHEYENNE
Rock Springs
SALT LAKE CITY
Ogden
Provo
RENO
Carson City
SACRAMENTO
SAN FRANCISCO
Oakland
San Jose
Fresno
Bakersfield
LOS ANGELES
SAN DIEGO
Tijuana
Mexicali
LAS VEGAS
Elko
Ely
Flagstaff
PHOENIX
TUCSON
Nogales
DENVER
Colorado Springs
Pueblo
Grand Junction
Durango
Santa Fe
ALBUQUERQUE
Las Cruces
EL PASO
Ciudad Juárez
Chihuahua
Hermosillo
Amarillo
Lubbock
OKLAHOMA CITY
FT. WORTH
Abilene
Midland
Odessa
SAN ANTONIO
Laredo
Nuevo Laredo
MONTERREY
Matamoros
Grand Island
North Platte
Scottsbluff
Wichita Falls

ONTARIO
QUÉBEC
James Bay
EASTERN
12:00
ATLANTIC
1:00
PRINCE EDWARD ISLAND
Charlottetown
NEW BRUNSWICK
NOVA SCOTIA
Halifax
Gulf of St. Lawrence
MAINE
Augusta
Bangor
PORTLAND
Concord
BOSTON
Providence
MASS.
CONN.
RI
Hartford
VT
NH
Montpelier
NEW YORK
Albany
Syracuse
Rochester
BUFFALO
TORONTO
OTTAWA
MONTRÉAL
QUÉBEC
Trois-Rivières
Sherbrooke
Lake Ontario
Lake Erie
Lake Huron
Lake Michigan
Lake Superior
MICHIGAN
Lansing
DETROIT
Windsor
Grand Rapids
Flint
Sault Ste. Marie
Thunder Bay
Duluth
MINNEAPOLIS
ST. PAUL
WISCONSIN
MADISON
MILWAUKEE
Green Bay
IOWA
DES MOINES
Cedar Rapids
Davenport
ILLINOIS
CHICAGO
Springfield
Peoria
INDIANA
INDIANAPOLIS
Ft. Wayne
OHIO
COLUMBUS
CLEVELAND
Toledo
Akron
Dayton
CINCINNATI
PENNSYLVANIA
Harrisburg
PITTSBURGH
PHILADELPHIA
Allentown
Erie
NEW YORK
Newark
NJ
Trenton
DEL.
Dover
MD
BALTIMORE
WASHINGTON DC
Annapolis
WEST VIRGINIA
Charleston
VIRGINIA
RICHMOND
Norfolk
KENTUCKY
Frankfort
LOUISVILLE
Lexington
TENNESSEE
Nashville
Knoxville
MEMPHIS
Chattanooga
NORTH CAROLINA
Raleigh
CHARLOTTE
Greensboro
Winston-Salem
Wilmington
SOUTH CAROLINA
Columbia
Charleston
GEORGIA
ATLANTA
Augusta
Macon
Savannah
Columbus
ALABAMA
Montgomery
BIRMINGHAM
Mobile
MISSISSIPPI
JACKSON
Biloxi
LOUISIANA
Baton Rouge
NEW ORLEANS
Shreveport
ARKANSAS
LITTLE ROCK
MISSOURI
ST. LOUIS
KANSAS CITY
Jefferson City
Springfield
FLORIDA
Tallahassee
Jacksonville
Orlando
TAMPA
St. Petersburg
MIAMI
Key West
Pensacola
HOUSTON
Beaumont
Galveston
BAHAMAS
Nassau
Atlantic Ocean
Gulf of Mexico
© UniversalMAP™

Distances are shown in miles

Routes used to determine these mileages are not always the shortest distance between cities, but are generally considered the easiest route to drive.

	ALBANY, NY	ALBUQUERQUE, NM	ATLANTA, GA	ATLANTIC CITY, NJ	BALTIMORE, MD	BILLINGS, MT	BOISE, ID	BOSTON, MA	CHARLOTTE, NC	CHEYENNE, WY	CHICAGO, IL	CINCINNATI, OH	CLEVELAND, OH	DALLAS, TX	DENVER, CO	DES MOINES, IA	DETROIT, MI	EL PASO, TX	GRAND CANYON VILLAGE, AZ	GREAT SMOKEY MTNS, TN	HOUSTON, TX	INDIANAPOLIS, IN	JACKSON, MS	KANSAS CITY, MO	LAS VEGAS, NV	LITTLE ROCK, AR	LOS ANGELES, CA	LOUISVILLE, KY	MEMPHIS, TN	MIAMI, FL	MILWAUKEE, WI
ALBANY, NY	0	2096	1024	260	329	2085	2512	177	778	1776	824	728	479	1692	1822	1144	548	2252	2500	842	1774	795	1339	1282	2559	1373	2832	844	1235	1451	919
ALBUQUERQUE, NM	2096	0	1411	2020	1900	1010	967	2248	1646	551	1356	1427	1625	654	450	1107	1615	268	407	1457	903	1306	1064	904	605	890	798	1316	1020	1977	1438
ATLANTA, GA	1024	1411	0	842	699	1921	2197	1124	250	1461	728	473	740	794	1422	967	748	1437	1815	259	806	543	386	819	2012	530	2206	428	393	671	823
BALTIMORE, MD	329	1900	699	144	0	1969	2396	415	453	1659	708	513	373	1385	1688	1028	531	2040	2303	535	1467	598	1032	1085	2432	1066	2694	616	927	1122	803
BILLINGS, MT	2085	1010	1921	2089	1969	0	624	2262	2040	461	1262	1575	1608	1346	563	1095	1545	1278	1076	1851	1595	1446	1756	1103	980	1536	1253	1564	1626	2597	1188
BOISE, ID	2512	967	2197	2516	2396	624	0	2689	2358	737	1704	1976	2034	1618	834	1369	1972	1213	859	2169	1867	1844	2028	1379	763	1808	954	1897	1902	2873	1743
BOSTON, MA	177	2248	1124	346	415	2262	2689	0	878	1953	1001	861	656	1792	1999	1322	725	2447	2651	942	1874	946	1439	1433	2736	1473	3009	977	1335	1537	1096
CHARLOTTE, NC	778	1646	250	597	453	2040	2358	878	0	1622	779	490	524	1041	1583	1071	646	1684	2050	203	1053	595	634	980	2248	765	2441	479	627	739	874
CHEYENNE, WY	1776	551	1461	1779	1659	461	737	1953	1622	0	967	1239	1298	887	104	633	1235	819	774	1433	1136	1108	1297	643	840	1077	1113	1161	1166	2136	1007
CHICAGO, IL	824	1356	728	828	708	1262	1704	1001	779	967	0	314	347	983	1014	336	284	1511	1759	590	1104	185	754	539	1750	664	2023	302	542	1404	96
CINCINNATI, OH	728	1427	473	633	513	1575	1976	861	490	1239	314	0	256	955	1215	608	264	1609	1830	300	1151	132	703	612	1959	635	2222	105	497	1149	409
CLEVELAND, OH	479	1625	740	493	373	1608	2034	656	524	1298	347	256	0	1221	1345	667	169	1780	2028	567	1418	323	970	810	2081	902	2354	372	764	1262	442
DALLAS, TX	1692	657	794	1525	1385	1349	1621	1792	1041	890	983	955	1221	0	792	764	1228	649	1061	895	243	917	411	561	1258	323	1462	849	458	1324	1074
DENVER, CO	1822	450	1422	1808	1688	563	834	1999	1583	104	1014	1215	1345	789	0	679	1282	719	675	1394	1038	1094	1199	604	742	979	1014	1122	1108	2098	1054
DES MOINES, IA	1144	1107	966	1148	1028	1094	1369	1321	1071	633	336	608	666	764	679	0	604	1262	1350	882	1020	476	824	204	1416	622	1689	594	612	1642	375
DETROIT, MI	548	1615	748	651	531	1545	1972	725	646	1235	284	264	169	1228	1282	604	0	1770	2019	575	1426	302	978	775	2018	909	2291	380	772	1385	379
EL PASO, TX	2252	268	1437	2180	2040	1278	1213	2447	1684	819	1511	1609	1780	649	719	1262	1770	0	553	1550	764	1461	1054	1059	753	978	814	1504	1113	1965	1593
HOUSTON, TX	1774	903	806	1607	1467	1595	1867	1874	1053	1136	1104	1151	1418	243	1038	1020	1426	764	1306	978	0	1038	448	817	1504	444	1576	1045	579	1204	1195
INDIANAPOLIS, IN	795	1306	543	718	598	1446	1844	946	595	1108	185	132	323	917	1094	477	302	1461	1709	406	1038	0	688	491	1838	598	2100	118	476	1219	280
JACKSON, MS	1339	1064	386	1172	1032	1756	2028	1439	634	1297	754	703	970	411	1199	824	978	1054	1468	542	448	688	0	736	1665	266	1866	598	214	917	845
KANSAS CITY, MO	1282	904	819	1205	1085	1103	1379	1433	980	643	539	612	810	561	604	204	801	1059	1307	791	817	491	736	0	1348	426	1621	519	524	1495	578
LAS VEGAS, NV	2559	605	2012	2552	2432	980	763	2736	2248	840	1750	1959	2081	1255	742	1416	2018	753	304	2059	1504	1838	1665	1348	0	1492	275	1866	1621	2579	1790
LITTLE ROCK, AR	1373	890	530	1206	1066	1536	1808	1473	765	1077	664	635	902	323	979	622	909	978	1294	576	444	598	266	426	1492	0	1685	530	139	1201	754
LOS ANGELES, CA	2832	798	2206	2814	2694	1253	954	3009	2441	1113	2023	2222	2354	1462	1014	1689	2291	814	497	2252	1576	2100	1866	1621	275	1685	0	2111	1815	2778	2063
LOUISVILLE, KY	844	1316	428	749	616	1564	1897	977	479	1161	302	105	372	849	1122	595	380	1504	1720	290	1045	118	598	519	1866	530	2111	0	391	1104	397
MEMPHIS, TN	1235	1020	393	1068	927	1626	1902	1335	627	1166	542	497	764	458	1108	612	772	1113	1423	438	579	476	214	524	1621	139	1815	391	0	1064	633
MIAMI, FL	1451	1977	671	1265	1122	2597	2873	1537	739	2136	1404	1149	1262	1324	2098	1643	1385	1965	2381	876	1204	1219	917	1495	2579	1201	2778	1104	1064	0	1498
MILWAUKEE, WI	919	1438	823	923	803	1188	1743	1096	874	1007	96	409	442	1074	1054	376	379	1593	1724	685	1195	280	845	578	1790	754	2063	397	633	1498	0
MINNEAPOLIS, MN	1248	1353	1155	1252	1132	849	1473	1425	1203	879	425	737	770	1010	925	248	707	1508	1596	1014	1266	608	1142	450	1662	868	1935	726	930	1831	351
MONTGOMERY, AL	1184	1310	164	1003	860	1958	2234	1284	411	1498	765	571	837	657	1459	1004	846	1300	1713	391	642	580	249	856	1911	473	2112	465	336	692	860
NASHVILLE, TN	1020	1235	252	853	713	1674	1950	1120	413	1213	480	286	553	673	1175	720	561	1328	1638	224	870	296	422	572	1836	354	2030	180	216	927	575
NEW ORLEANS, LA	1447	1186	477	1280	1140	1879	2150	1547	724	1420	943	825	1092	533	1321	1012	1100	1114	1590	650	353	835	189	924	1788	430	1926	720	402	875	1033
NEW YORK, NY	155	2032	892	123	193	2074	2500	228	646	1764	812	646	477	1576	1810	1133	635	2231	2435	726	1659	731	1223	1217	2547	1257	2820	761	1119	1314	907
NORFOLK, VA	496	1948	576	243	244	2156	2558	582	330	1821	895	614	560	1386	1783	1216	718	2010	2351	496	1379	725	959	1180	2527	1066	2742	661	928	966	990
OKLAHOMA CITY, OK	1548	549	863	1472	1352	1243	1514	1700	1098	784	808	879	1077	208	685	559	1067	704	953	909	464	758	616	356	1151	342	1344	768	472	1534	890
OMAHA, NE	1276	989	1011	1280	1160	961	1237	1454	1172	501	468	740	799	675	547	134	736	1258	1218	983	930	609	928	193	1284	618	1557	711	716	1687	508
ORLANDO, FL	1245	1751	444	1059	916	2370	2646	1331	533	1910	1177	923	1056	1098	1871	1416	1197	1738	2154	670	977	993	690	1268	2352	975	2551	877	838	234	1272
PHILADELPHIA, PA	231	1959	797	62	98	2028	2455	325	551	1719	767	573	432	1480	1747	1088	590	2134	2362	629	1562	658	1126	1144	2492	1160	2754	688	1022	1220	862
PHOENIX, AZ	2561	468	1874	2484	2364	1217	1000	2712	2111	1016	1821	1892	2090	1086	915	1572	2080	438	228	1922	1201	1770	1491	1369	314	1355	376	1781	1485	2402	1903
PORTLAND, OR	2941	1396	2626	2945	2825	895	433	3119	2788	1166	2133	2405	2464	2047	1264	1799	2401	1642	1288	2598	2296	2274	2457	1809	1154	2237	974	2327	2332	3302	2083
RALEIGH, NC	661	1779	416	476	332	2074	2467	747	170	1730	813	523	577	1206	1692	1116	699	1850	2183	335	1218	634	799	1089	2380	898	2574	570	760	812	908
RENO, NV	2736	1058	2422	2740	2620	965	432	2914	2583	961	1928	2200	2259	1709	1059	1594	2196	1335	758	2394	2097	2069	2119	1604	454	2032	523	2122	2126	3097	1968
ST. LOUIS, MO	1044	1052	563	967	847	1356	1632	1195	724	896	303	374	572	645	858	343	563	1208	1456	535	852	253	502	255	1602	412	1847	264	291	1239	385
SALT LAKE CITY, UT	2212	628	1897	2216	2096	556	339	2389	2058	437	1404	1676	1735	1318	534	1069	1672	874	520	1869	1567	1545	1728	1079	424	1508	697	1597	1602	2573	1444
SAN ANTONIO, TX	1970	827	1007	1802	1662	1499	1771	2070	1254	1040	1260	1232	1498	278	941	1044	1505	560	1112	1173	203	1194	649	842	1311	600	1372	1126	735	1405	1351
SAN DIEGO, CA	2894	823	2171	2840	2720	1316	1099	3071	2419	1176	2086	2247	2417	1383	1077	1751	2354	735	560	2284	1498	2126	1788	1683	337	1712	122	2136	1847	2699	2126
SAN FRANCISCO, CA	2956	1104	2512	2960	2840	1184	651	3133	2747	1180	2147	2420	2478	1754	1278	1813	2416	1199	803	2558	1962	2288	2165	1823	575	1991	388	2341	2121	3163	2187
SEATTLE, WA	2900	1462	2692	2904	2784	815	498	3077	2855	1231	2077	2390	2423	2112	1329	1864	2360	1707	1354	2666	2361	2261	2523	1874	1258	2302	1148	2379	2397	3367	2003
SPOKANE, WA	2623	1349	2459	2627	2507	538	425	2800	2578	999	1800	2113	2146	1884	1101	1633	2083	1595	1241	2389	2133	1984	2294	1641	1146	2074	1332	2102	2164	3135	1726
TAMPA, FL	1307	1774	468	1122	978	2394	2670	1393	596	1933	1201	946	1119	1121	1895	1440	1221	1762	2178	732	1001	1016	714	1292	2376	998	2575	901	862	280	1296
WASHINGTON, DC	371	1894	655	186	42	1964	2390	457	409	1654	702	508	367	1345	1682	1023	525	2000	2298	495	1427	593	992	1079	2427	1026	2689	610	888	1078	797
WICHITA, KS	1476	714	980	1399	1279	1080	1351	1627	1174	621	735	806	1004	371	522	402	995	869	1117	985	627	685	722	200	1267	459	1509	714	589	1651	777

Mileage Chart 5

Distances are shown in miles

Routes used to determine these mileages are not always the shortest distance between cities, but are generally considered the easiest route to drive.

MINNEAPOLIS, MN	MONTGOMERY, AL	MONTREAL, PQ	MOUNT RUSHMORE, SD	NASHVILLE, TN	NEW ORLEANS, LA	NEW YORK, NY	NORFOLK, VA	OKLAHOMA CITY, OK	OMAHA, NE	ORLANDO, FL	PHILADELPHIA, PA	PHOENIX, AZ	PORTLAND, OR	PROVIDENCE, RI	RALEIGH, NC	RENO, NV	ST. LOUIS, MO	SALT LAKE CITY, UT	SAN ANTONIO, TX	SAN DIEGO, CA	SAN FRANCISCO, CA	SEATTLE, WA	SPOKANE, WA	TAMPA, FL	TORONTO, ON	WASHINGTON, DC	WICHITA, KS	YELLOWSTONE N.P.	
1248	1184	225	1807	1021	1447	155	496	1548	1276	1245	232	2561	2941	169	661	2736	1044	2212	1970	2894	2956	2900	2623	1307	386	371	1476	2346	ALBANY, NY
1353	1310	2178	846	1235	1186	2032	1948	549	989	1751	1959	468	1396	2205	1779	1058	1052	628	827	823	1104	1462	1349	1774	1846	1894	714	978	ALBUQUERQUE, NM
1155	164	1239	1600	252	477	892	576	863	1011	444	797	1874	2626	1081	416	2422	563	1897	1007	2171	2512	2692	2459	468	979	655	980	2041	ATLANTA, GA
1132	860	555	1691	714	1140	193	244	1352	1160	916	98	2364	2825	372	332	2620	847	2096	1662	2720	2840	2784	2507	978	469	42	1279	2230	BALTIMORE, MD
849	1958	1891	404	1674	1879	2074	2156	1243	961	2370	2028	1217	[illegible]	2235	2074	965	1356	556	1499	1316	1184	815	538	2394	1776	1964	1080	261	BILLINGS, MT
1473	2234	2535	921	1950	2150	2500	2558	1514	1237	2646	2455	1000	433	[illegible]	2467	432	1632	339	1771	1099	651	498	425	2670	2203	2390	1351	418	BOISE, ID
1425	1284	308	1985	1121	1547	228	582	1700	1454	1331	325	2712	3119	[illegible]	747	2914	1195	2389	2070	3071	3133	3077	2800	1393	563	457	1627	2523	BOSTON, MA
1203	411	994	1761	414	724	646	330	1098	1172	533	551	2111	2788	835	[illegible]	2583	724	2058	1254	2419	2747	2855	2578	596	768	409	1174	2202	CHARLOTTE, NC
879	1498	1798	297	1213	1420	1764	1821	784	501	1910	1719	1016	1166	1925	1730	961	896	437	1040	1176	1180	1231	999	1933	1466	1654	621	580	CHEYENNE, WY
425	765	847	984	480	943	812	895	808	468	1177	767	1821	2133	974	813	1928	303	1404	1260	2086	2147	2077	1800	1201	515	702	709	1523	CHICAGO, IL
737	571	828	1297	286	825	646	614	879	740	923	573	1892	2405	818	523	2200	374	1676	1232	2247	2420	2390	2113	946	495	508	806	1835	CINCINNATI, OH
770	837	586	1330	553	1092	477	560	1077	799	1056	432	2090	2464	638	577	2259	572	1735	1498	2417	2478	2423	2146	1119	294	367	1004	1868	CLEVELAND, OH
1010	657	1791	1102	673	533	1576	1386	208	675	1098	1480	1086	2050	1749	1206	1712	645	1321	278	1383	1758	2116	1887	1121	1459	1345	371	1465	DALLAS, TX
925	1459	1845	399	1175	1321	1810	1783	685	547	1871	1747	915	1264	1972	1692	1059	858	534	942	1077	1278	1329	1101	1895	1513	1682	522	678	DENVER, CO
247	1003	1167	697	719	1012	1132	1215	559	134	1416	1087	1572	1799	1293	1116	1594	343	1069	1044	1751	1813	1864	1632	1439	835	1022	402	1213	DES MOINES, IA
707	846	567	1267	561	1100	635	718	1067	736	1197	590	2080	2401	717	699	2196	563	1672	1505	2354	2416	2360	2083	1221	235	525	969	1805	DETROIT, MI
1508	1300	2334	1114	1328	1114	2231	2010	704	1258	1738	2134	438	1642	2404	1850	1335	1208	874	560	735	1199	1707	1595	1762	2002	2000	869	1224	EL PASO, TX
1266	642	1990	1357	870	353	1659	1379	464	930	977	1562	1201	2296	1832	1218	2097	852	1567	203	1498	1962	2361	2133	1001	1657	1427	627	1710	HOUSTON, TX
608	580	865	1168	296	835	731	725	758	609	993	658	1770	2274	904	634	2069	253	1545	1194	2126	2288	2261	1984	1016	533	593	685	1706	INDIANAPOLIS, IN
1142	249	1541	1517	422	189	1223	959	616	928	690	1126	1491	2457	1396	799	2119	502	1728	649	1788	2165	2523	2294	714	1209	992	722	1872	JACKSON, MS
450	856	1364	782	572	924	1217	1180	356	193	1268	1144	1369	1809	1390	1089	1604	255	1079	842	1683	1823	1874	1641	1292	1032	1079	200	1223	KANSAS CITY, MO
1662	1911	2582	1019	1836	1788	2547	2527	1151	1284	2352	2492	314	1154	2708	2380	454	1602	424	1311	337	575	1258	1146	2376	2250	2427	1267	775	LAS VEGAS, NV
868	473	1472	1208	354	430	1257	1066	342	618	975	1160	1355	2237	1430	898	2032	412	1508	600	1712	1991	2302	2074	998	1140	1026	459	1651	LITTLE ROCK, AR
1935	2112	2854	1292	2030	1926	2820	2742	1344	1557	2551	2754	376	974	2981	2574	523	1847	697	1372	122	388	1148	1332	2575	2522	2689	1509	1048	LOS ANGELES, CA
726	465	943	1286	180	720	761	661	768	711	877	688	1781	2327	934	570	2122	264	1597	1126	2136	2341	2379	2102	901	611	610	714	1824	LOUISVILLE, KY
930	336	1335	1305	216	402	1119	928	472	716	838	1022	1485	2332	1292	760	2126	291	1602	735	1847	2121	2397	2164	862	1003	888	589	1746	MEMPHIS, TN
1831	692	1677	2276	928	875	1314	966	1534	1687	234	1220	2402	3302	1494	812	3097	1239	2573	1405	2699	3163	3367	3135	280	1506	1078	1651	2716	MIAMI, FL
351	860	942	910	575	1033	907	990	890	508	1272	862	1903	2083	1068	908	1968	385	1444	1351	2126	2187	2003	1726	1296	610	797	777	1449	MILWAUKEE, WI
0	1192	1271	676	908	1330	1236	1319	805	380	1604	1191	1818	1744	1397	1237	1840	644	1315	1290	1997	2059	1664	1387	1628	938	1126	648	1110	MINNEAPOLIS, MN
1192	0	1400	1637	287	314	1052	736	806	1048	466	958	1737	2664	1242	576	2458	600	1934	843	2034	2411	2729	2496	489	1077	815	923	2078	MONTGOMERY, AL
908	287	1124	1353	0	541	904	714	687	763	701	808	1700	2379	1078	545	2174	316	1650	950	2062	2336	2444	2212	724	792	673	766	1793	NASHVILLE, TN
1330	314	1663	1705	541	0	1331	1050	739	1116	648	1235	1551	2580	1504	890	2241	691	1850	554	1848	2312	2645	2417	672	1331	1100	901	1994	NEW ORLEANS, LA
1236	1052	381	1796	905	1331	0	360	1484	1265	1109	103	2497	2930	185	525	2725	979	2200	1854	2852	2944	2888	2612	1171	495	235	1411	2334	NEW YORK, NY
1319	736	722	1878	715	1050	360	0	1399	1348	760	266	2412	2987	539	176	2782	924	2258	1579	2744	3002	2971	2694	822	674	200	1374	2417	NORFOLK, VA
805	806	1631	896	687	739	1484	1399	0	470	1308	1411	1014	1944	1657	1231	1739	504	1214	489	1369	1650	2009	1781	1331	1298	1346	166	1358	OKLAHOMA CITY, OK
380	1048	1300	592	763	1116	1265	1348	470	0	1460	1220	1454	1667	1426	1248	1462	446	937	955	1619	1681	1732	1499	1484	967	1155	313	1081	OMAHA, NE
1604	466	1471	2049	702	648	1109	760	1308	1460	0	1014	2175	3076	1288	606	2871	1013	2346	1178	2473	2937	3141	2908	86	1300	872	1425	2490	ORLANDO, FL
1191	958	457	1751	809	1235	103	266	1411	1220	1014	0	2424	2885	282	430	2680	906	2155	1757	2779	2899	2843	2566	1076	474	140	1338	2289	PHILADELPHIA, PA
1818	1737	2643	1311	1700	1551	2497	2412	1014	1454	2175	2424	0	1348	2670	2244	897	1517	661	997	360	762	1522	1382	2199	2311	2359	1179	1011	PHOENIX, AZ
1744	2664	2964	1298	2379	2580	2930	2987	1944	1667	3076	2885	1348	0	3091	2896	580	2062	769	2201	1096	641	174	359	3099	2632	2820	1781	848	PORTLAND, OR
1237	576	887	1796	546	890	525	176	1231	1248	606	430	2244	2896	704	0	2691	833	2167	1419	2584	2880	2889	2612	669	762	288	1283	2335	RALEIGH, NC
1840	2458	2759	1146	2174	2241	2725	2782	1739	1462	2871	2680	897	580	2886	2691	0	1857	530	1893	645	220	753	801	2894	2427	2615	1576	760	RENO, NV
644	600	1126	1036	316	691	979	924	504	446	1013	906	1517	2062	1152	833	1857	0	1333	932	1872	2076	2127	1894	1036	794	842	449	1476	ST. LOUIS, MO
1315	1934	2235	621	1650	1850	2200	2258	1214	937	2346	2155	661	769	2361	2167	530	1333	0	1432	760	750	834	722	2370	1903	2090	1052	351	SALT LAKE CITY, UT
1290	843	2068	1232	950	554	1854	1579	489	955	1178	1757	997	2201	2027	1419	1893	932	1432	0	1294	1758	2266	2037	1202	1736	1622	651	1614	SAN ANTONIO, TX
1997	2034	2917	1355	2062	1848	2852	2744	1369	1619	2473	2779	360	1096	3025	2584	645	1872	760	1294	0	510	1270	1454	2496	2585	2714	1534	1110	SAN DIEGO, CA
2059	2411	2979	1365	2336	2312	2944	3002	1650	1681	2937	2899	762	641	3105	2880	220	2076	750	1758	510	0	814	999	2960	2647	2834	1795	979	SAN FRANCISCO, CA
1664	2729	2706	1219	2444	2645	2888	2971	2009	1732	3141	2843	1522	174	3050	2889	753	2127	834	2266	1270	814	0	279	3164	2591	2778	1846	766	SEATTLE, WA
1387	2496	2429	942	2212	2417	2612	2694	1781	1499	2908	2566	1382	359	2773	2612	801	1894	722	2037	1454	999	279	0	2932	2314	2502	1618	490	SPOKANE, WA
1628	489	1533	2073	725	672	1171	822	1331	1484	86	1076	2199	3099	1350	669	2894	1036	2370	1202	2496	2960	3164	2932	0	1363	934	1448	2513	TAMPA, FL
1126	815	597	1686	674	1100	235	200	1346	1155	872	140	2359	2820	414	288	2615	842	2090	1622	2714	2834	2778	2502	934	481	0	1274	2224	WASHINGTON, DC
648	923	1558	734	766	901	1411	1374	166	313	1425	1338	1179	1781	1584	1283	1576	449	1052	651	1534	1795	1846	1618	1448	1226	1274	0	1195	WICHITA, KS

© UniversalMAP™

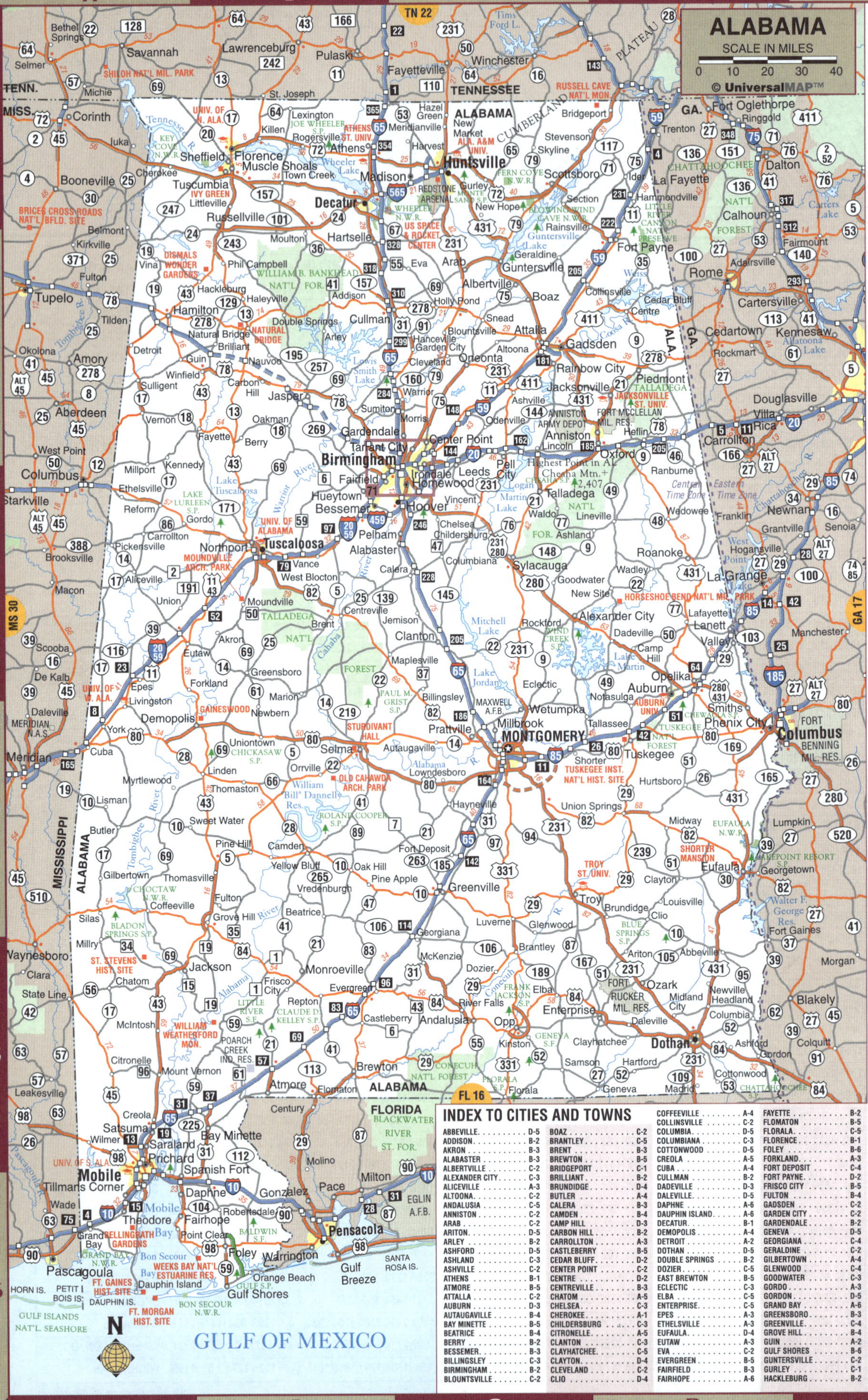

INDEX TO CITIES AND TOWNS

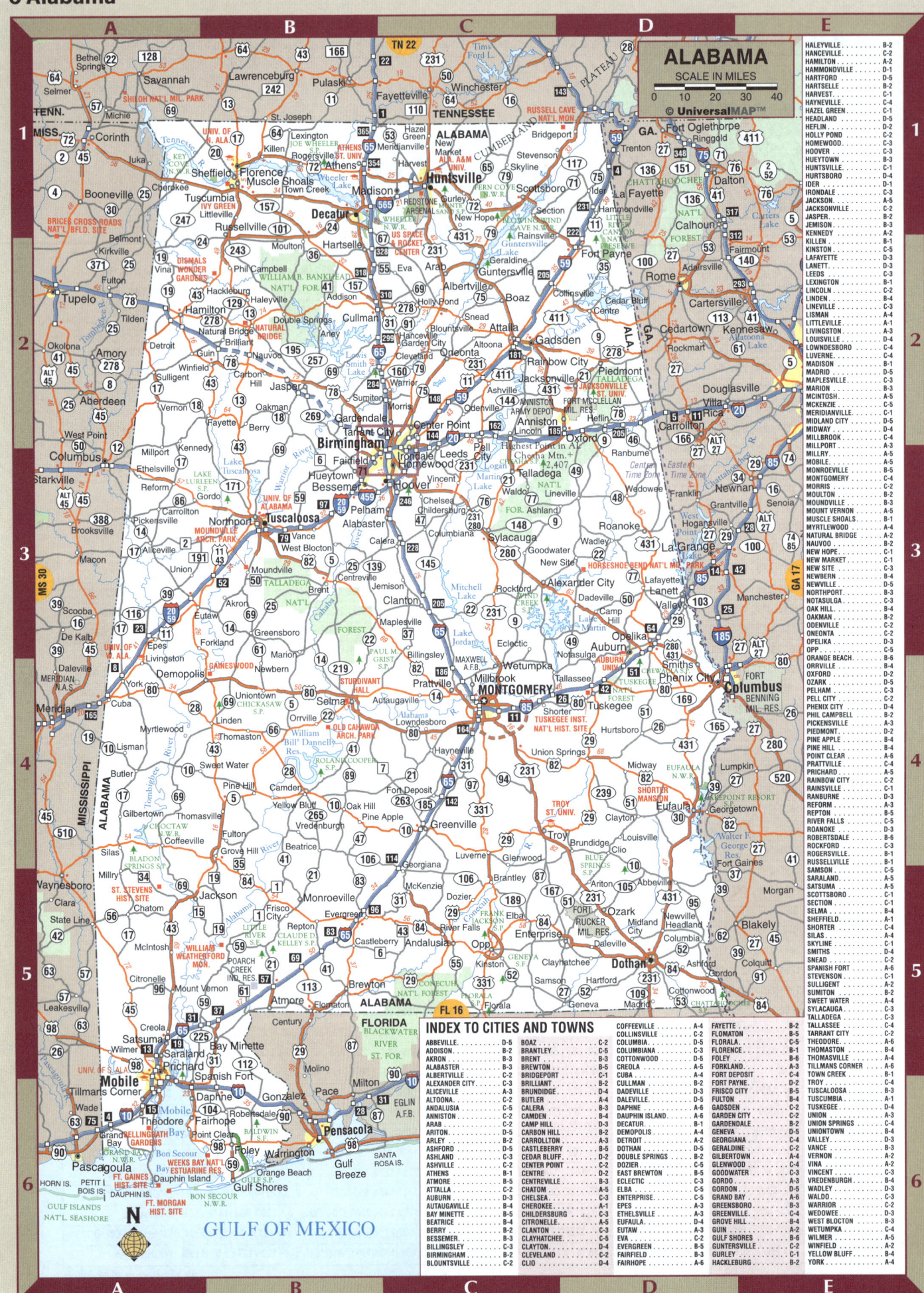

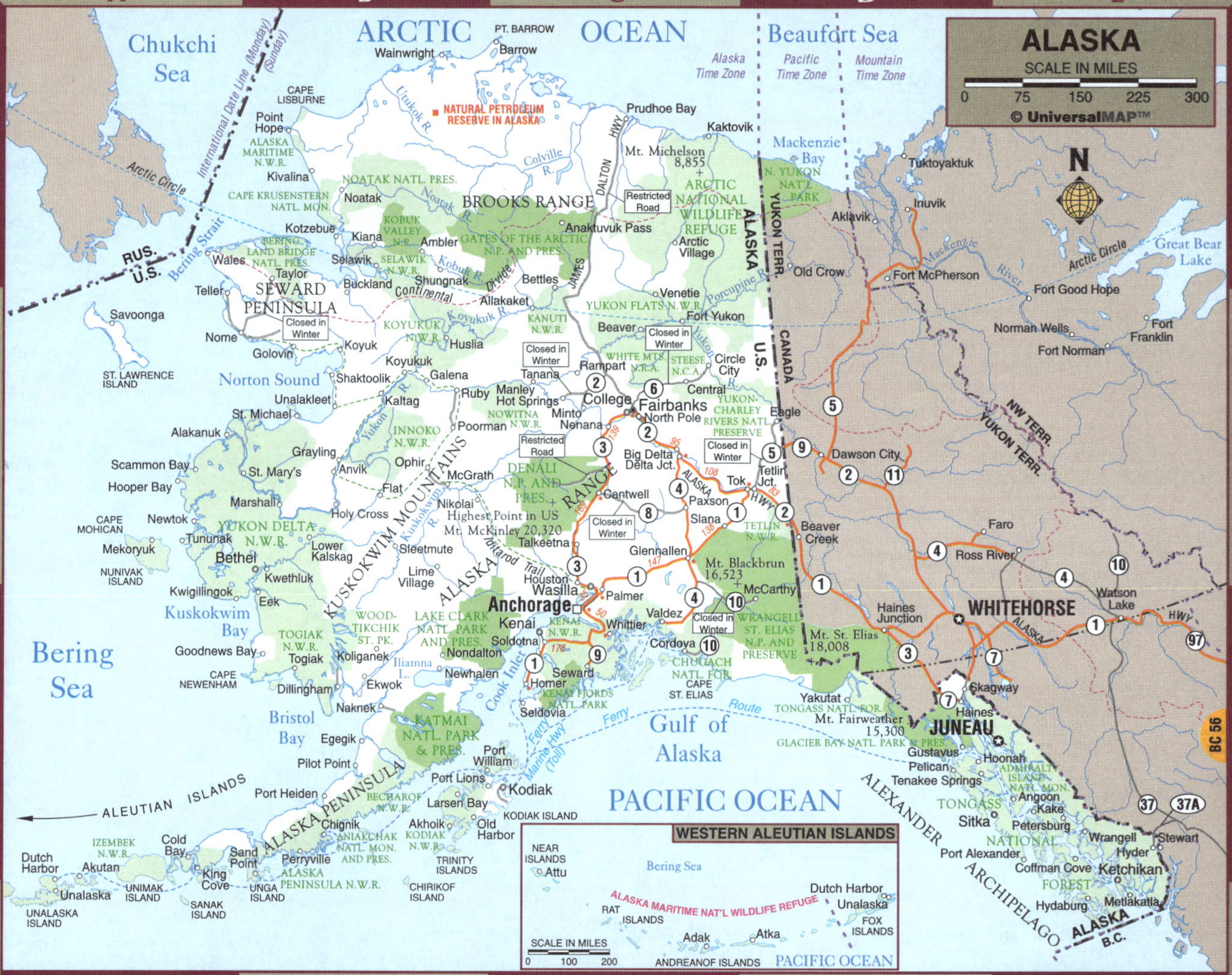

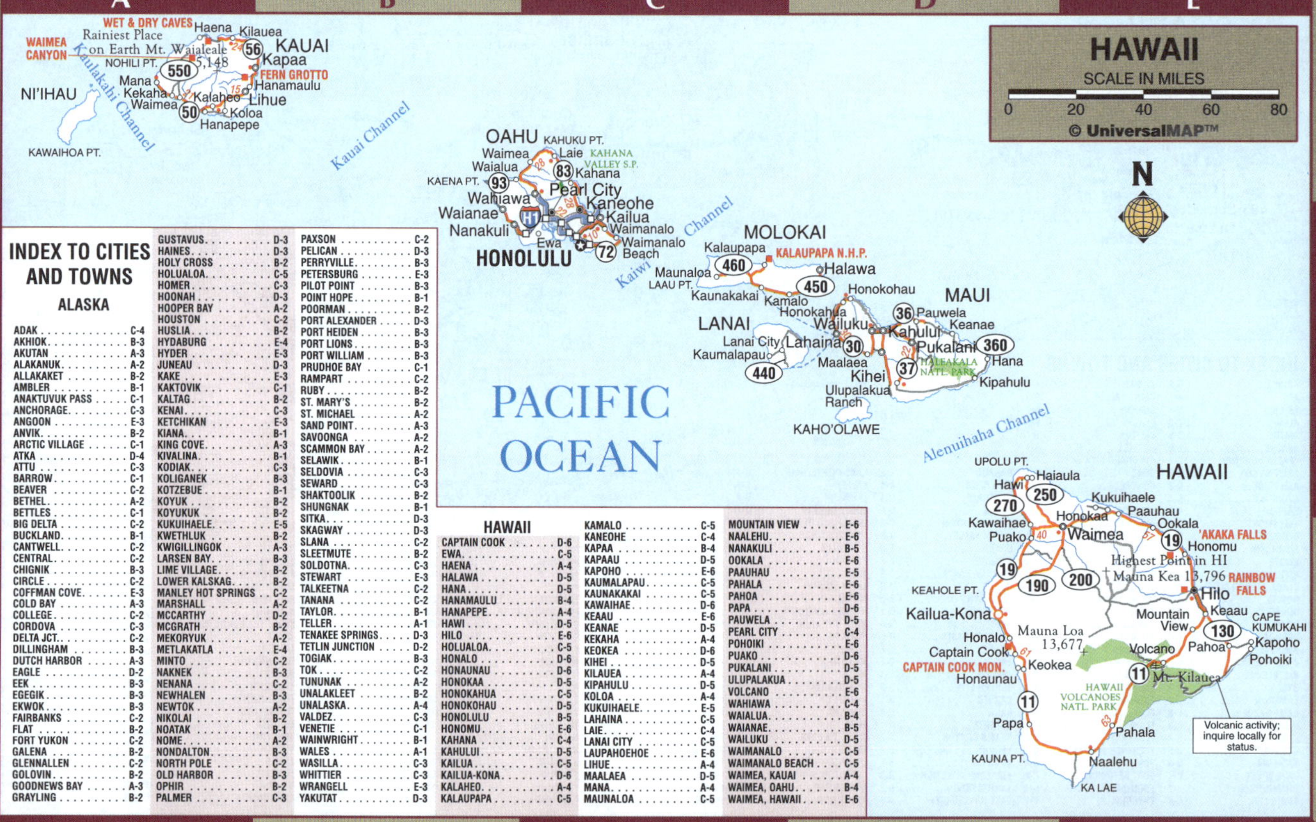

INDEX TO CITIES AND TOWNS

ALASKA

HAWAII

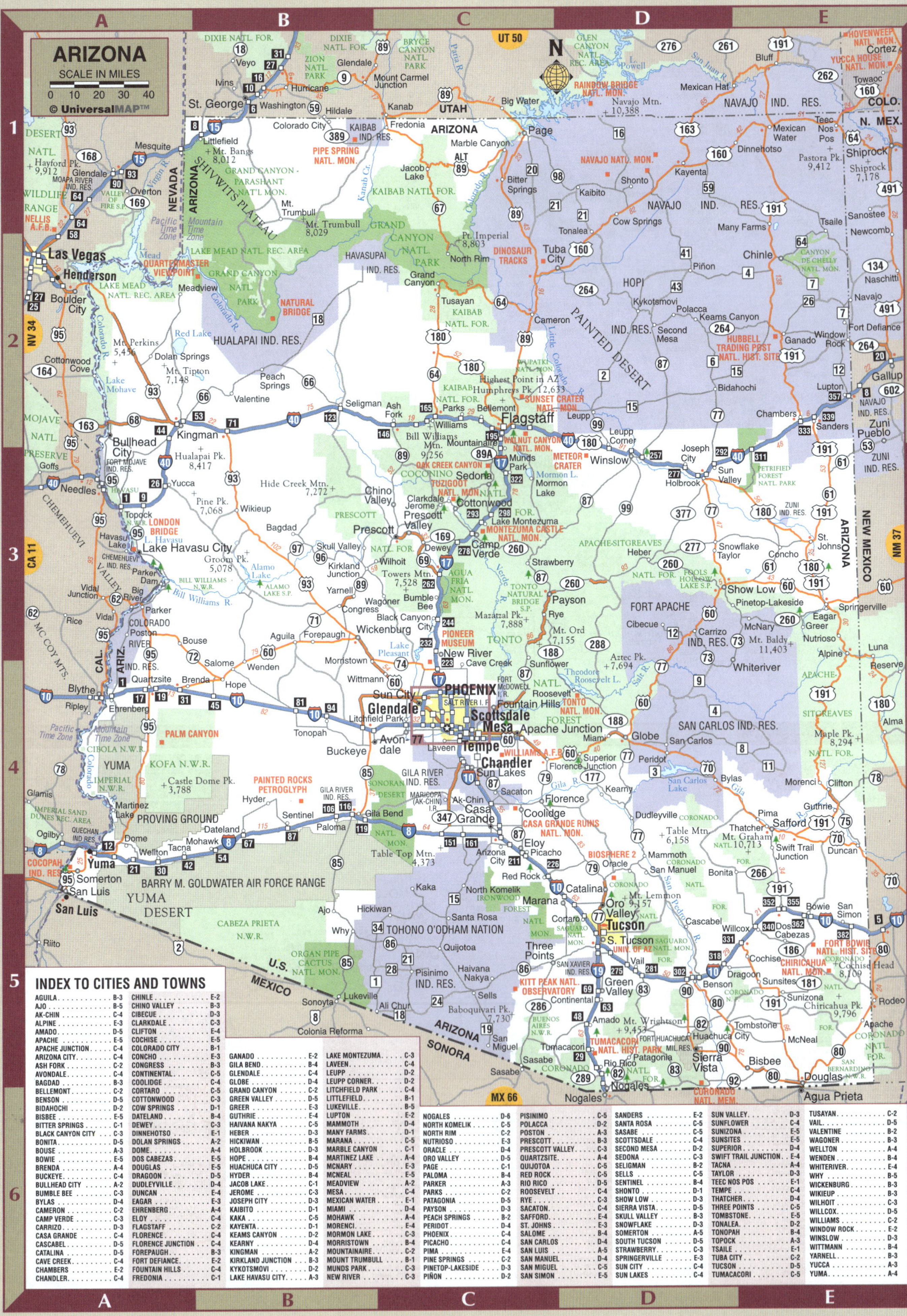

INDEX TO CITIES AND TOWNS

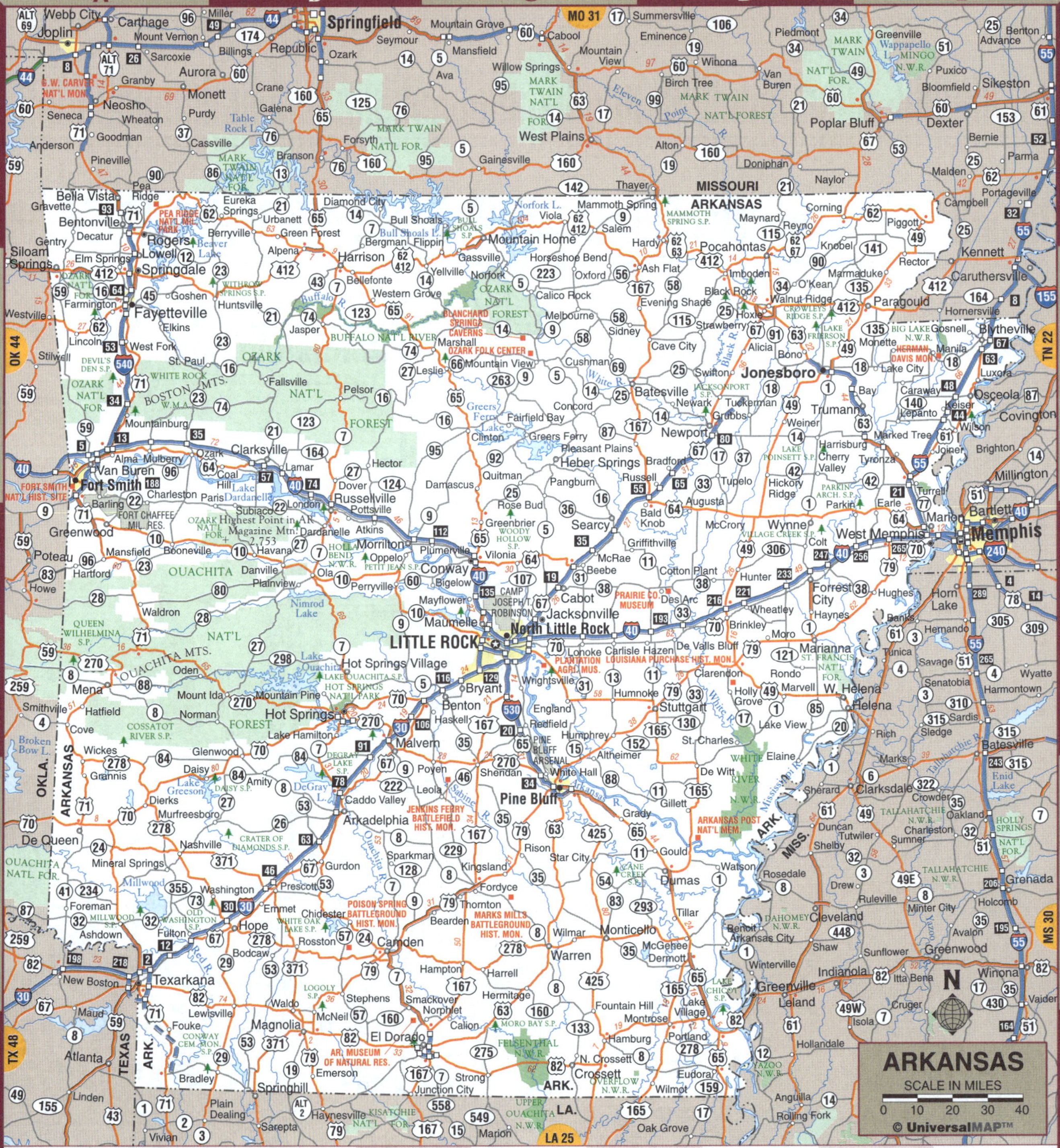

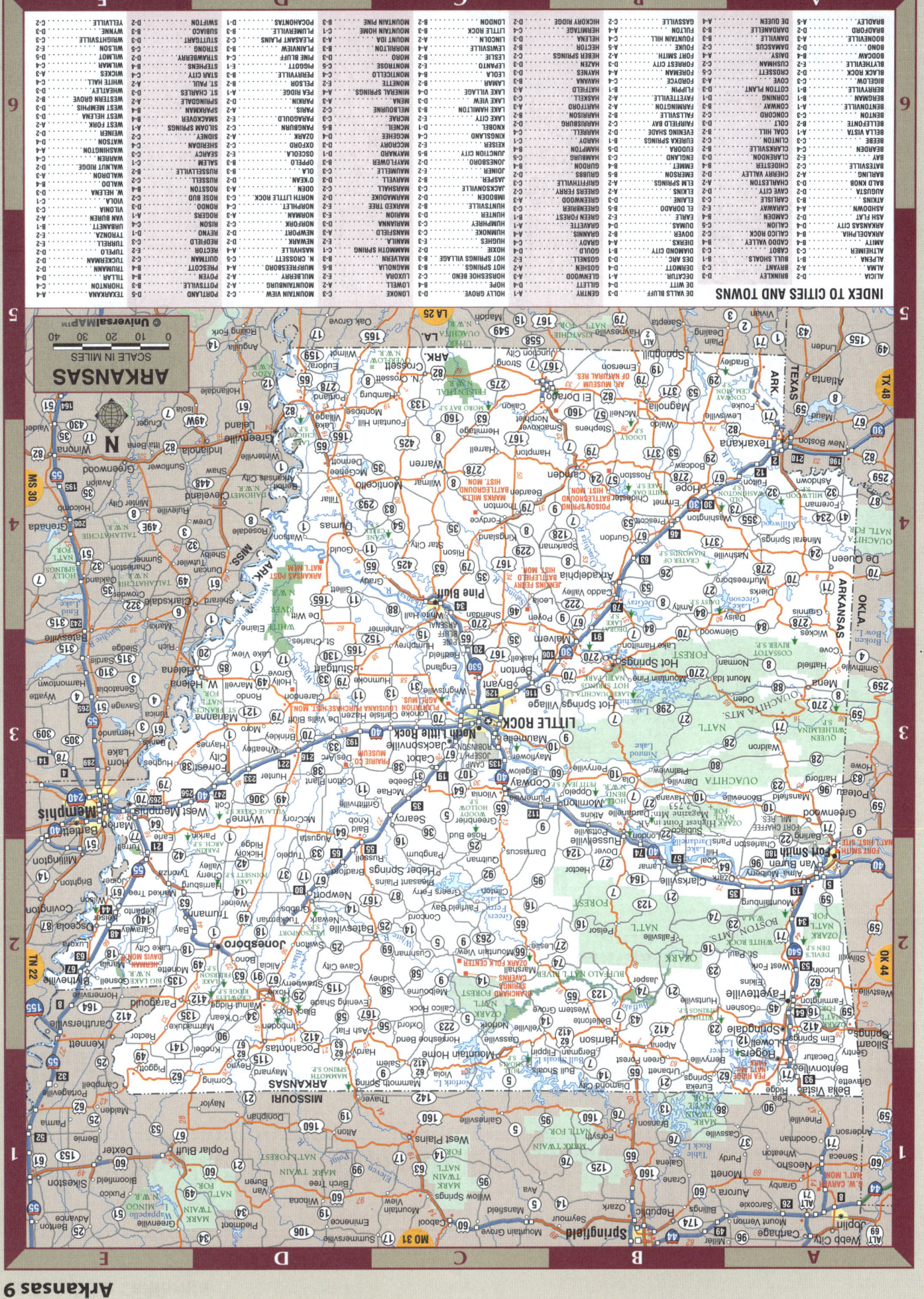

INDEX TO CITIES AND TOWNS

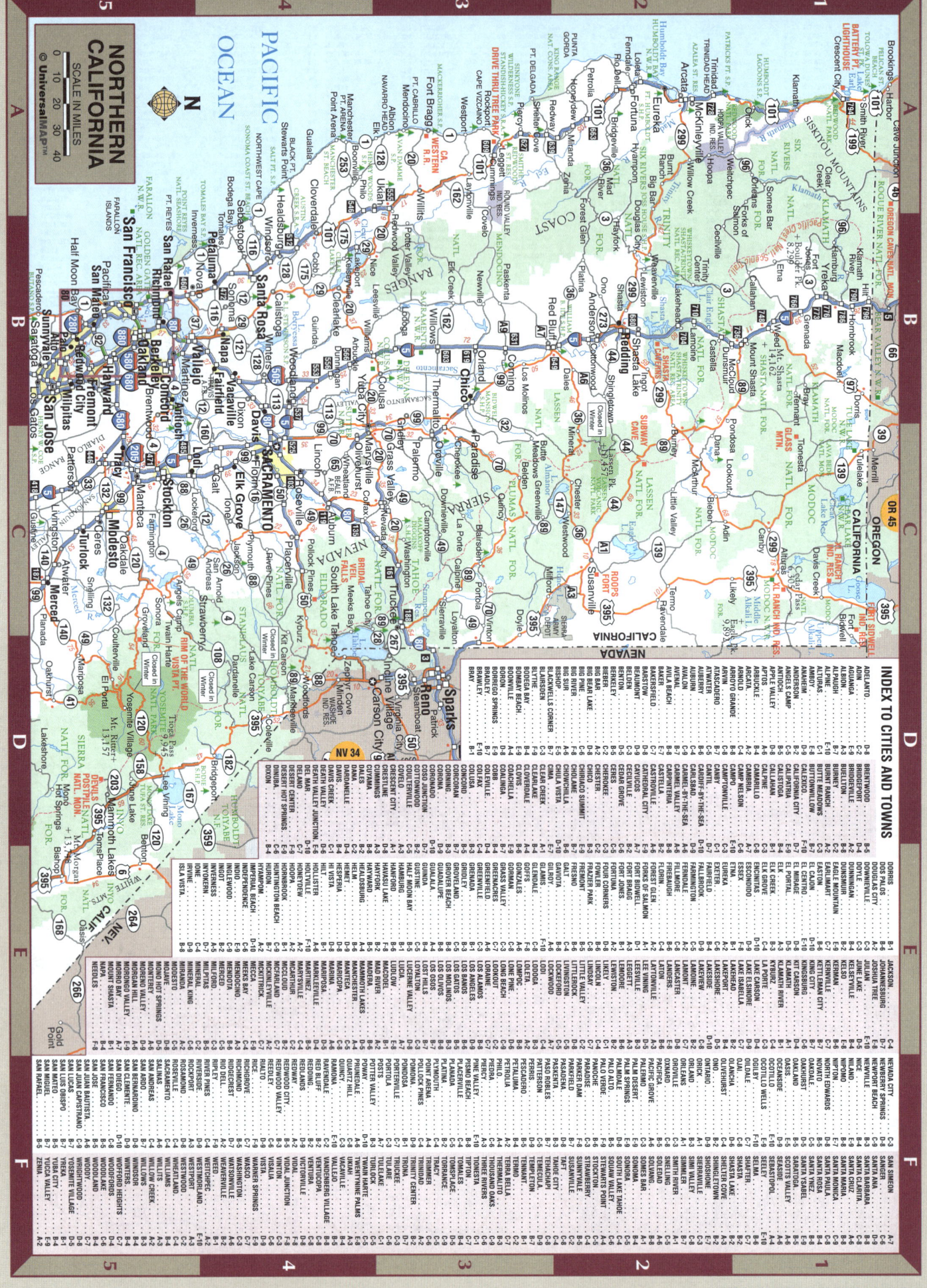

INDEX TO CITIES AND TOWNS

SOUTHERN CALIFORNIA
SCALE IN MILES
0 10 20 30 40
© UniversalMAP™
N
PACIFIC
OCEAN
MOJAVE
DESERT
NELLIS AIR FORCE BOMBING AND GUNNERY RANGE
NEVADA TEST SITE
CHINA LAKE NAVAL WEAPONS CENTER
FORT IRWIN MIL. RES.
TWENTYNINE PALMS MARINE CORPS BASE
EDWARDS A.F.B.
CHANNEL ISLANDS NATL. PARK
Santa Barbara Channel
Gulf of Santa Catalina
Santa Cruz
Salinas
Monterey
Fresno
Clovis
Visalia
Bakersfield
Atascadero
Santa Maria
Santa Barbara
Ventura
Oxnard
Thousand Oaks
Simi Valley
Santa Clarita
Lancaster
Palmdale
Victorville
Apple Valley
Hesperia
Glendale
Pasadena
Los Angeles
Santa Monica
Inglewood
Torrance
Long Beach
Huntington Beach
Newport Beach
Anaheim
Santa Ana
Irvine
Pomona
Ontario
Rialto
San Bernardino
Redlands
Riverside
Corona
Moreno Valley
Hemet
Temecula
Palm Springs
Cathedral City
Oceanside
Carlsbad
Encinitas
Vista
Escondido
San Diego
Chula Vista
El Cajon
Tijuana
Mexicali
Calexico
El Centro
Yuma
San Luis
Las Vegas
North Las Vegas
Henderson
Spring Valley
Boulder City
Lake Havasu City
Bullhead City
Kingman
Barstow
Blythe
NEVADA
ARIZONA
CALIFORNIA
MEXICO
U.S.

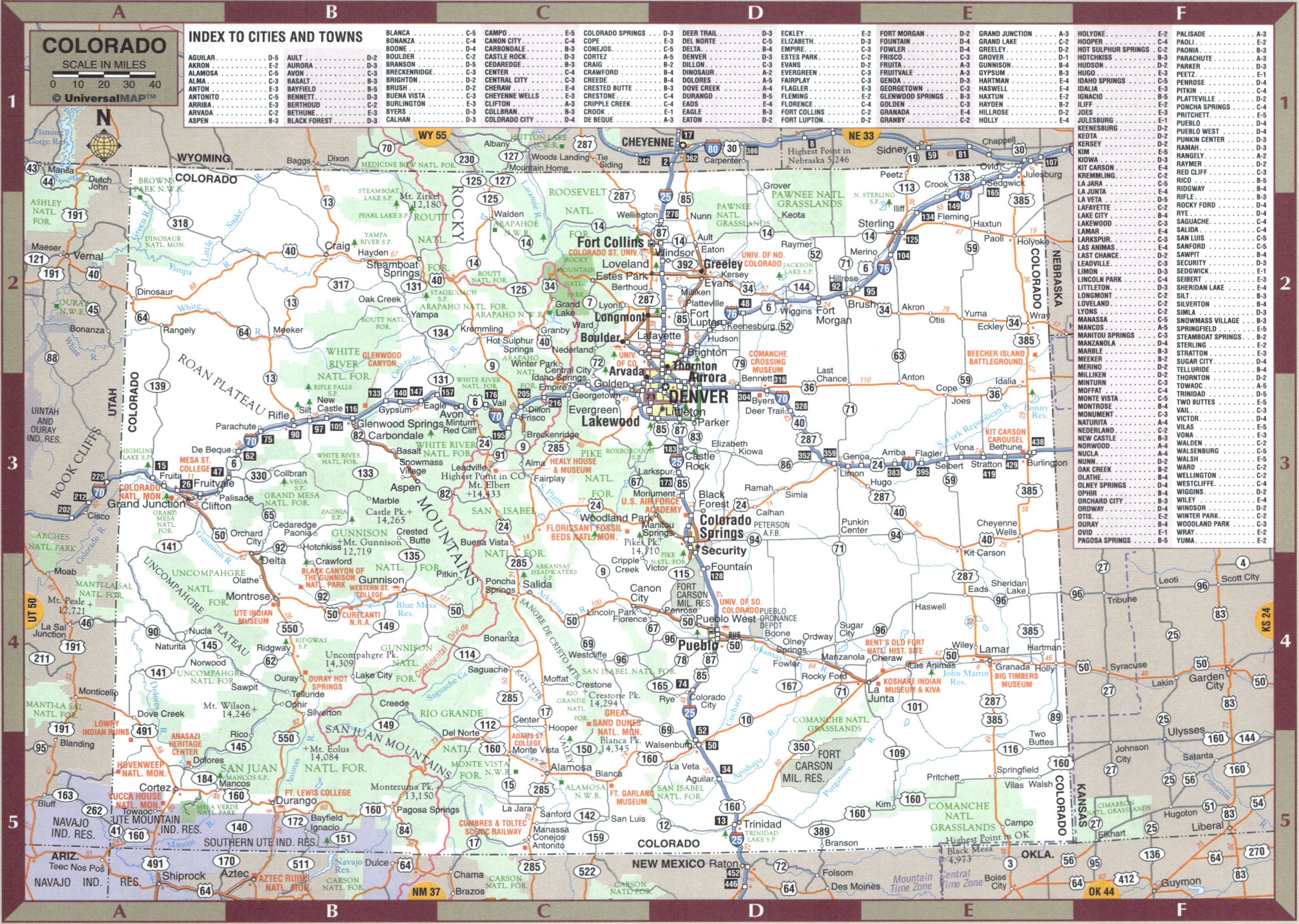

INDEX TO CITIES AND TOWNS

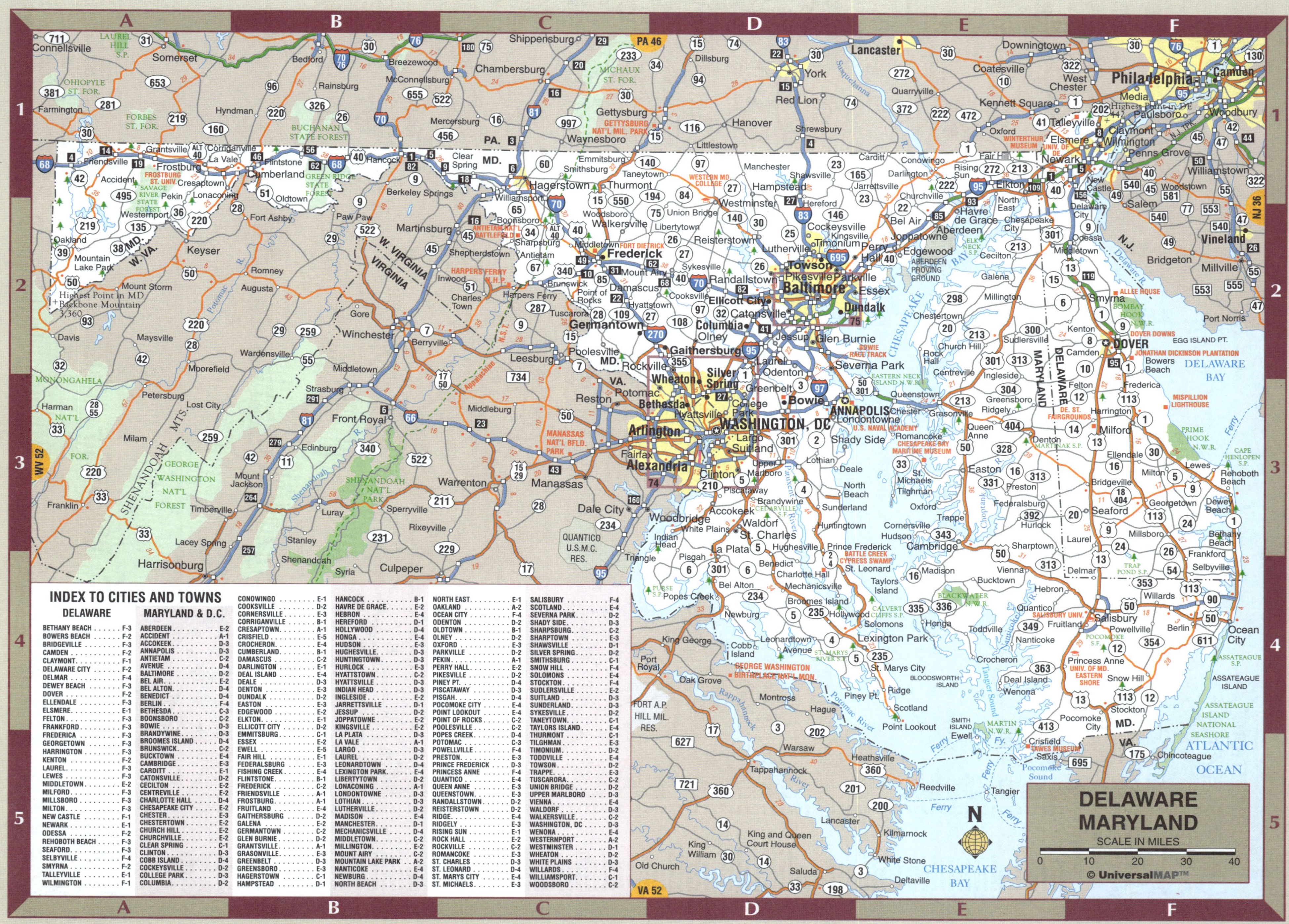

INDEX TO CITIES AND TOWNS

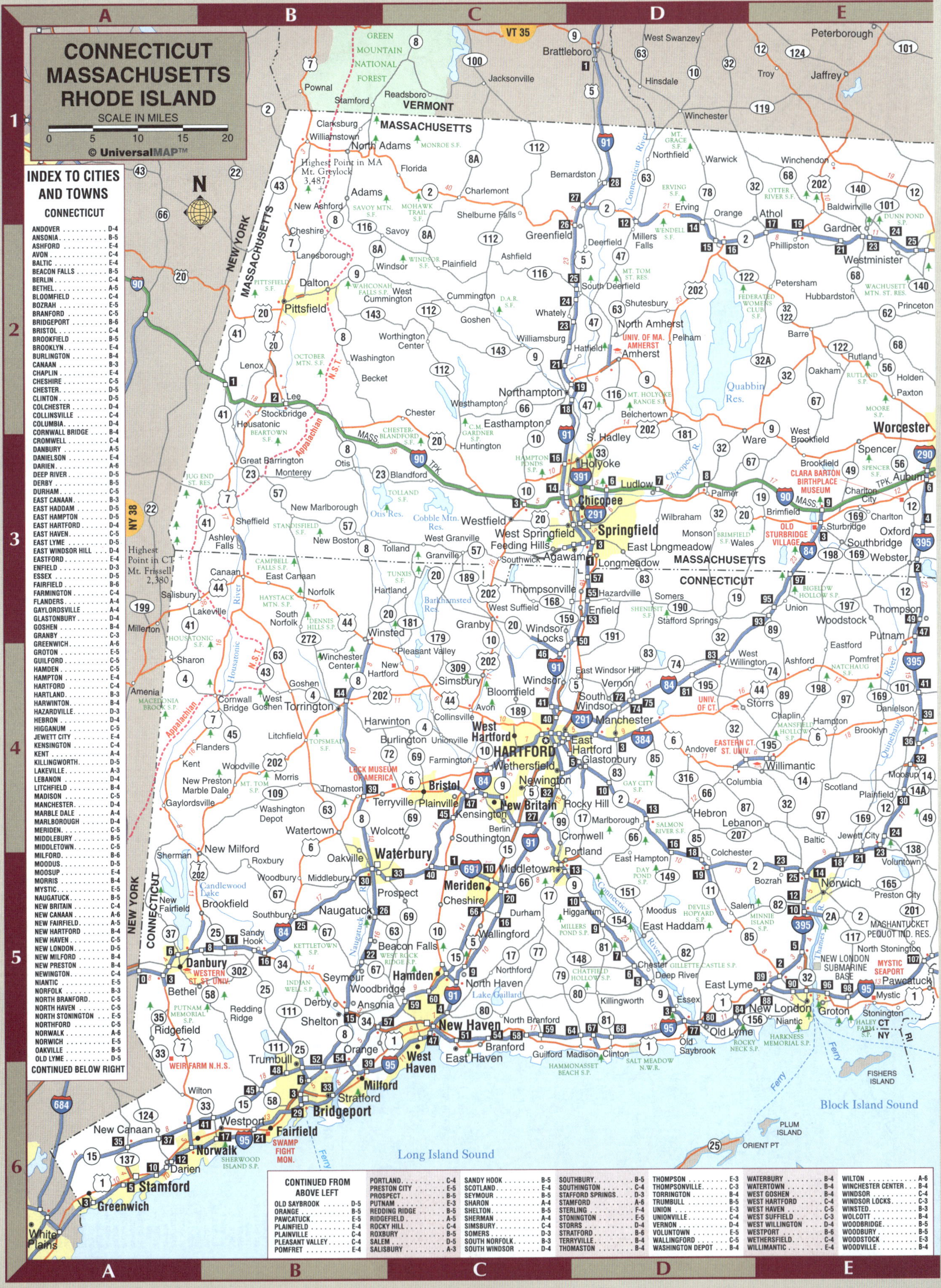

INDEX TO CITIES AND TOWNS

CONNECTICUT

CONTINUED BELOW RIGHT

CONTINUED FROM ABOVE LEFT

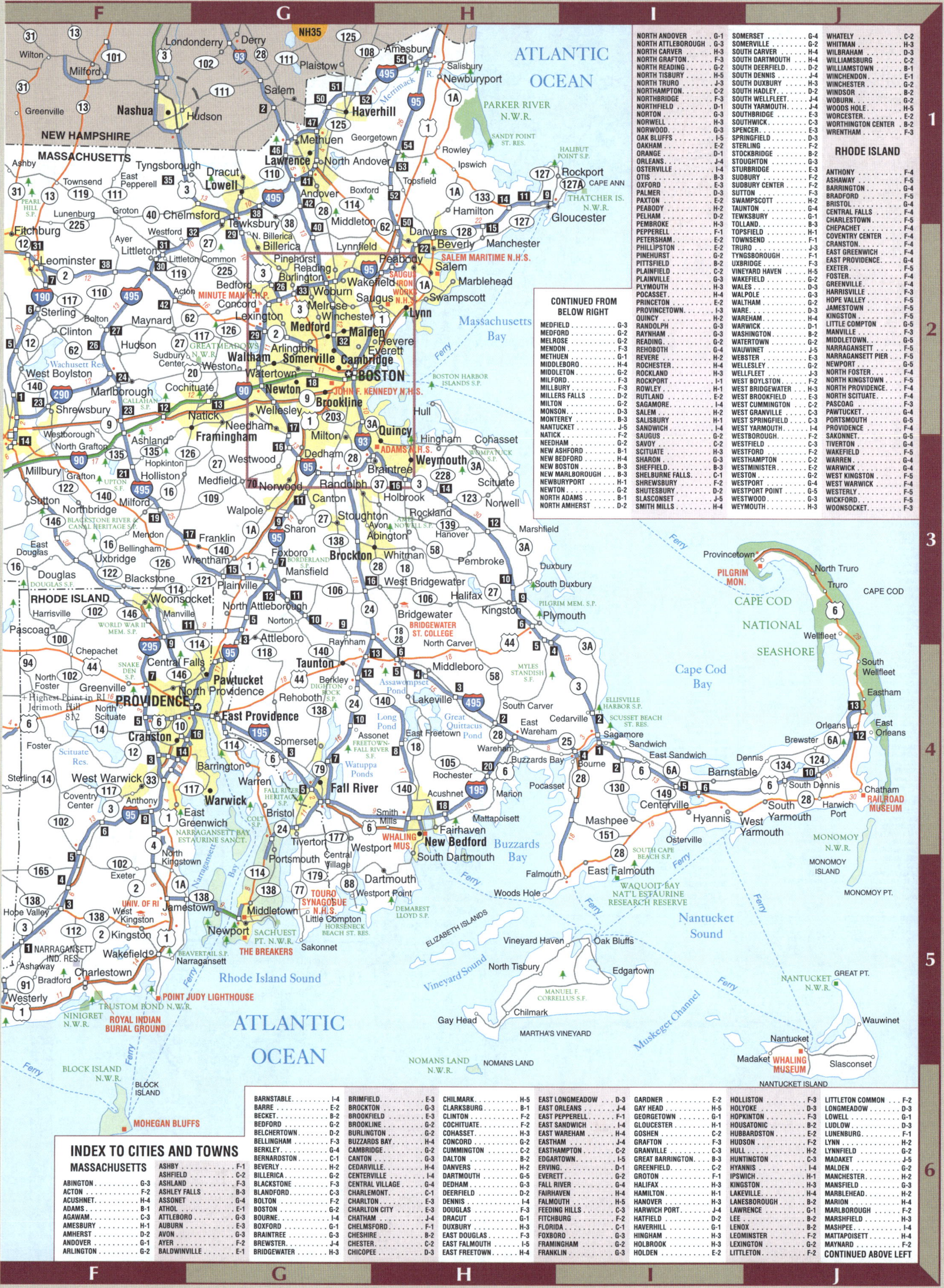

INDEX TO CITIES AND TOWNS

MASSACHUSETTS

CONTINUED ABOVE LEFT

CONTINUED FROM BELOW RIGHT

RHODE ISLAND

INDEX TO CITIES AND TOWNS

ALACHUA	C-2
ALTAMONTE SPRINGS	D-3
ALVA	D-4
ANNA MARIA	B-4
APALACHICOLA	A-2
APOPKA	D-3
ARCADIA	C-4
ARCHER	C-2
ASTOR	D-2
ATLANTIC BEACH	D-1
AVON PARK	D-4
BALDWIN	C-1
BARTOW	C-3
BAYONET POINT	B-3
BEE RIDGE	C-4
BELLE GLADE	E-4
BELLEVIEW	C-2
BEVERLY HILLS	C-2
BIG PINE KEY	D-6
BLOUNTSTOWN	A-1
BOCA RATON	E-5
BONIFAY	B-5
BONITA SPRINGS	C-5
BOYNTON BEACH	E-5
BRADENTON	C-4
BRANDON	C-3
BRISTOL	A-1
BRONSON	C-2
BROOKSVILLE	C-3
BUCKHEAD RIDGE	D-4
BUNNELL	D-2
BUSHNELL	C-3
CAPE CANAVERAL	E-3
CAPE CORAL	C-5
CARRABELLE	A-2
CEDAR KEY	B-2
CENTURY	A-5
CHATTAHOOCHEE	A-1
CHIEFLAND	B-2
CHIPLEY	B-5
CLEARWATER	B-3
CLERMONT	C-3
CLEWISTON	D-4
COCOA	D-3
CORAL GABLES	E-5
CORAL SPRINGS	E-5
CRAWFORDVILLE	A-1
CRESCENT BEACH	D-2
CRESCENT CITY	C-2
CRESTVIEW	B-5
CROSS CITY	B-2
CRYSTAL RIVER	C-3
DADE CITY	C-3
DANIA BEACH	E-5
DAYTONA BEACH	D-2
DEBARY	D-3
DELAND	D-2
DEFUNIAK SPRINGS	B-5
DELRAY BEACH	E-5
DELTONA	D-2
DESTIN	B-6
DUNEDIN	B-3
DUNNELLON	C-2
EAST NAPLES	D-5
EASTPOINT	A-2
EDGEWATER	D-2
ENGLEWOOD	C-4
EUSTIS	C-3
FERNANDINA BEACH	D-1
FLAGLER BEACH	D-2
FORT LAUDERDALE	E-5
FORT MEADE	C-3
FORT MYERS	D-4
FORT MYERS BEACH	C-5
FORT PIERCE	E-4
FORT WALTON BEACH	A-6
FROSTPROOF	D-4
GAINESVILLE	C-2
GIFFORD	E-4
GOLDEN GATE	D-5
GONZALEZ	A-5
GOULDS	E-5
GRACEVILLE	B-5
GREEN COVE SPRINGS	C-2
GULF BREEZE	A-6
HAINES CITY	D-3
HALLANDALE	E-5
HAVANA	A-1
HAWTHORNE	C-2
HIALEAH	E-5
HIGH SPRINGS	C-2
HILLIARD	C-1
HOLLY HILL	D-2
HOLLYWOOD	E-5
HOMESTEAD	D-5
HOMOSASSA SPRINGS	B-3
HUDSON	C-3
IMMOKALEE	D-5
INDIAN ROCKS BEACH	B-3
INDIANTOWN	E-4
INGLIS	C-2
INTERLACHEN	C-2
INVERNESS	C-3
ISLAMORADA	E-6
JACKSONVILLE	C-1
JACKSONVILLE BEACH	D-1
JASPER	B-1
JENSEN BEACH	E-4
JUPITER	E-4
KENDALL	E-5
KEY LARGO	E-6
KEY WEST	D-6
KEYSTONE HEIGHTS	C-2
KISSIMMEE	D-3
LA BELLE	D-4
LADY LAKE	C-2
LAGUNA BEACH	B-6
LAKE BUENA VISTA	D-3
LAKE BUTLER	C-2
LAKE CITY	C-1
LAKE PANASOFFKEE	C-3
LAKE PLACID	D-4
LAKE WALES	D-3
LAKE WORTH	E-4
LAKELAND	C-3
LARGO	B-3
LEESBURG	C-3
LEHIGH ACRES	D-5
LIVE OAK	B-1
LONGBOAT KEY	B-4
LUTZ	C-3
LYNN HAVEN	B-6
MACCLENNY	C-1
MADEIRA BEACH	C-3
MADISON	B-1
MARATHON	D-6
MARCO ISLAND	C-5
MARIANNA	C-5
MAYO	B-2
MELBOURNE	E-3
MERRITT ISLAND	E-3
MIAMI	E-5
MIDDLEBURG	C-2
MILTON	A-5
MIMS	D-3
MOLINO	A-5
MONTICELLO	A-1
MOORE HAVEN	D-4
MOUNT DORA	D-3
NAPLES	C-5
NAPLES MANOR	C-5
NAPLES PARK	C-5
NEW PORT RICHEY	B-3
NEW SMYRNA BEACH	D-2
NICEVILLE	B-5
NORTH PALM BEACH	E-4
NORTH PORT	C-4
OCALA	C-2
OCOEE	D-3
OKEECHOBEE	D-4
OLDSMAR	C-3
ORANGE PARK	D-1
ORLANDO	D-3
ORMOND BEACH	D-2
PACE	A-5
PAHOKEE	D-4
PALATKA	D-2
PALM BAY	E-3
PALM BEACH GARDENS	E-4
PALM COAST	D-2
PALM HARBOR	B-3

INDEX CONTINUED AT UPPER RIGHT

INDEX CONTINUED FROM MIDDLE LEFT

PALMETTO	C-4
PANAMA CITY	B-6
PENSACOLA	A-6
PERRINE	E-5
PERRY	B-1
PIERSON	D-2
PLANTATION	E-5
PLANT CITY	C-3
POLK CITY	C-3
POMPANO BEACH	E-5
PORT CHARLOTTE	C-4
PORT ORANGE	D-2
PORT SALERNO	E-4
PORT ST LUCIE	E-4
PORT ST. JOE	B-6
PUNTA GORDA	C-4
QUINCY	A-1
RIDGE MANOR	C-3
RIVIERA BEACH	E-4
ROYAL PALM BEACH	E-4
SAN CARLOS PARK	D-5
SANFORD	D-3
SANIBEL	C-5
SARASOTA	C-4
SATELLITE BEACH	E-3
SEBASTIAN	E-3
SEBRING	D-4
SILVER SPRINGS	C-2
SNEADS	A-1
SPRING HILL	C-3
SPRINGFIELD	B-6
ST AUGUSTINE	D-2
ST PETERSBURG	C-3
ST. CLOUD	D-3
ST. PETE BEACH	B-4
STARKE	C-2
STUART	E-4
SUN CITY CENTER	C-4
TALLAHASSEE	A-1
TAMARAC	E-5
TAMPA	C-3
TARPON SPRINGS	C-3
TAVARES	D-3
TAVERNIER	E-6
TITUSVILLE	D-3
TREASURE ISLAND	B-4
TRENTON	C-2
VENICE	C-4
VERO BEACH	E-4
WABASSO	E-4
WALDO	C-2
WARRINGTON	A-6
WAUCHULA	C-4
WEST PALM BEACH	E-4
WEWAHITCHKA	B-6
WILDWOOD	C-3
WILLISTON	C-2
WINTER GARDEN	D-3
WINTER HAVEN	D-3
WOODVILLE	A-1
YULEE	D-1
ZEPHYRHILLS	C-3
ZOLFO SPRINGS	C-4

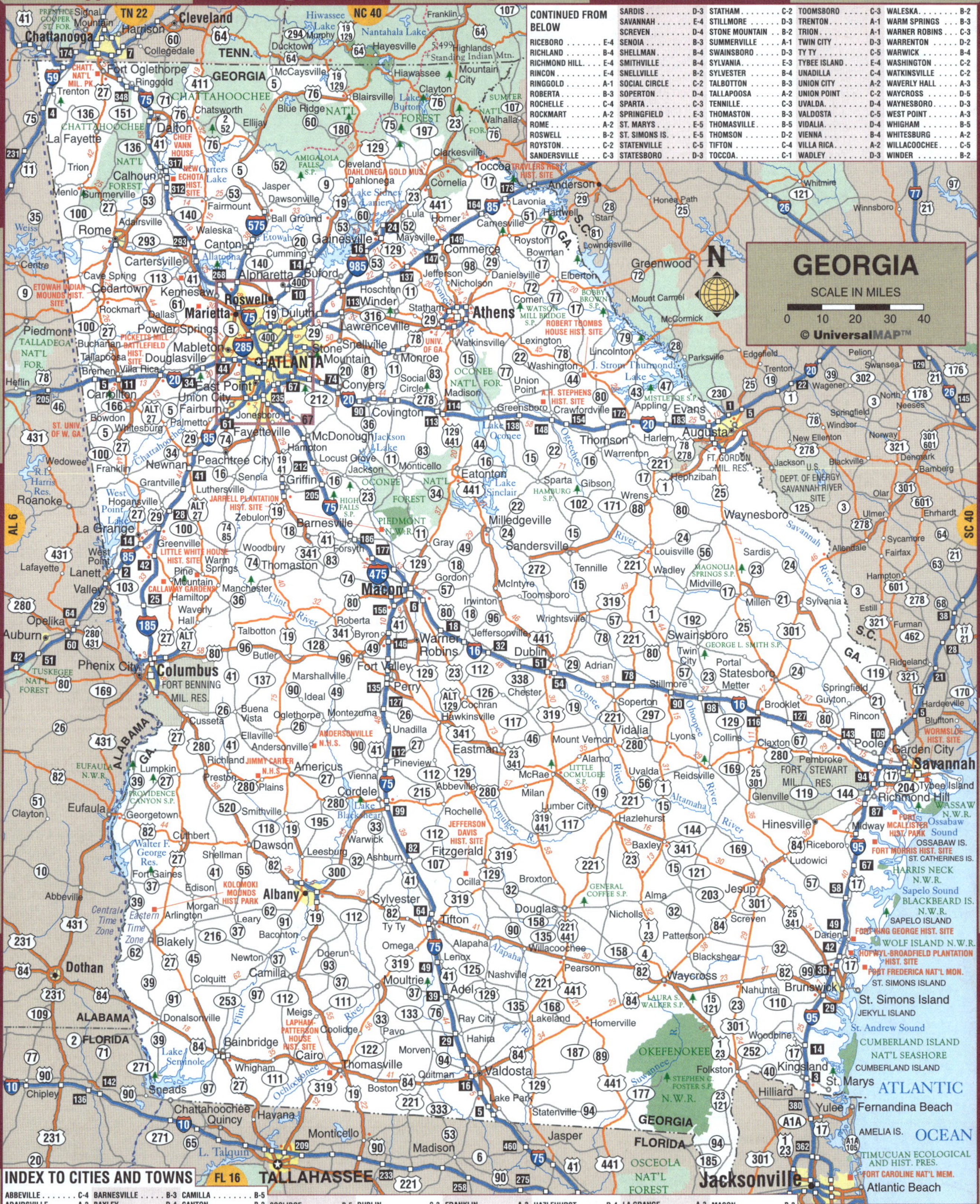

INDEX TO CITIES AND TOWNS

INDEX TO CITIES AND TOWNS

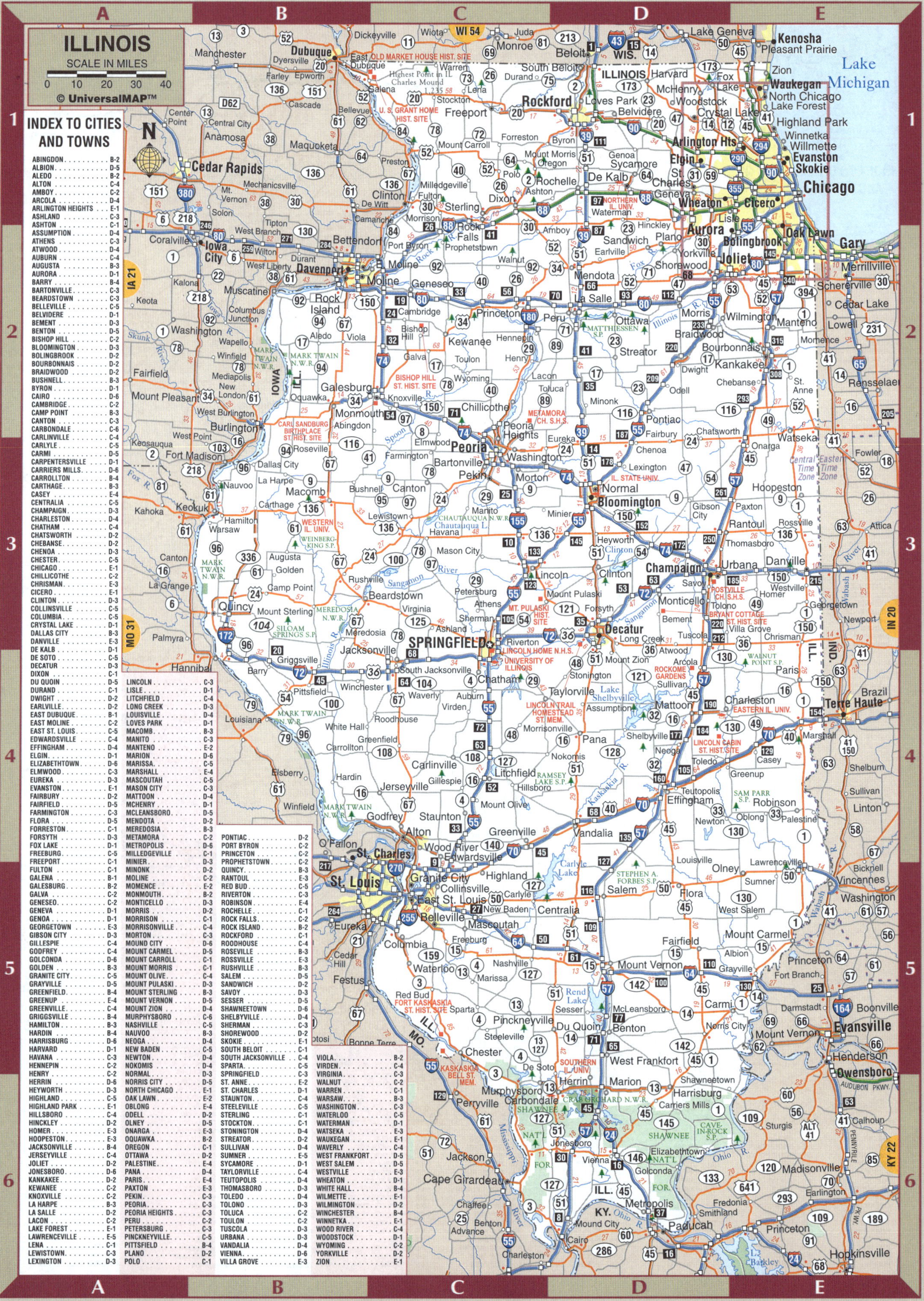

INDEX TO CITIES AND TOWNS

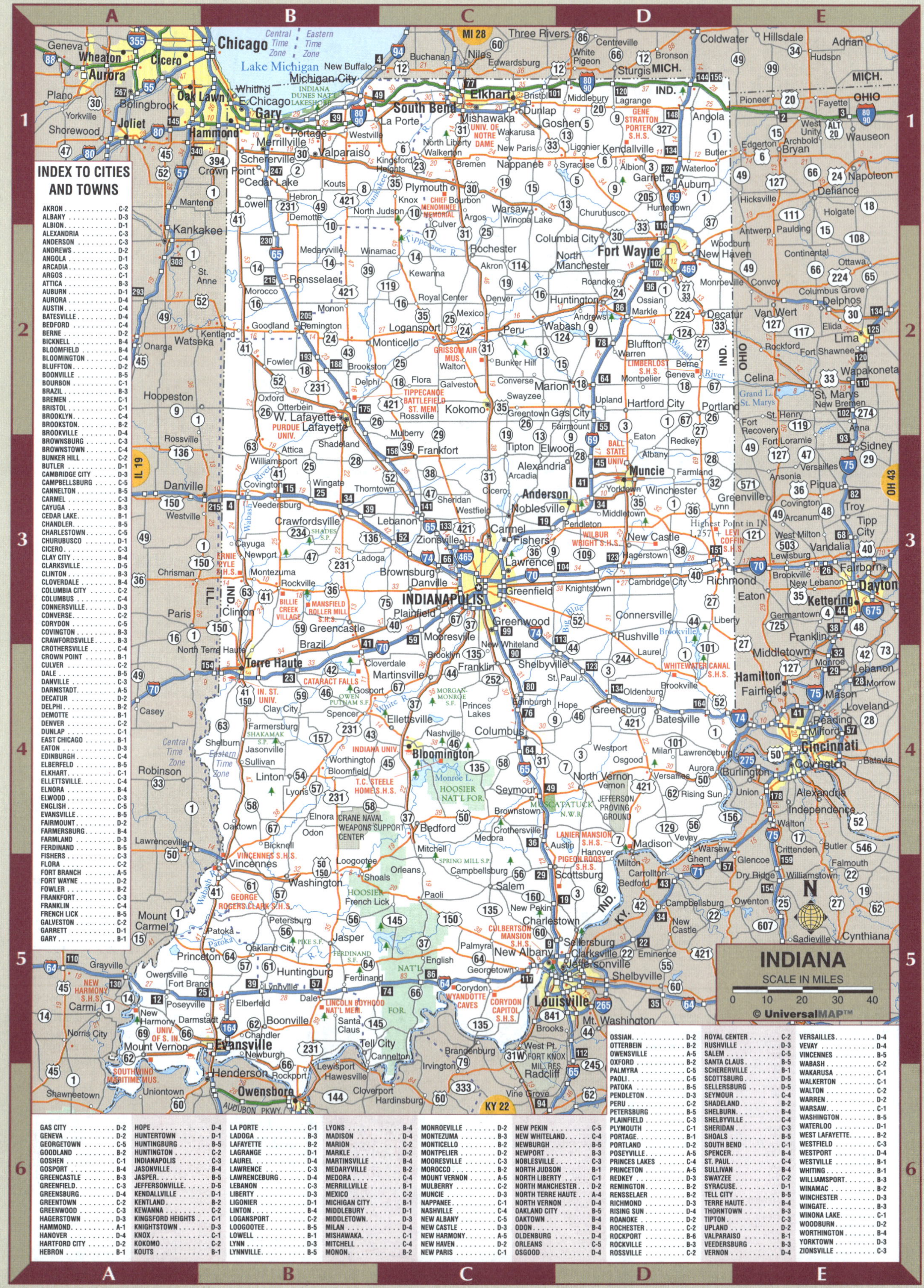

INDEX TO CITIES AND TOWNS

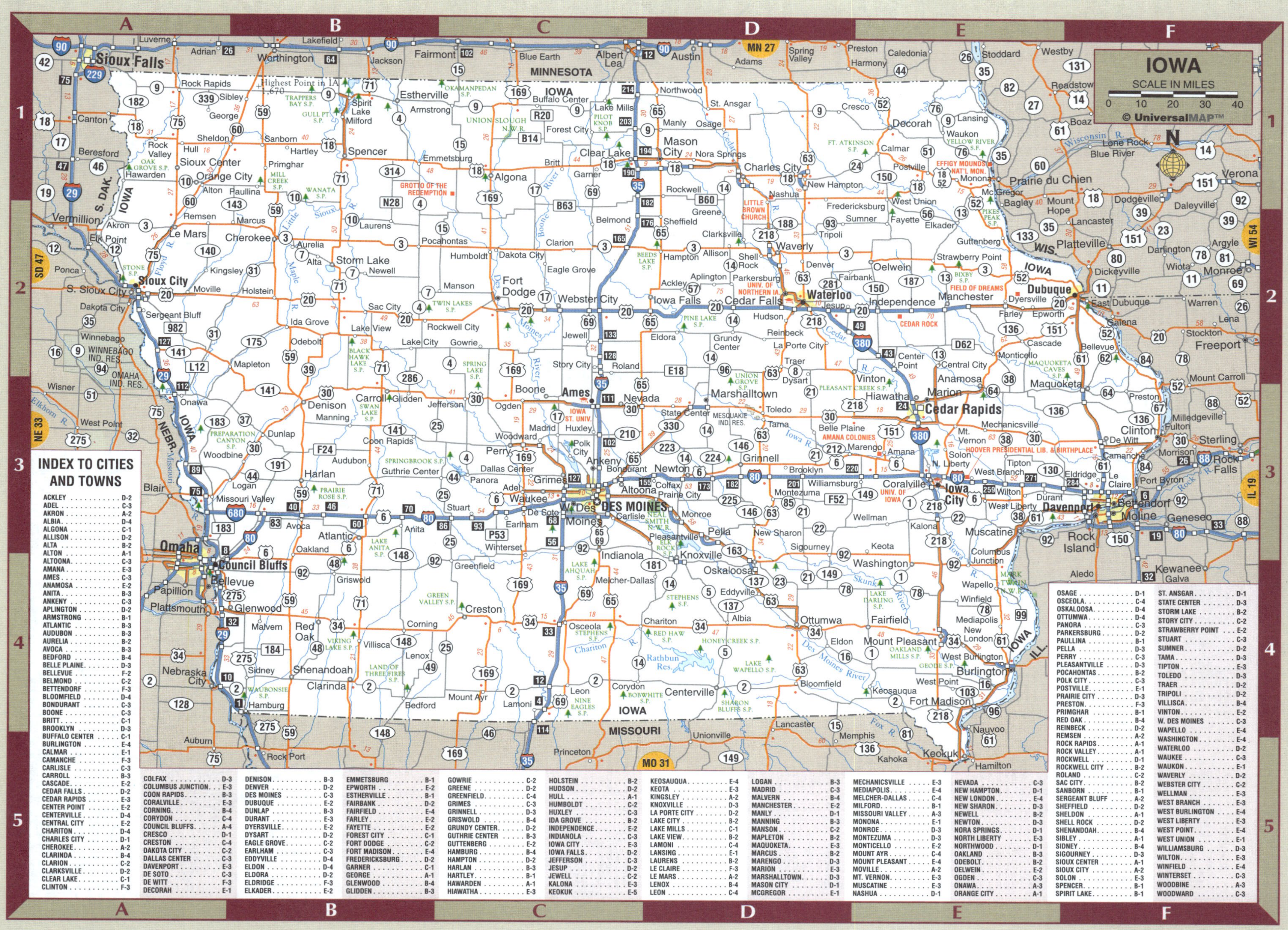

INDEX TO CITIES AND TOWNS

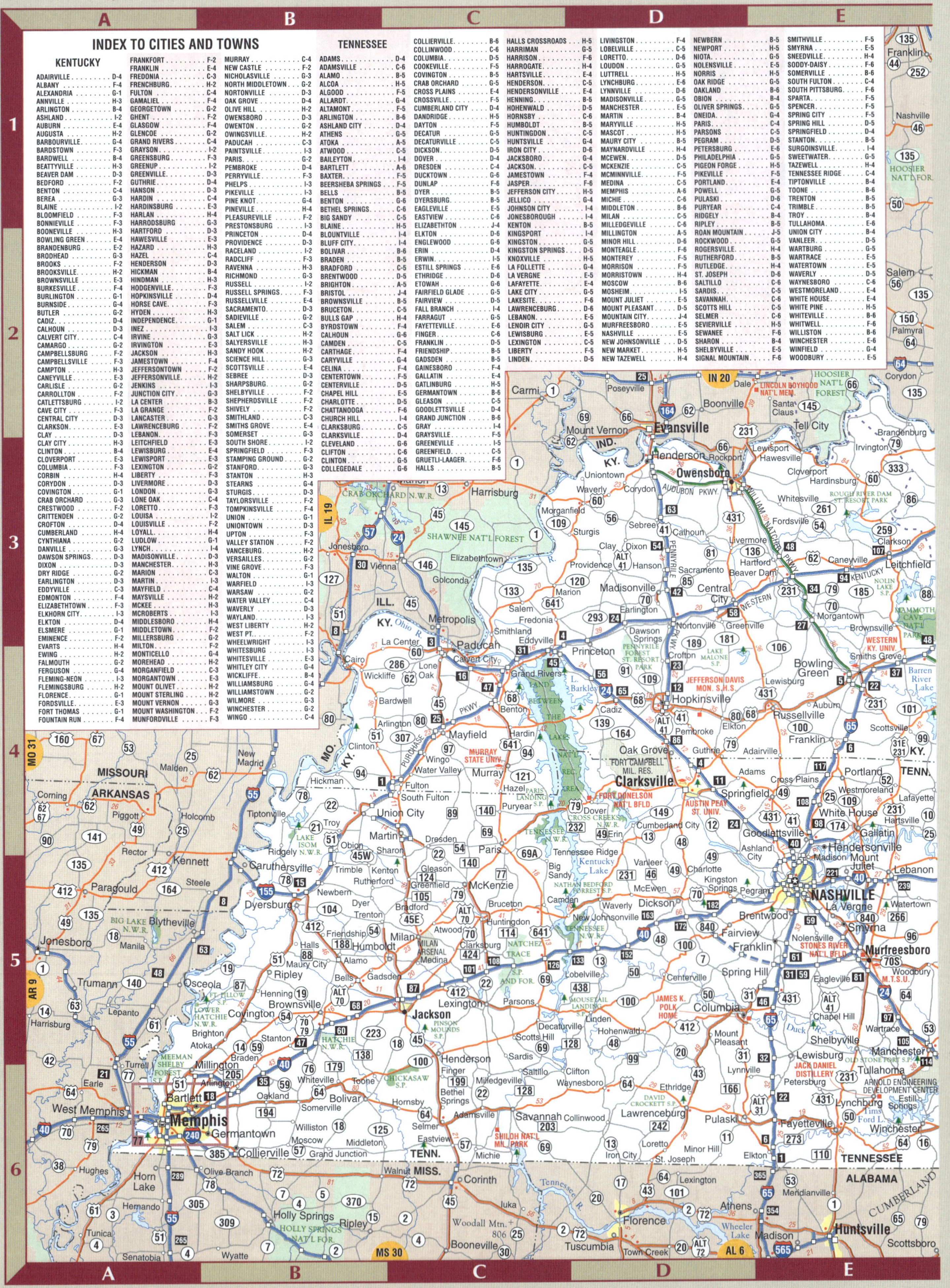

KENTUCKY
TENNESSEE
MISSOURI
ARKANSAS
ALABAMA
ILL.
IND.
KY.
MISS.
TENN.
NASHVILLE
Memphis
Clarksville
Jackson
Evansville
Owensboro
Paducah
Bowling Green
Hopkinsville
Murfreesboro
Huntsville
Florence
Franklin
Columbia
Henderson
Dyersburg
Union City
Mayfield
Murray
Paris
SHAWNEE NAT'L FOREST
HOOSIER NAT'L FOREST
LINCOLN BOYHOOD NAT'L MEM.
FORT DONELSON NAT'L BFLD.
STONES RIVER NAT'L BFLD.
JACK DANIEL DISTILLERY
SHILOH NAT'L MIL. PARK
WESTERN KY. UNIV.
MURRAY STATE UNIV.
AUSTIN PEAY ST. UNIV.
JEFFERSON DAVIS MON. S.H.S.
JAMES K. POLK HOME
A
B
C
D
E
1
2
3
4
5
6

INDEX TO CITIES AND TOWNS

KENTUCKY

ADAIRVILLE	D-4
ALBANY	F-4
ALEXANDRIA	G-1
ANNVILLE	H-3
ARLINGTON	B-4
ASHLAND	I-2
AUBURN	E-4
AUGUSTA	H-2
BARBOURVILLE	G-4
BARDSTOWN	F-3
BARDWELL	B-4
BEATTYVILLE	H-3
BEAVER DAM	D-3
BEDFORD	F-2
BENTON	C-4
BEREA	G-3
BLAINE	I-2
BLOOMFIELD	F-3
BONNIEVILLE	F-3
BOONEVILLE	H-3
BOWLING GREEN	E-4
BRANDENBURG	E-2
BRODHEAD	G-3
BROOKS	F-2
BROOKSVILLE	H-2
BROWNSVILLE	E-3
BURKESVILLE	F-4
BURLINGTON	G-1
BURNSIDE	G-4
BUTLER	G-2
CADIZ	D-4
CALHOUN	D-3
CALVERT CITY	C-4
CAMARGO	G-2
CAMPBELLSBURG	F-2
CAMPBELLSVILLE	F-3
CAMPTON	H-3
CANEYVILLE	E-3
CARLISLE	G-2
CARROLLTON	F-2
CATLETTSBURG	I-2
CAVE CITY	F-3
CENTRAL CITY	D-3
CLARKSON	E-3
CLAY	D-3
CLAY CITY	H-3
CLINTON	B-4
CLOVERPORT	E-3
COLUMBIA	F-3
CORBIN	H-4
CORYDON	D-3
COVINGTON	G-1
CRAB ORCHARD	G-3
CRESTWOOD	F-2
CRITTENDEN	G-2
CROFTON	D-4
CUMBERLAND	H-4
CYNTHIANA	G-2
DANVILLE	G-3
DAWSON SPRINGS	D-3
DIXON	D-3
DRY RIDGE	G-2
EARLINGTON	D-3
EDDYVILLE	C-3
EDMONTON	F-4
ELIZABETHTOWN	F-3
ELKHORN CITY	I-3
ELKTON	D-4
ELSMERE	G-1
EMINENCE	F-2
EVARTS	H-4
EWING	H-2
FALMOUTH	G-2
FERGUSON	G-4
FLEMING-NEON	I-3
FLEMINGSBURG	H-2
FLORENCE	G-1
FORDSVILLE	E-3
FORT THOMAS	G-1
FOUNTAIN RUN	F-4
FRANKFORT	F-2
FRANKLIN	E-4
FREDONIA	C-3
FRENCHBURG	H-2
FULTON	C-4
GAMALIEL	F-4
GEORGETOWN	G-2
GHENT	F-2
GLASGOW	F-4
GLENCOE	G-2
GRAND RIVERS	C-4
GRAYSON	I-2
GREENSBURG	F-3
GREENUP	I-2
GREENVILLE	D-3
GUTHRIE	D-4
HANSON	D-3
HARDIN	C-4
HARDINSBURG	E-3
HARLAN	H-4
HARRODSBURG	G-3
HARTFORD	D-3
HAWESVILLE	E-3
HAZARD	H-3
HAZEL	C-4
HENDERSON	D-3
HICKMAN	B-4
HINDMAN	H-3
HODGENVILLE	F-3
HOPKINSVILLE	D-4
HORSE CAVE	F-3
HYDEN	H-3
INDEPENDENCE	G-1
INEZ	I-3
IRVINE	G-3
IRVINGTON	E-3
JACKSON	H-3
JAMESTOWN	F-4
JEFFERSONTOWN	F-2
JEFFERSONVILLE	H-2
JENKINS	I-3
JUNCTION CITY	G-3
LA CENTER	B-3
LA GRANGE	F-2
LANCASTER	G-3
LAWRENCEBURG	F-2
LEBANON	F-3
LEITCHFIELD	E-3
LEWISBURG	E-4
LEWISPORT	E-3
LEXINGTON	G-2
LIBERTY	F-3
LIVERMORE	D-3
LONDON	G-3
LONE OAK	C-4
LORETTO	F-3
LOUISA	I-2
LOUISVILLE	F-2
LOYALL	H-4
LUDLOW	G-1
LYNCH	I-4
MADISONVILLE	D-3
MANCHESTER	H-3
MARION	C-3
MARTIN	I-3
MAYFIELD	C-4
MAYSVILLE	H-2
MCKEE	H-3
MCROBERTS	I-3
MIDDLESBORO	H-4
MIDDLETOWN	F-2
MILLERSBURG	G-2
MILTON	F-2
MONTICELLO	G-4
MOREHEAD	H-2
MORGANFIELD	C-3
MORGANTOWN	E-3
MOUNT OLIVET	H-2
MOUNT STERLING	H-2
MOUNT VERNON	G-3
MOUNT WASHINGTON	F-2
MUNFORDVILLE	F-3
MURRAY	C-4
NEW CASTLE	F-2
NICHOLASVILLE	G-3
NORTH MIDDLETOWN	G-2
NORTONVILLE	D-3
OAK GROVE	D-4
OLIVE HILL	H-2
OWENSBORO	D-3
OWENTON	G-2
OWINGSVILLE	H-2
PADUCAH	C-3
PAINTSVILLE	I-3
PARIS	G-2
PEMBROKE	D-4
PERRYVILLE	F-3
PHELPS	I-3
PIKEVILLE	I-3
PINE KNOT	G-4
PINEVILLE	H-4
PLEASUREVILLE	F-2
PRESTONSBURG	I-3
PRINCETON	D-4
PROVIDENCE	D-3
RACELAND	I-2
RADCLIFF	F-3
RAVENNA	H-3
RICHMOND	G-3
RUSSELL	I-2
RUSSELL SPRINGS	F-3
RUSSELLVILLE	E-4
SACRAMENTO	D-3
SADIEVILLE	G-2
SALEM	C-3
SALT LICK	H-2
SALYERSVILLE	H-3
SANDY HOOK	H-2
SCIENCE HILL	G-3
SCOTTSVILLE	E-4
SEBREE	D-3
SHARPSBURG	G-2
SHELBYVILLE	F-2
SHEPHERDSVILLE	F-2
SHIVELY	F-2
SMITHLAND	C-3
SMITHS GROVE	E-4
SOMERSET	G-3
SOUTH SHORE	I-2
SPRINGFIELD	F-3
STAMPING GROUND	G-2
STANFORD	G-3
STANTON	H-3
STEARNS	G-4
STURGIS	D-3
TAYLORSVILLE	F-2
TOMPKINSVILLE	F-4
UNION	G-1
UNIONTOWN	D-3
UPTON	F-3
VALLEY STATION	F-2
VANCEBURG	H-2
VERSAILLES	G-2
VINE GROVE	F-3
WALTON	G-1
WARFIELD	I-3
WARSAW	G-2
WATER VALLEY	C-4
WAVERLY	D-3
WAYLAND	I-3
WEST LIBERTY	H-2
WEST PT.	F-2
WHEELWRIGHT	I-3
WHITESBURG	I-3
WHITESVILLE	E-3
WHITLEY CITY	G-4
WICKLIFFE	B-4
WILLIAMSBURG	G-4
WILLIAMSTOWN	G-2
WILMORE	G-3
WINCHESTER	G-2
WINGO	C-4

TENNESSEE

ADAMS	D-4
ADAMSVILLE	C-6
ALAMO	B-5
ALCOA	H-5
ALGOOD	F-5
ALLARDT	G-4
ALTAMONT	F-5
ARLINGTON	B-6
ASHLAND CITY	D-4
ATHENS	G-5
ATOKA	A-5
ATWOOD	C-5
BAILEYTON	I-4
BARTLETT	A-6
BAXTER	F-5
BEERSHEBA SPRINGS	F-5
BELLS	B-5
BENTON	G-6
BETHEL SPRINGS	C-6
BIG SANDY	C-5
BLAINE	H-5
BLOUNTVILLE	I-4
BLUFF CITY	I-4
BOLIVAR	B-6
BRADEN	B-5
BRADFORD	C-5
BRENTWOOD	D-5
BRIGHTON	A-5
BRISTOL	J-4
BROWNSVILLE	B-5
BRUCETON	C-5
BULLS GAP	H-4
BYRDSTOWN	F-4
CALHOUN	G-6
CAMDEN	C-5
CARTHAGE	F-4
CARYVILLE	G-4
CELINA	F-4
CENTERTOWN	F-5
CENTERVILLE	D-5
CHAPEL HILL	E-5
CHARLOTTE	D-5
CHATTANOOGA	F-6
CHURCH HILL	I-4
CLARKSBURG	C-5
CLARKSVILLE	D-4
CLEVELAND	G-6
CLIFTON	C-6
CLINTON	G-5
COLLEGEDALE	G-6
COLLIERVILLE	B-6
COLLINWOOD	C-6
COLUMBIA	D-5
COOKEVILLE	F-5
COVINGTON	B-5
CRAB ORCHARD	G-5
CROSS PLAINS	E-4
CROSSVILLE	F-5
CUMBERLAND CITY	D-4
DANDRIDGE	H-5
DAYTON	F-5
DECATUR	G-5
DECATURVILLE	C-5
DICKSON	D-5
DOVER	D-4
DRESDEN	C-4
DUCKTOWN	G-6
DUNLAP	F-6
DYER	B-5
DYERSBURG	B-5
EAGLEVILLE	E-5
EASTVIEW	C-6
ELIZABETHTON	J-4
ELKTON	D-6
ENGLEWOOD	G-6
ERIN	D-4
ERWIN	I-5
ESTILL SPRINGS	E-6
ETHRIDGE	D-6
ETOWAH	G-6
FAIRFIELD GLADE	G-5
FAIRVIEW	D-5
FALL BRANCH	I-4
FARRAGUT	G-5
FAYETTEVILLE	E-6
FINGER	C-6
FRANKLIN	D-5
FRIENDSHIP	B-5
GADSDEN	B-5
GAINESBORO	F-4
GALLATIN	E-4
GATLINBURG	H-5
GERMANTOWN	B-6
GLEASON	C-5
GOODLETTSVILLE	D-4
GRAND JUNCTION	B-6
GRAY	I-4
GRAYSVILLE	F-5
GREENEVILLE	I-5
GREENFIELD	C-5
GRUETLI-LAAGER	F-6
HALLS	B-5
HALLS CROSSROADS	H-5
HARRIMAN	G-5
HARRISON	F-6
HARROGATE	H-4
HARTSVILLE	E-4
HENDERSON	C-5
HENDERSONVILLE	E-4
HENNING	B-5
HOHENWALD	D-5
HORNSBY	C-6
HUMBOLDT	B-5
HUNTINGDON	C-5
HUNTSVILLE	G-4
IRON CITY	D-6
JACKSBORO	G-4
JACKSON	C-5
JAMESTOWN	F-4
JASPER	F-6
JEFFERSON CITY	H-5
JELLICO	G-4
JOHNSON CITY	I-4
JONESBOROUGH	I-4
KENTON	B-5
KINGSPORT	I-4
KINGSTON	G-5
KINGSTON SPRINGS	D-5
KNOXVILLE	H-5
LA FOLLETTE	G-4
LA VERGNE	E-5
LAFAYETTE	E-4
LAKE CITY	G-5
LAKESITE	F-6
LAWRENCEBURG	D-6
LEBANON	E-5
LENOIR CITY	G-5
LEWISBURG	E-5
LEXINGTON	C-5
LIBERTY	F-5
LINDEN	D-5
LIVINGSTON	F-4
LOBELVILLE	C-5
LORETTO	D-6
LOUDON	G-5
LUTTRELL	H-5
LYNCHBURG	E-6
LYNNVILLE	D-6
MADISONVILLE	G-5
MANCHESTER	E-5
MARTIN	B-4
MARYVILLE	H-5
MASCOT	H-5
MAURY CITY	B-5
MAYNARDVILLE	H-4
MCEWEN	D-5
MCKENZIE	C-5
MCMINNVILLE	F-5
MEDINA	C-5
MEMPHIS	A-6
MICHIE	C-6
MIDDLETON	B-6
MILAN	C-5
MILLEDGEVILLE	C-6
MILLINGTON	A-5
MINOR HILL	D-6
MONTEAGLE	F-6
MONTEREY	F-5
MORRISON	F-5
MORRISTOWN	H-4
MOSCOW	B-6
MOSHEIM	I-5
MOUNT JULIET	E-5
MOUNT PLEASANT	D-5
MOUNTAIN CITY	J-4
MURFREESBORO	E-5
NASHVILLE	E-5
NEW JOHNSONVILLE	D-5
NEW MARKET	H-5
NEW TAZEWELL	H-4
NEWBERN	B-5
NEWPORT	H-5
NIOTA	G-5
NOLENSVILLE	E-5
NORRIS	H-5
OAK RIDGE	G-5
OAKLAND	B-6
OBION	B-4
OLIVER SPRINGS	G-5
ONEIDA	G-4
PARIS	C-4
PARSONS	C-5
PEGRAM	D-5
PETERSBURG	E-6
PHILADELPHIA	G-5
PIGEON FORGE	H-5
PIKEVILLE	F-5
PORTLAND	E-4
POWELL	G-5
PULASKI	D-6
PURYEAR	C-4
RIDGELY	B-4
RIPLEY	B-5
ROAN MOUNTAIN	J-5
ROCKWOOD	G-5
ROGERSVILLE	H-4
RUTHERFORD	B-5
RUTLEDGE	H-4
ST. JOSEPH	D-6
SALTILLO	C-6
SARDIS	C-5
SAVANNAH	C-6
SCOTTS HILL	C-5
SELMER	C-6
SEVIERVILLE	H-5
SEWANEE	F-6
SHARON	B-4
SHELBYVILLE	E-5
SIGNAL MOUNTAIN	F-6
SMITHVILLE	F-5
SMYRNA	E-5
SNEEDVILLE	H-4
SODDY-DAISY	F-6
SOMERVILLE	B-6
SOUTH FULTON	C-4
SOUTH PITTSBURG	F-6
SPARTA	F-5
SPENCER	F-5
SPRING CITY	F-5
SPRING HILL	D-5
SPRINGFIELD	D-4
STANTON	B-5
SURGOINSVILLE	I-4
SWEETWATER	G-5
TAZEWELL	H-4
TENNESSEE RIDGE	C-4
TIPTONVILLE	B-4
TOONE	B-6
TRENTON	B-5
TRIMBLE	B-5
TROY	B-4
TULLAHOMA	E-6
UNION CITY	B-4
VANLEER	D-5
WARTBURG	G-5
WARTRACE	E-5
WATERTOWN	E-5
WAVERLY	D-5
WAYNESBORO	C-6
WESTMORELAND	E-4
WHITE HOUSE	E-4
WHITE PINE	H-5
WHITEVILLE	B-6
WHITWELL	F-6
WILLISTON	B-6
WINCHESTER	E-6
WINFIELD	G-4
WOODBURY	E-5

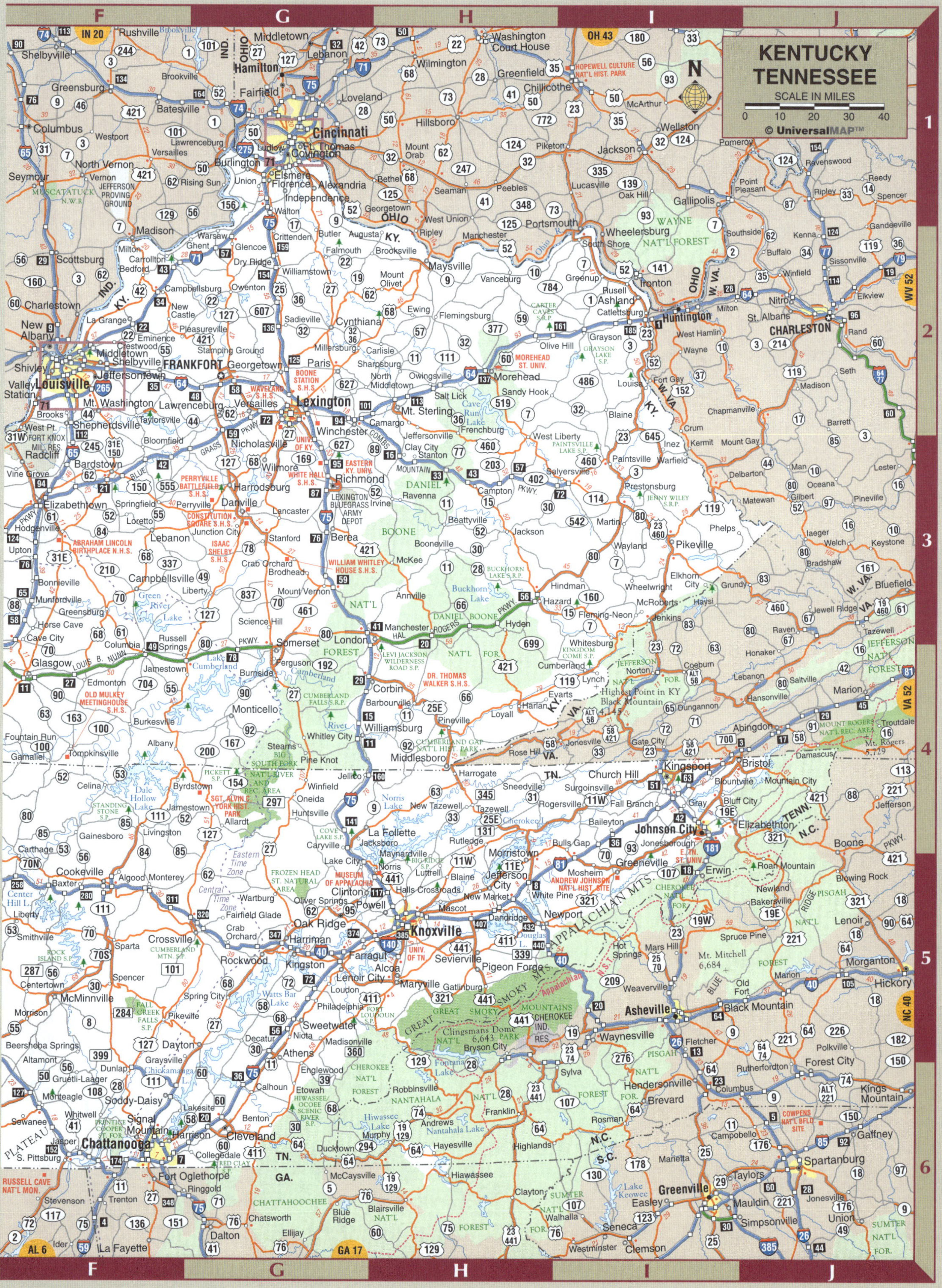
KENTUCKY
TENNESSEE
SCALE IN MILES
0 10 20 30 40
© UniversalMAP™
N
Cincinnati
Louisville
FRANKFORT
Lexington
Huntington
CHARLESTON
Knoxville
Chattanooga
Johnson City
Kingsport
Asheville
Greenville
Spartanburg
OHIO
KY.
W. VA.
VA.
TN.
N.C.
S.C.
GA.
IND.
APPALACHIAN MTS.

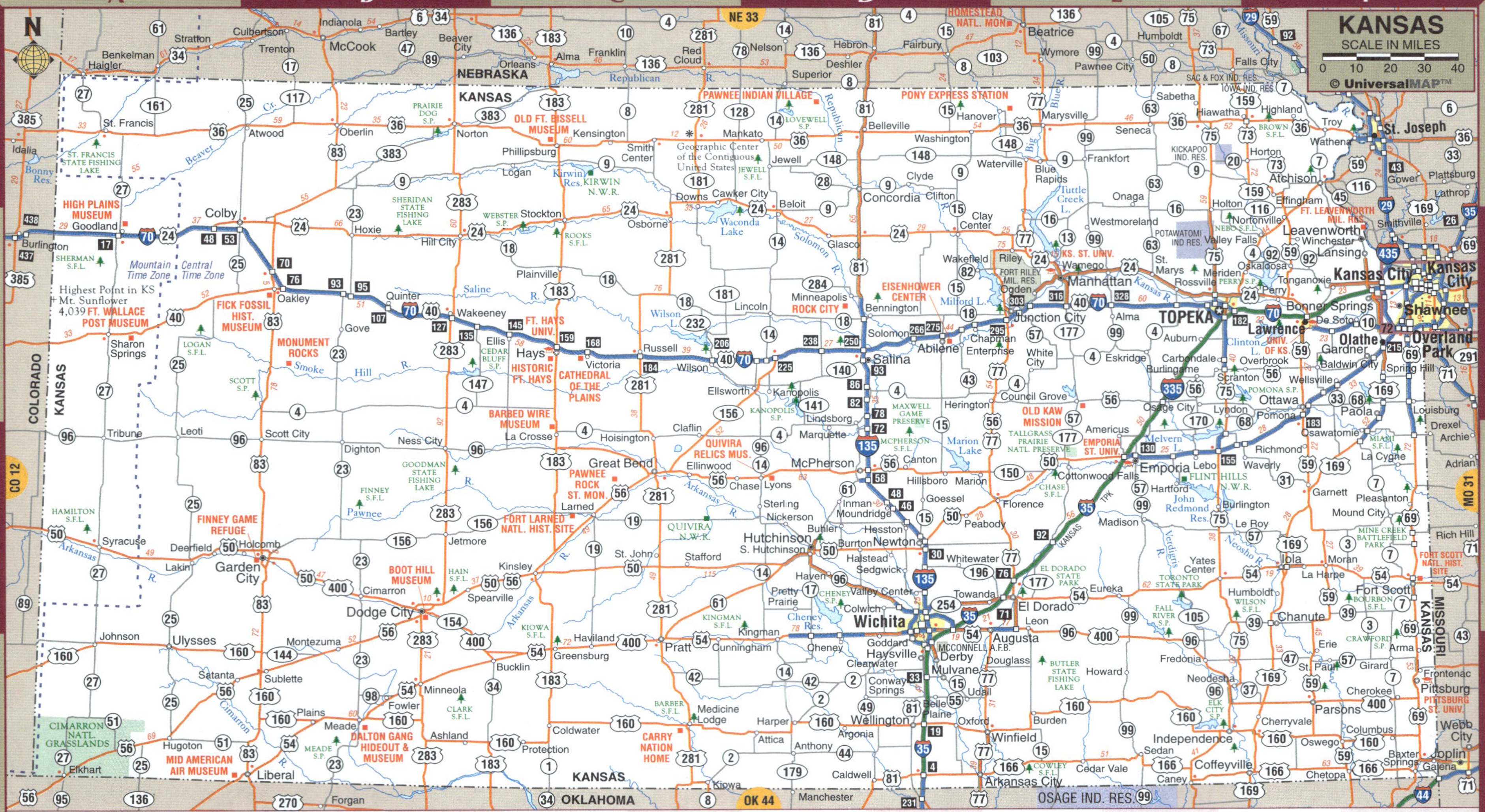

INDEX TO CITIES AND TOWNS

ABILENE	D-2
ALMA	E-2
AMERICUS	E-3
ANTHONY	D-4
ARGONIA	D-4
ARKANSAS CITY	D-4
ARMA	F-4
ASHLAND	B-4
ATCHISON	F-1
ATTICA	D-4
ATWOOD	B-1
AUBURN	E-2
AUGUSTA	E-4
BALDWIN CITY	F-2
BAXTER SPRINGS	F-4
BELLE PLAINE	D-4
BELLEVILLE	D-1
BELOIT	D-1
BENNINGTON	D-2
BLUE RAPIDS	E-1
BONNER SPRINGS	F-2
BUCKLIN	C-4
BUHLER	D-3
BURDEN	E-4
BURLINGAME	E-2
BURLINGTON	E-3
BURRTON	D-3
CALDWELL	D-4
CANEY	E-4
CANTON	D-3
CARBONDALE	E-2
CAWKER CITY	C-1
CEDAR VALE	E-4
CHANUTE	F-3
CHAPMAN	D-2
CHASE	C-3
CHENEY	D-4
CHEROKEE	F-4
CHERRYVALE	F-4
CHETOPA	F-4
CIMARRON	B-3
CLAFLIN	C-3
CLAY CENTER	D-2
CLEARWATER	D-4
CLIFTON	D-1
CLYDE	D-1
COFFEYVILLE	E-4
COLBY	A-2
COLDWATER	C-4
COLUMBUS	F-4
COLWICH	D-3
CONCORDIA	D-1
CONWAY SPRINGS	D-4
COTTONWOOD FALLS	E-3
COUNCIL GROVE	E-2
CUNNINGHAM	C-4
DE SOTO	F-2
DEERFIELD	A-3
DERBY	D-4
DIGHTON	B-3
DODGE CITY	B-3
DOUGLASS	E-4
DOWNS	C-1
EFFINGHAM	F-1
EL DORADO	E-3
ELKHART	A-4
ELLINWOOD	C-3
ELLIS	B-2
ELLSWORTH	C-2
EMPORIA	E-3
ENTERPRISE	D-2
ERIE	F-4
ESKRIDGE	E-2
EUREKA	E-3
FLORENCE	E-3
FORT SCOTT	F-3
FOWLER	B-4
FRANKFORT	E-1
FREDONIA	E-4
FRONTENAC	F-4
GALENA	F-4
GARDEN CITY	A-3
GARDNER	F-2
GARNETT	F-3
GIRARD	F-4
GLASCO	D-2
GODDARD	D-4
GOESSEL	D-3
GOODLAND	A-2
GOVE	B-2
GREAT BEND	C-3
GREENSBURG	C-4
HALSTEAD	D-3
HANOVER	D-1
HARPER	D-4
HARTFORD	E-3
HAVEN	D-3
HAVILAND	C-4
HAYS	C-2
HAYSVILLE	D-4
HERINGTON	D-2
HESSTON	D-3
HIAWATHA	E-1
HIGHLAND	F-1
HILL CITY	B-2
HILLSBORO	D-3
HOISINGTON	C-3
HOLCOMB	B-3
HOLTON	E-1
HORTON	F-1
HOWARD	E-4
HOXIE	B-2
HUGOTON	A-4
HUMBOLDT	E-3
HUTCHINSON	D-3
INDEPENDENCE	E-4
INMAN	D-3
IOLA	F-3
JETMORE	B-3
JEWELL	D-1
JOHNSON	A-4
JUNCTION CITY	E-2
KANOPOLIS	D-2
KANSAS CITY	F-2
KENSINGTON	C-1
KINGMAN	D-4
KINSLEY	C-3
KIOWA	C-4
LA CROSSE	C-3
LA CYGNE	F-3
LA HARPE	F-3
LAKIN	A-3
LANSING	F-2
LARNED	C-3
LAWRENCE	F-2
LE ROY	E-3
LEAVENWORTH	F-2
LEBO	E-3
LEON	E-3
LEOTI	A-3
LIBERAL	B-4
LINCOLN	C-2
LINDSBORG	D-2
LOGAN	C-1
LOUISBURG	F-2
LYNDON	E-2
LYONS	D-3
MADISON	E-3
MANHATTAN	E-2
MANKATO	C-1
MARION	D-3
MARQUETTE	D-3
MARYSVILLE	E-1
MCPHERSON	D-3
MEADE	B-4
MEDICINE LODGE	C-4
MERIDEN	E-2
MINNEAPOLIS	D-2
MINNEOLA	B-4
MONTEZUMA	B-4
MORAN	F-3
MOUND CITY	F-3
MOUNDRIDGE	D-3
MULVANE	D-4
NEODESHA	E-4
NESS CITY	B-3
NEWTON	D-3
NICKERSON	D-3
NORTON	B-1
NORTONVILLE	E-2
OAKLEY	B-2
OBERLIN	B-1
OGDEN	E-2
OLATHE	F-2
ONAGA	E-1
OSAGE CITY	E-2
OSAWATOMIE	F-3
OSBORNE	C-2
OSKALOOSA	F-2
OSWEGO	F-4
OTTAWA	F-2
OVERBROOK	F-2
OVERLAND PARK	F-2
OXFORD	D-4
PAOLA	F-2
PARSONS	F-4
PEABODY	D-3
PERRY	F-2
PHILLIPSBURG	C-1
PITTSBURG	F-4
PLAINS	B-4
PLAINVILLE	C-2
PLEASANTON	F-3
POMONA	F-2
PRATT	C-4
PRETTY PRAIRIE	D-3
PROTECTION	C-4
QUINTER	B-2
RICHMOND	F-3
RILEY	E-2
ROSSVILLE	E-2
RUSSELL	C-2
SABETHA	E-1
ST. FRANCIS	A-1
ST. JOHN	C-3
ST. MARYS	E-2
ST. PAUL	F-4
SALINA	D-2
SATANTA	A-4
SCOTT CITY	B-3
SCRANTON	E-2
SEDAN	E-4
SEDGWICK	D-3
SENECA	E-1
SHARON SPRINGS	A-2
SHAWNEE	F-2
SMITH CENTER	C-1
SOLOMON	D-2
SOUTH HUTCHINSON	D-3
SPEARVILLE	B-3
SPRING HILL	F-2
STAFFORD	C-3
STERLING	D-3
STOCKTON	C-2
SUBLETTE	B-4
SYRACUSE	A-3
TONGANOXIE	F-2
TOPEKA	E-2
TOWANDA	D-3
TRIBUNE	A-3
TROY	F-1
UDALL	D-4
ULYSSES	A-4
VALLEY CENTER	D-3
VALLEY FALLS	E-2
VICTORIA	C-2
WAKEENEY	B-2
WAKEFIELD	D-2
WAMEGO	E-2
WASHINGTON	D-1
WATERVILLE	D-1
WATHENA	F-1
WAVERLY	F-3
WELLINGTON	D-4
WELLSVILLE	F-2
WESTMORELAND	E-2
WHITE CITY	E-2
WHITEWATER	D-3
WICHITA	D-3
WILSON	C-2
WINCHESTER	F-2
WINFIELD	E-4
YATES CENTER	E-3

INDEX TO CITIES AND TOWNS

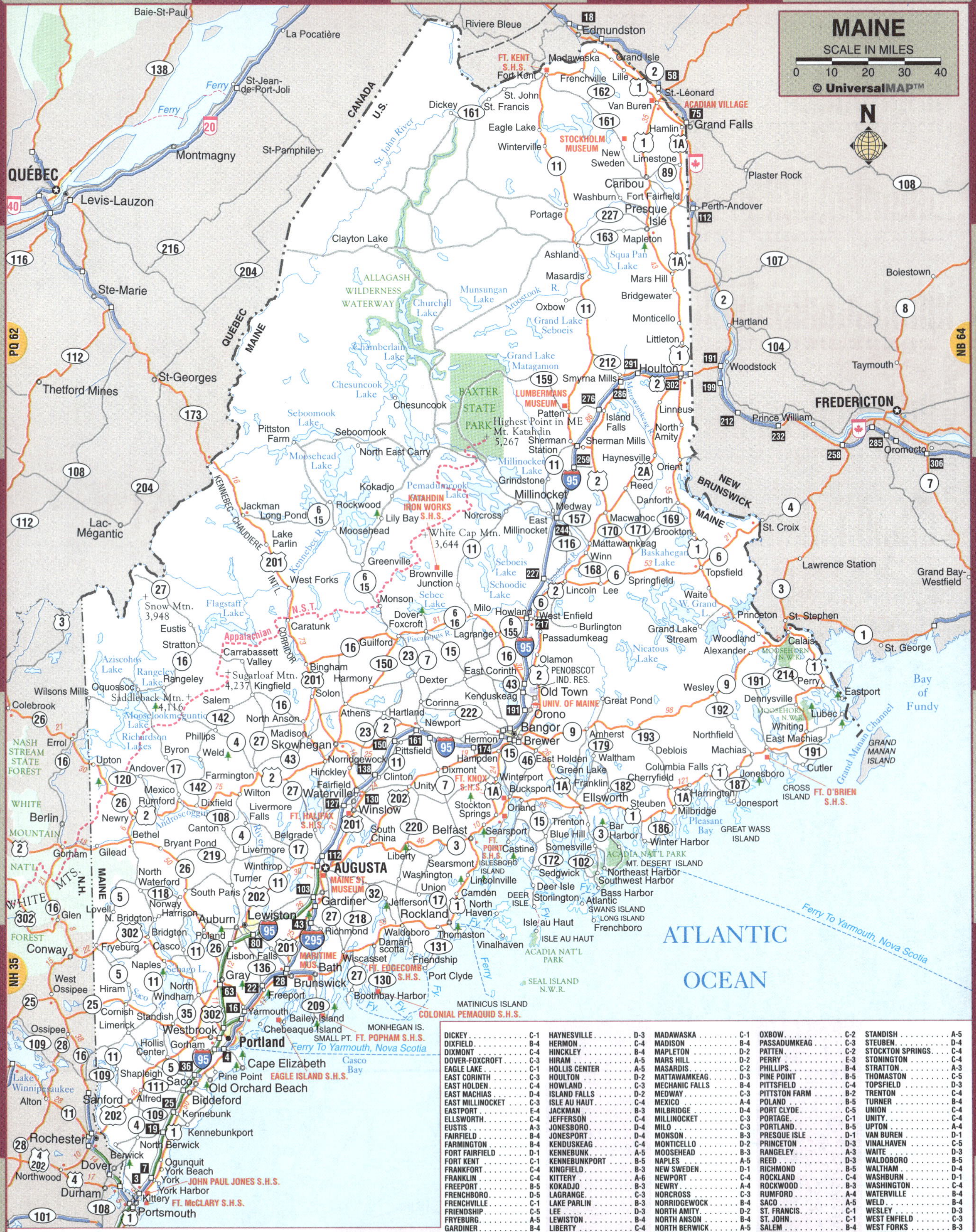

INDEX TO CITIES AND TOWNS

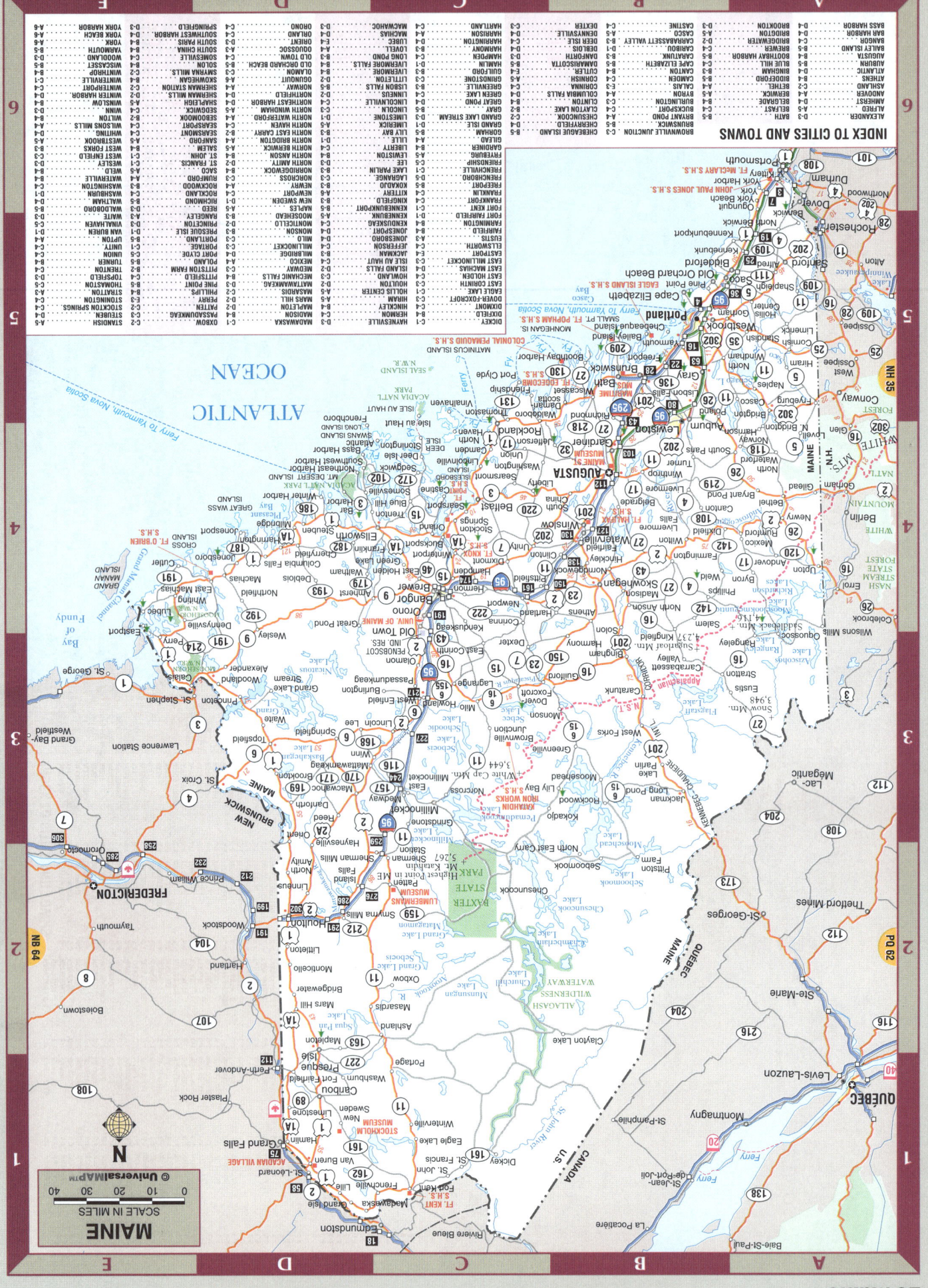

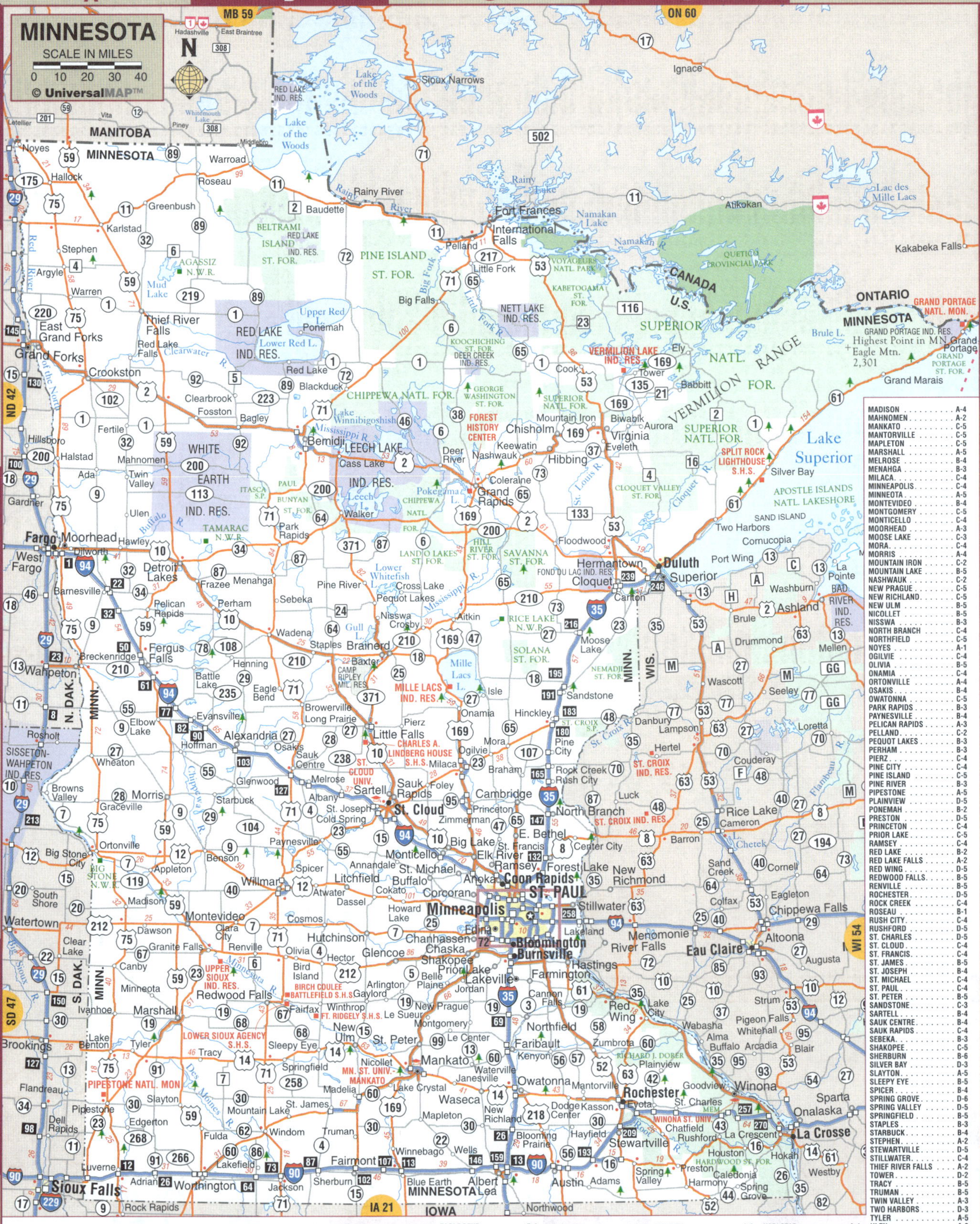

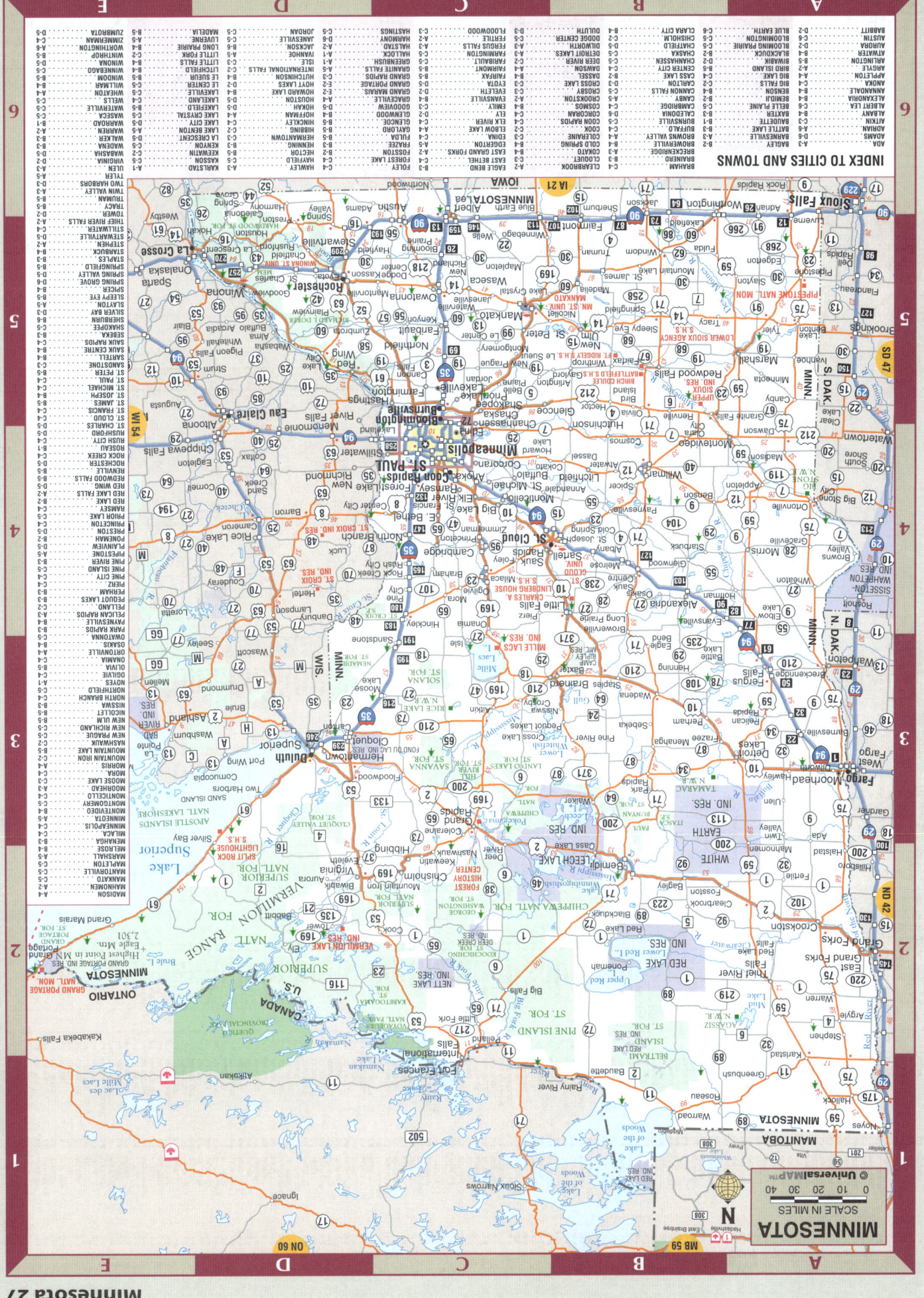

INDEX TO CITIES AND TOWNS

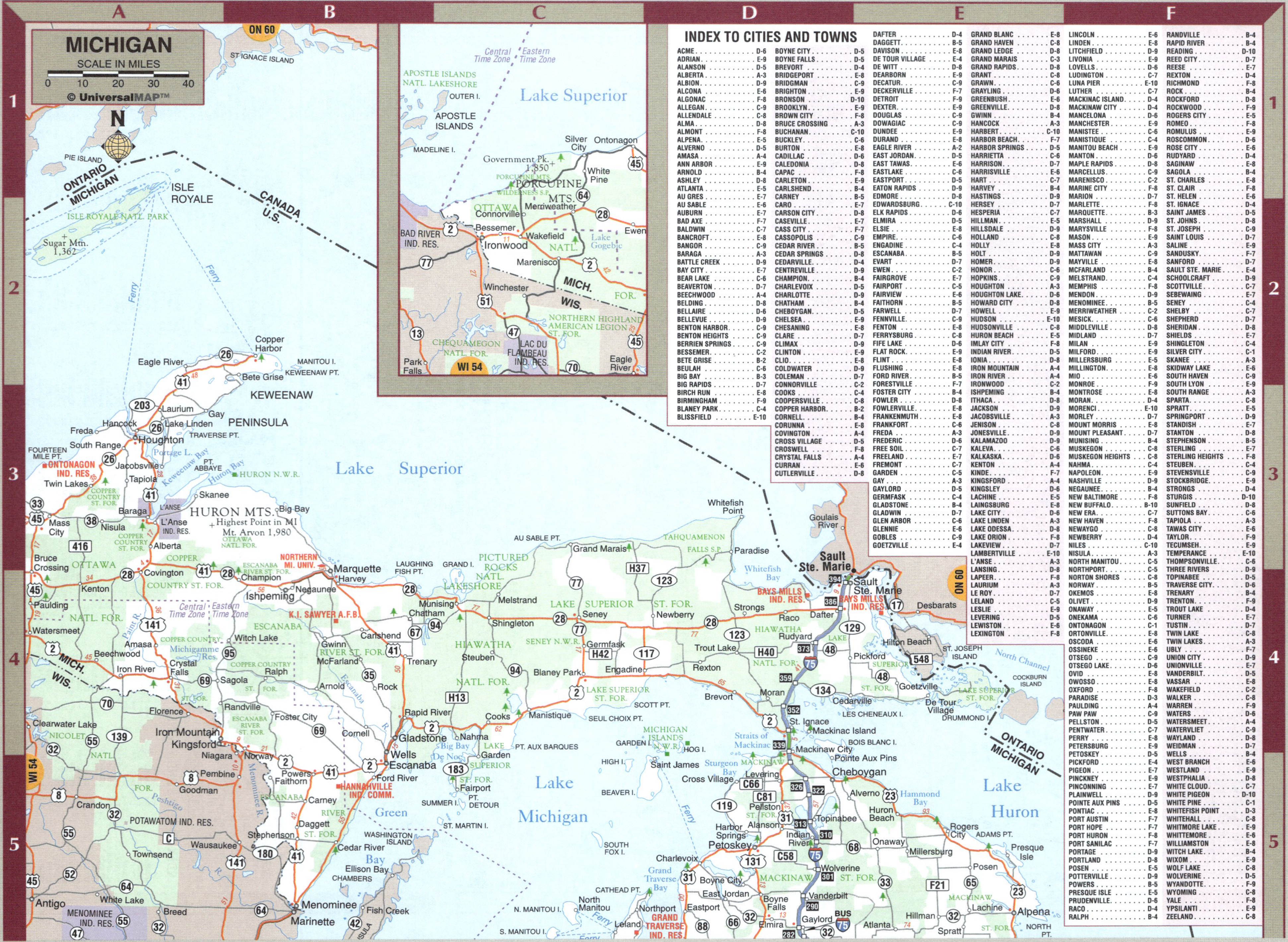

INDEX TO CITIES AND TOWNS

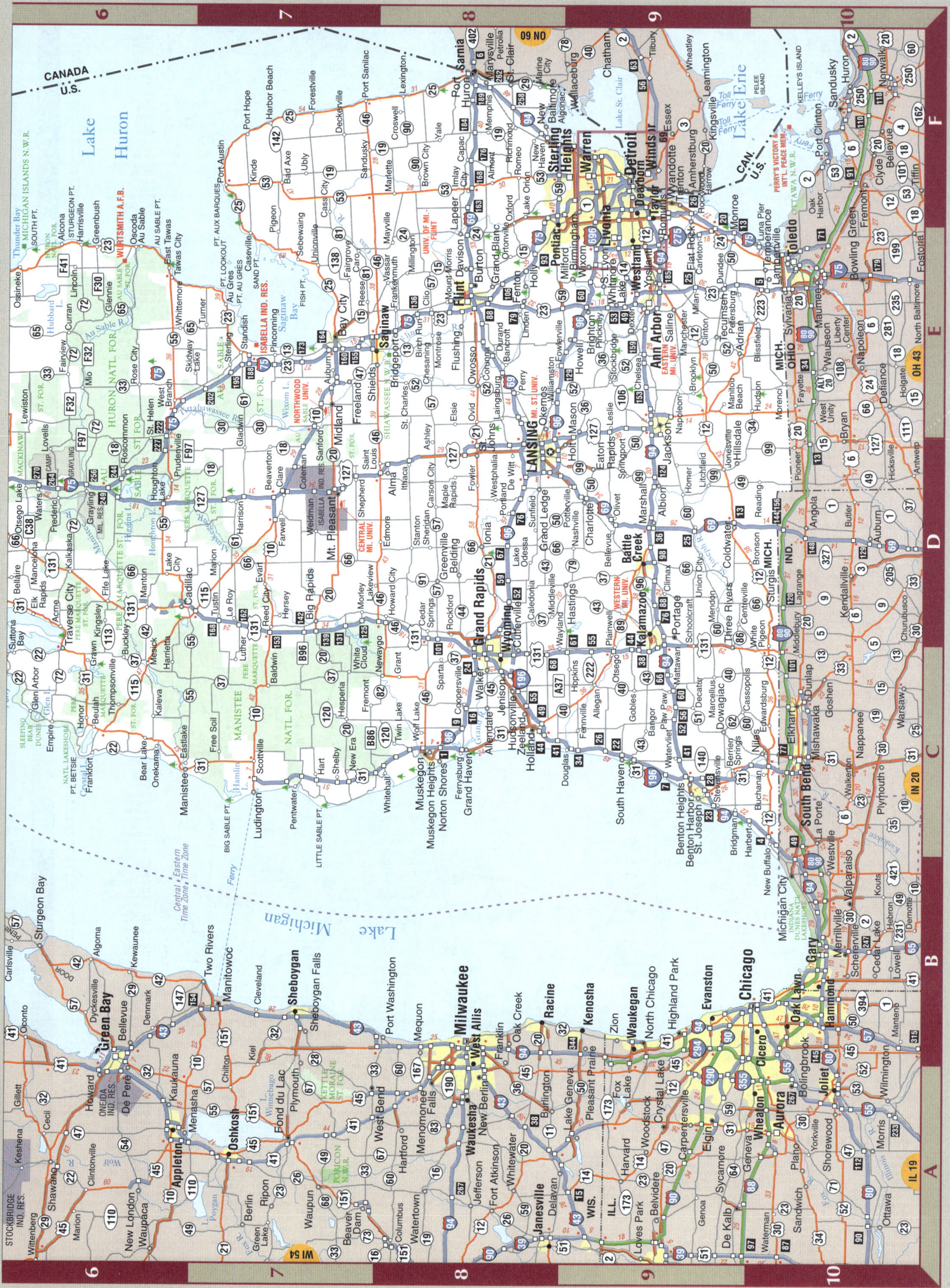
Lake Michigan
Lake Huron
Lake Erie
Lake St. Clair
Saginaw Bay
CANADA
U.S.
Central Time Zone
Eastern Time Zone
WIS.
ILL.
MICH.
IND.
OHIO
Milwaukee
Chicago
Detroit
Lansing
Grand Rapids
Green Bay
Kalamazoo
Flint
Saginaw
Toledo
Ann Arbor
South Bend
Gary
Sarnia
Windsor
Traverse City
Muskegon
Battle Creek
Jackson
Bay City
Midland
Port Huron
Sheboygan
Manitowoc
Racine
Kenosha
Waukegan
Evanston
Oshkosh
Appleton
Janesville
Joliet
Aurora
Hammond
Cadillac
Ludington
Manistee
Mt. Pleasant
Warren
Livonia
Pontiac
Sterling Heights
Dearborn
Westland
Wyoming
Holland
Elkhart
MANISTEE NATL. FOR.
HURON NATL. FOR.
ISABELLA IND. RES.
WURTSMITH A.F.B.
Ferry
IL 19
WI 54
IN 20
OH 43
ON 60
6
7
8
9
10
A
B
C
D
E
F

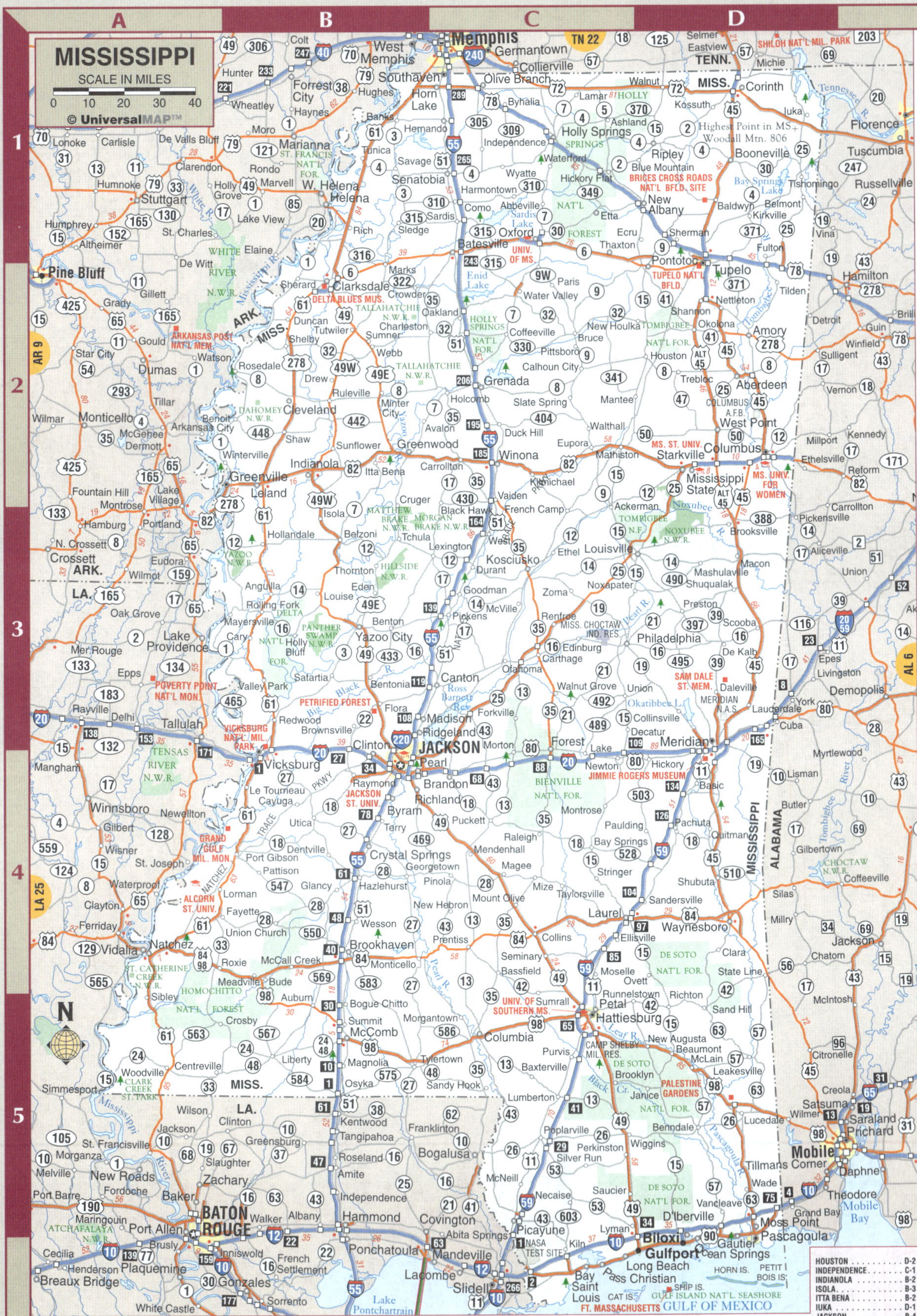

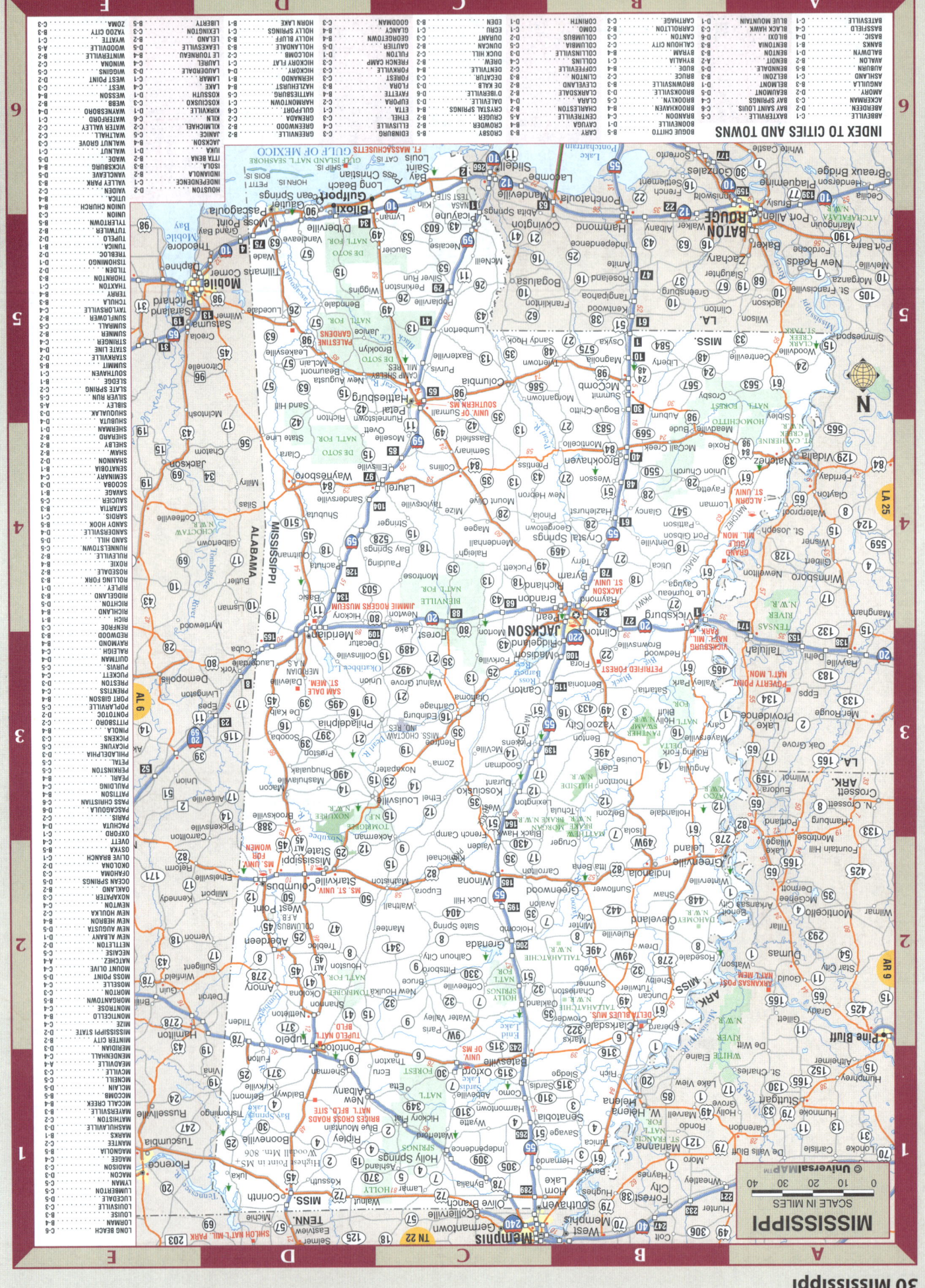

INDEX TO CITIES AND TOWNS

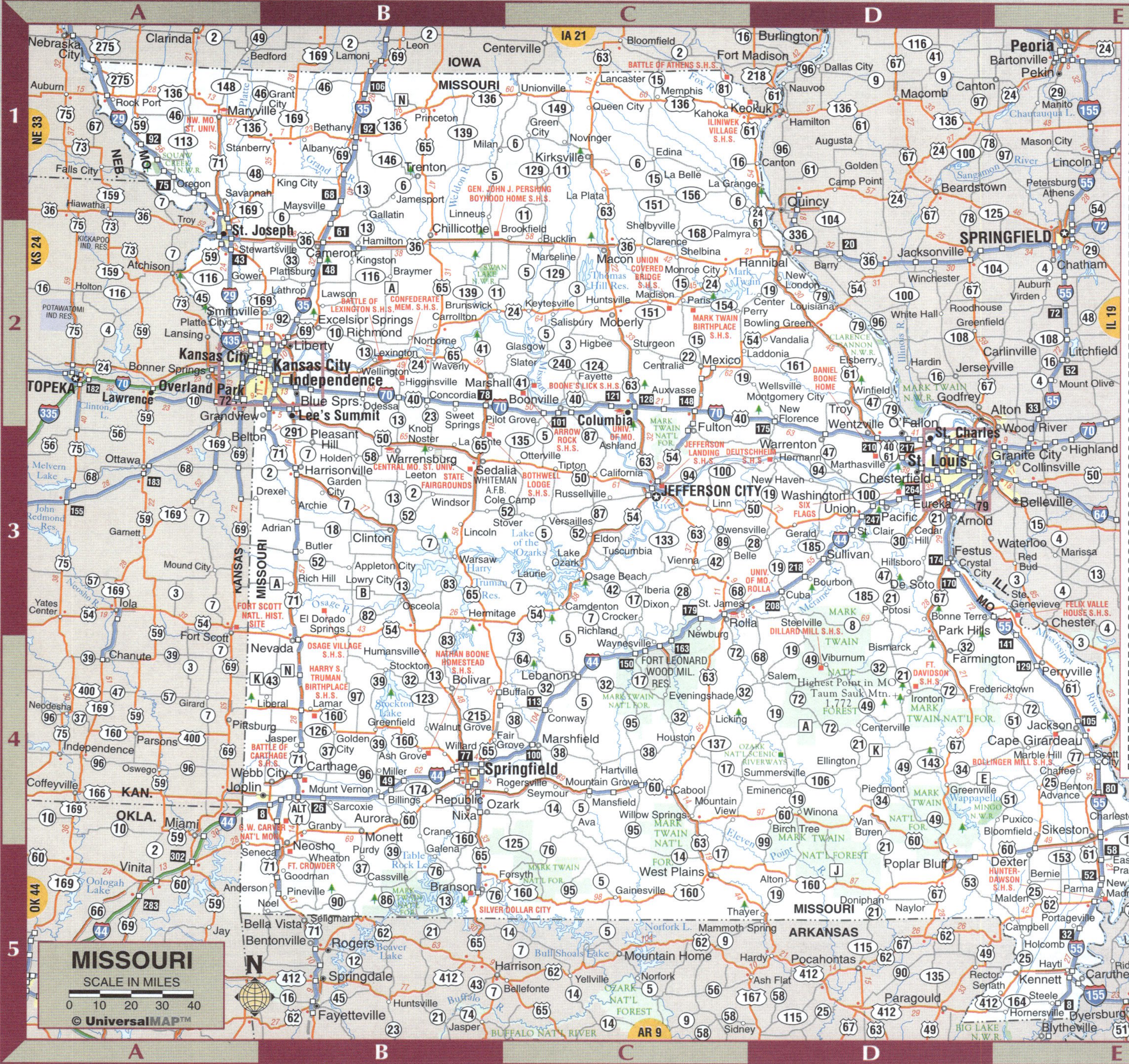

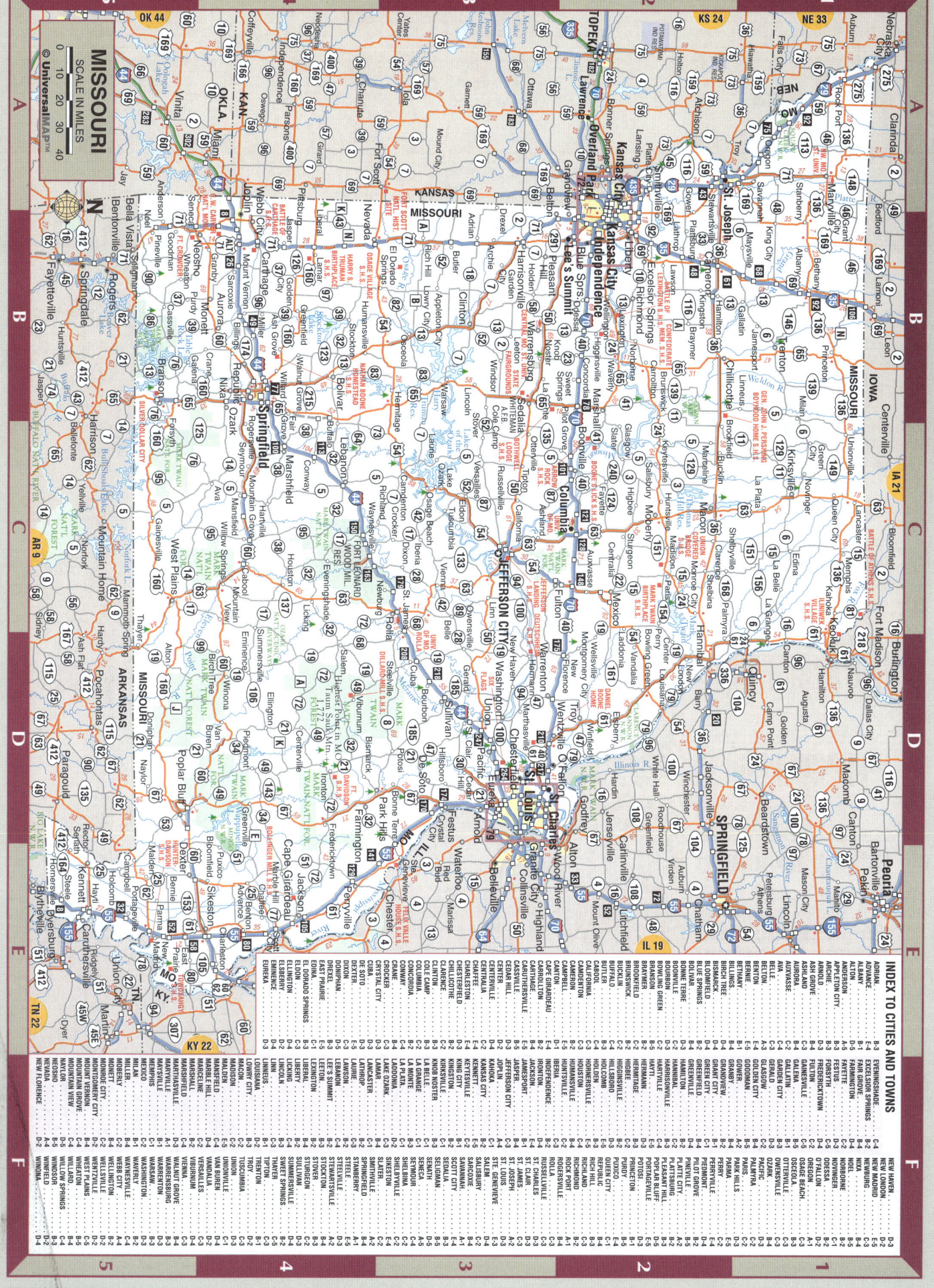

INDEX TO CITIES AND TOWNS

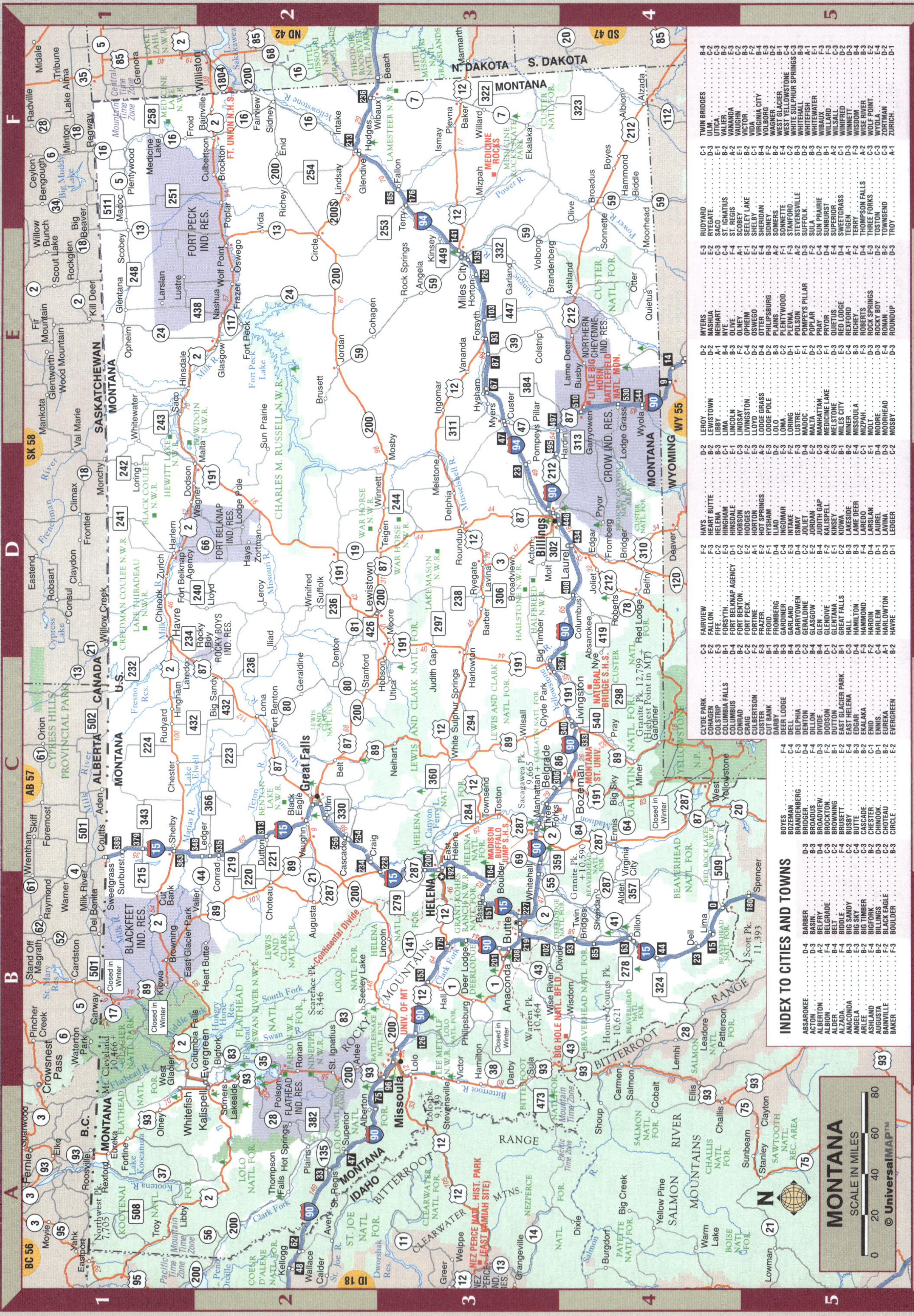
MONTANA
SCALE IN MILES
0 20 40 60 80
© UniversalMAP™
N
INDEX TO CITIES AND TOWNS
SASKATCHEWAN
MONTANA
ALBERTA
MONTANA
B.C.
MONTANA
CANADA
U.S.
N. DAKOTA
S. DAKOTA
MONTANA
WYOMING
MONTANA
IDAHO
MONTANA
Missoula
Helena
Great Falls
Billings
Butte
Bozeman
Kalispell
Havre
Lewistown
Miles City
Glendive
BC 56
AB 57
SK 58
ND 42
SD 47
WY 55
ID 18

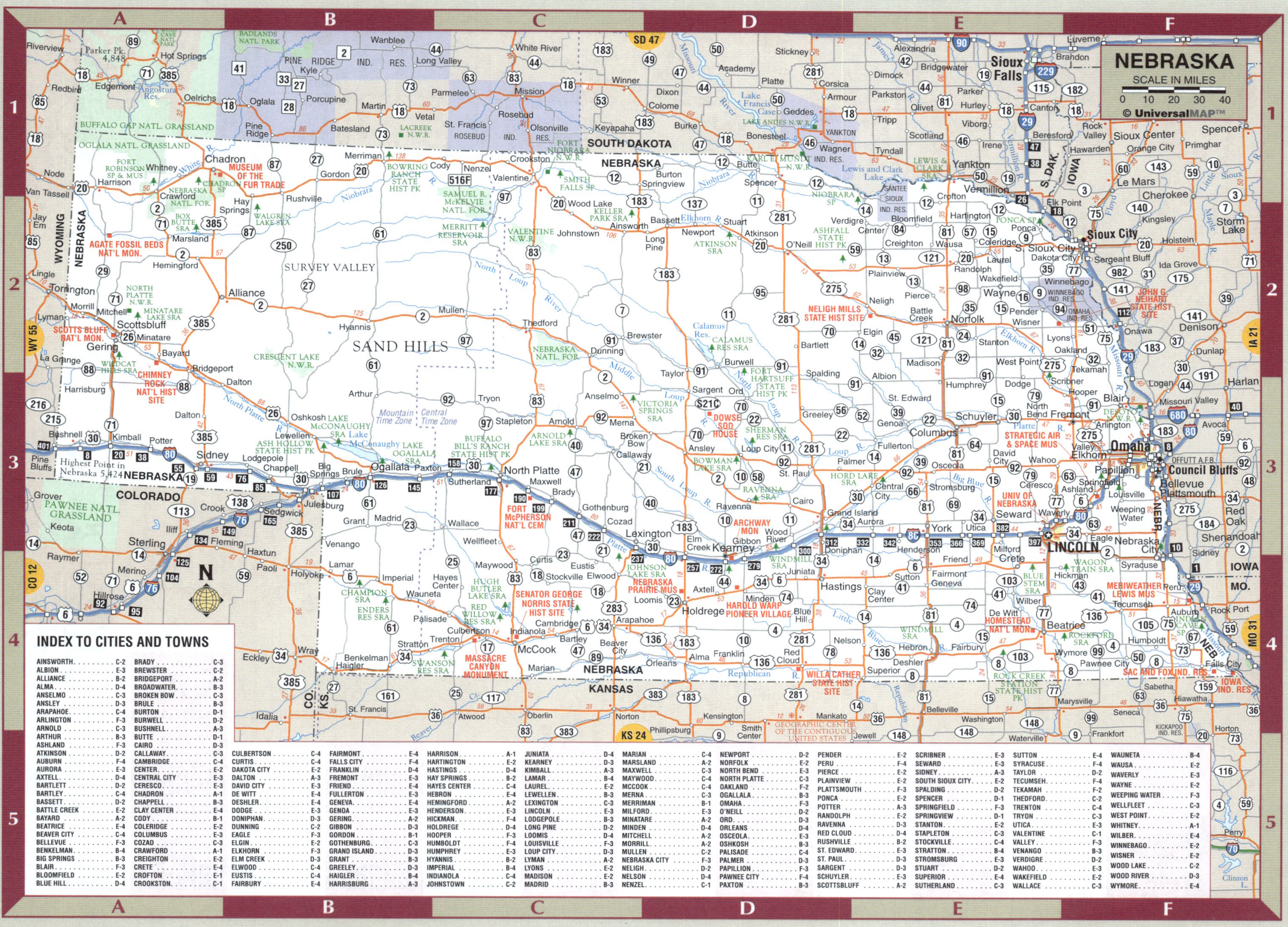

INDEX TO CITIES AND TOWNS

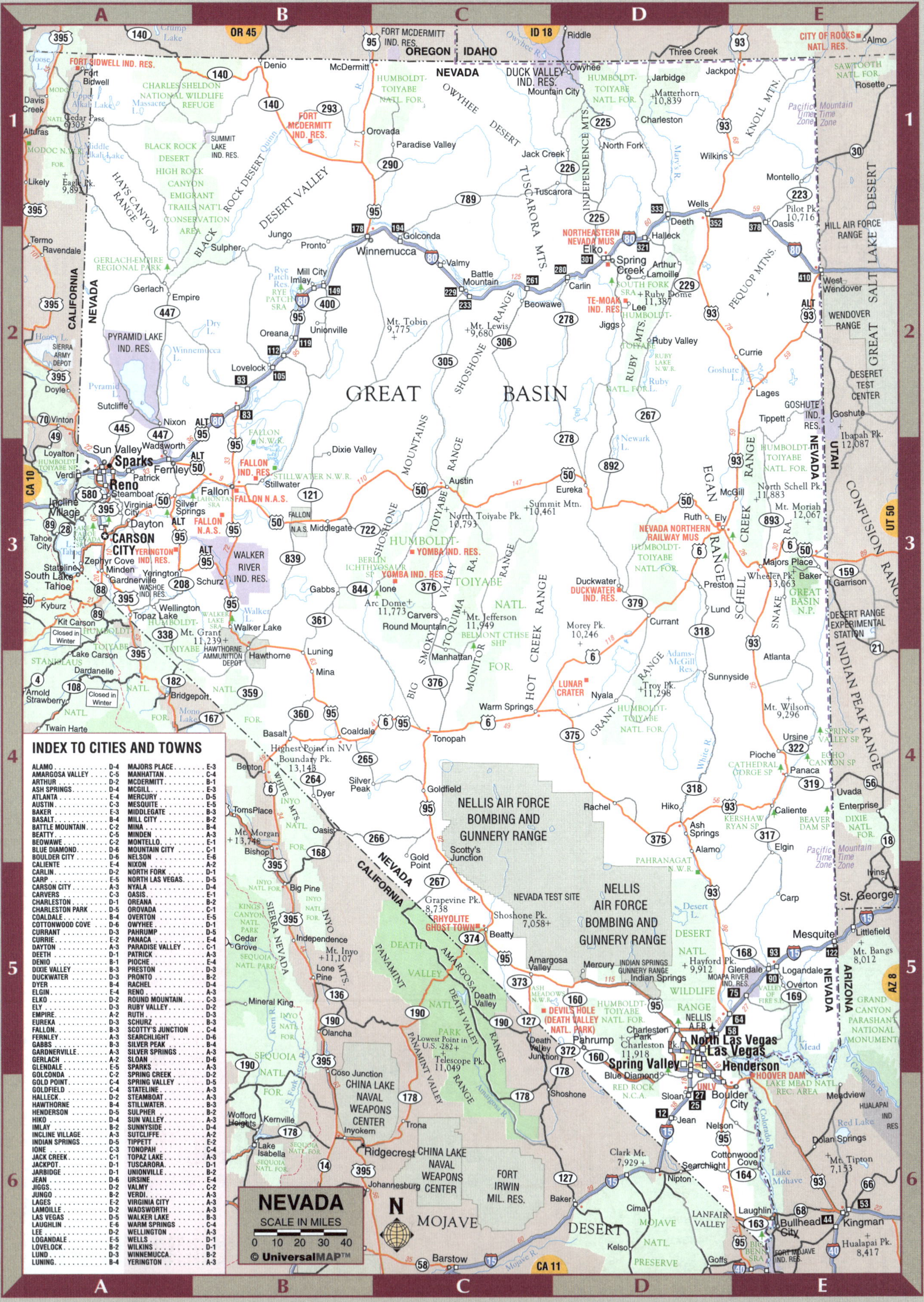
NEVADA
SCALE IN MILES
0 10 20 30 40
© UniversalMAP™
GREAT BASIN

INDEX TO CITIES AND TOWNS

ALAMO	D-4	MAJORS PLACE	E-3
AMARGOSA VALLEY	C-5	MANHATTAN	C-4
ARTHUR	D-2	MCDERMITT	B-1
ASH SPRINGS	D-4	MCGILL	E-3
ATLANTA	E-4	MERCURY	D-5
AUSTIN	C-3	MESQUITE	E-5
BAKER	E-3	MIDDLEGATE	B-3
BASALT	B-4	MILL CITY	B-2
BATTLE MOUNTAIN	C-2	MINA	B-4
BEATTY	C-5	MINDEN	A-3
BEOWAWE	C-2	MONTELLO	E-1
BLUE DIAMOND	D-6	MOUNTAIN CITY	C-1
BOULDER CITY	D-6	NELSON	E-6
CALIENTE	E-4	NIXON	A-2
CARLIN	D-2	NORTH FORK	D-1
CARP	E-5	NORTH LAS VEGAS	D-5
CARSON CITY	A-3	NYALA	D-4
CARVERS	C-3	OASIS	E-1
CHARLESTON	D-1	OREANA	B-2
CHARLESTON PARK	D-5	OROVADA	C-1
COALDALE	B-4	OVERTON	E-5
COTTONWOOD COVE	D-6	OWYHEE	D-1
CURRANT	D-3	PAHRUMP	D-5
CURRIE	E-2	PANACA	E-4
DAYTON	A-3	PARADISE VALLEY	C-1
DEETH	D-1	PATRICK	A-3
DENIO	B-1	PIOCHE	E-4
DIXIE VALLEY	B-3	PRESTON	D-3
DUCKWATER	D-3	PRONTO	B-2
DYER	B-4	RACHEL	D-4
ELGIN	E-4	RENO	A-3
ELKO	D-2	ROUND MOUNTAIN	C-3
ELY	D-3	RUBY VALLEY	D-2
EMPIRE	A-2	RUTH	D-3
EUREKA	D-3	SCHURZ	B-3
FALLON	B-3	SCOTTY'S JUNCTION	C-4
FERNLEY	A-3	SEARCHLIGHT	D-6
GABBS	B-3	SILVER PEAK	B-4
GARDNERVILLE	A-3	SILVER SPRINGS	A-3
GERLACH	A-2	SLOAN	D-6
GLENDALE	E-5	SPARKS	A-3
GOLCONDA	C-2	SPRING CREEK	D-2
GOLD POINT	C-4	SPRING VALLEY	D-5
GOLDFIELD	C-4	STATELINE	A-3
HALLECK	D-2	STEAMBOAT	A-3
HAWTHORNE	B-4	STILLWATER	B-3
HENDERSON	D-5	SULPHER	B-2
HIKO	D-4	SUN VALLEY	A-3
IMLAY	B-2	SUNNYSIDE	D-4
INCLINE VILLAGE	A-3	SUTCLIFFE	A-2
INDIAN SPRINGS	D-5	TIPPETT	E-2
IONE	C-3	TONOPAH	C-4
JACK CREEK	C-1	TOPAZ LAKE	A-3
JACKPOT	D-1	TUSCARORA	D-1
JARBIDGE	D-1	UNIONVILLE	B-2
JEAN	D-6	URSINE	E-4
JIGGS	D-2	VALMY	C-2
JUNGO	B-2	VERDI	A-3
LAGES	E-2	VIRGINIA CITY	A-3
LAMOILLE	D-2	WADSWORTH	A-3
LAS VEGAS	D-5	WALKER LAKE	B-3
LAUGHLIN	E-6	WARM SPRINGS	C-4
LEE	D-2	WELLINGTON	A-3
LOGANDALE	E-5	WELLS	D-1
LOVELOCK	B-2	WILKINS	D-1
LUND	D-3	WINNEMUCCA	B-2
LUNING	B-4	YERINGTON	A-3

NEW HAMPSHIRE VERMONT

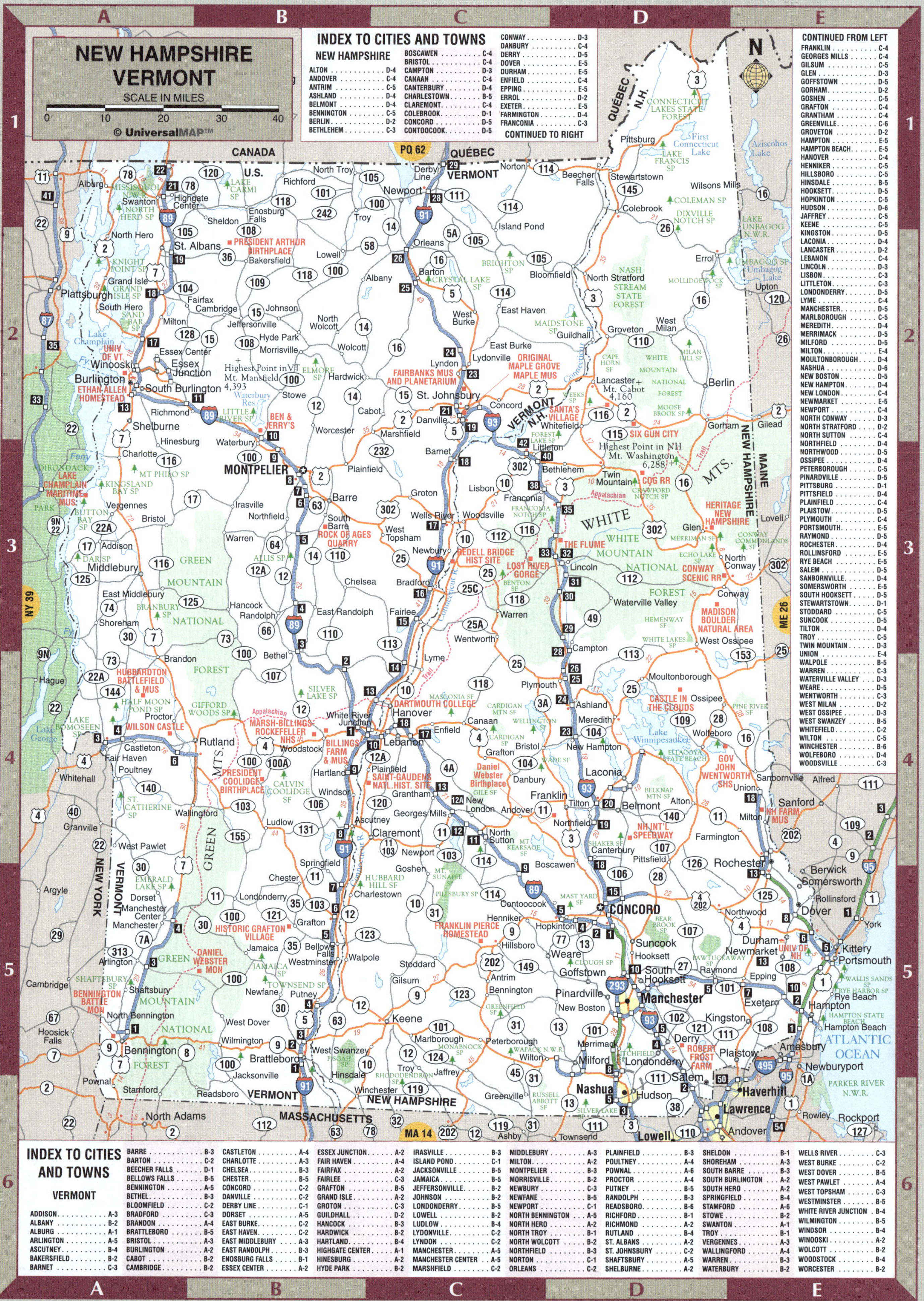

INDEX TO CITIES AND TOWNS

ABSECON	C-5
ALLENTOWN	C-3
ALLOWAY	A-5
ANDOVER	C-2
ASBURY PARK	D-3
ATLANTIC CITY	C-5
ATLANTIC HIGHLANDS	D-3
ATSION	C-4
AVALON	C-6
BARNEGAT	D-4
BARNEGAT LIGHT	D-4
BAY POINT	A-6
BAYONNE	D-2
BAYSIDE	A-5
BEACH HAVEN	D-5
BEACHWOOD	C-4
BELLE MEAD	C-3
BELMAR	D-3
BELVIDERE	B-2
BERLIN	B-4
BERNARDSVILLE	C-2
BLACKWOOD	B-4
BLAIRSTOWN	B-2
BOONTON	C-2
BORDENTOWN	C-4
BOUND BROOK	C-3
BRANCHVILLE	C-1
BRIDGETON	A-5
BRIGANTINE	C-5
BROWNS MILLS	C-4
BUDD LAKE	C-2
BUENA	B-5
BURLINGTON	B-4
BUTLER	C-2
CALIFON	B-2
CAMDEN	B-4
CAPE MAY	B-6
CAPE MAY COURT HOUSE	B-6
CENTERTON	B-5
CENTERVILLE	C-3
CHATHAM	C-2
CHATSWORTH	C-4
CHERRY HILL	B-4
CHESILHURST	B-4
CHESTER	C-2
CHESTERFIELD	C-4
CLARK	C-2
CLIFTON	D-2
CLINTON	B-2
COLESVILLE	C-1
CRANFORD	C-2
DEERFIELD	B-5
DENNISVILLE	B-6
DENVILLE	C-2
DOROTHY	B-5
DOVER	C-2
DUMONT	D-2
EAST BRUNSWICK	C-3
EAST ORANGE	D-2
EATONTOWN	D-3
EDISON	C-3
EGG HARBOR CITY	B-5
ELIZABETH	D-2
ELMER	B-5
ELWOOD	C-5
ENGLEWOOD	D-2
EWING	C-3
FAIRFIELD	D-2
FAIRTON	B-5
FLEMINGTON	B-3
FORKED RIVER	D-4
FRANKLIN	C-1
FRANKLINVILLE	B-5
FREEHOLD	D-3
FRENCHTOWN	B-3
GLASSBORO	B-5
GLOUCESTER CITY	B-4
GOSHEN	B-6
GREEN BANK	C-5
HACKENSACK	D-2
HACKETTSTOWN	B-2
HAINESVILLE	C-1
HAMMONTON	C-5
HAMPTON	B-2
HEDGER HOUSE	C-4
HIGH BRIDGE	B-2
HIGHLANDS	D-3
HIGHTSTOWN	C-3
HOPATCONG	C-2
HOPEWELL	C-3
INDIAN MILLS	C-4
JAMESBURG	C-3
JENKINS NECK	C-5
JERSEY CITY	D-2
KEANSBURG	D-3
LAKEWOOD	C-4
LAMBERTVILLE	B-3
LAWRENCEVILLE	C-3
LEEDS POINT	C-5
LEESBURG	B-6
LINDEN	C-2
LINDENWOLD	B-4
LITTLE SILVER	D-3
LIVINGSTON	C-2
LONG BRANCH	D-3
MADISON	C-2
MAHWAH	D-1
MANALAPAN	C-3
MANASQUAN	D-4
MANCHESTER	C-4
MANUMUSKIN	B-5
MANVILLE	C-3
MARCELLA	C-2
MARGATE CITY	C-5
MARLBORO	D-3
MARLTON	B-4
MATAWAN	C-3
MAYS LANDING	C-5
MEDFORD	C-4
MEDFORD LAKES	C-4
MIDDLESEX	C-3
MILFORD	B-2
MILLVILLE	B-5
MOORESTOWN	B-4
MORRIS PLAINS	C-2
MORRISTOWN	C-2
MOUNT HOLLY	C-4
NEPTUNE CITY	D-3
NETCONG	C-2
NEW BRUNSWICK	C-3
NEW EGYPT	C-4
NEWARK	D-2
NEWFOUNDLAND	C-1
NEWPORT	B-5
NEWTON	B-1
NORTH BERGIN	D-2
NORTH CAPE MAY	B-6
OAKLAND	D-1
OCEAN BEACH	D-3
OCEAN CITY	C-6
OGDENSBURG	C-1
OTHELLO	A-5
PALISADES PARK	D-2
PARAMUS	D-2
PASSAIC	D-2
PATERSON	D-2
PAULSBORO	A-4
PEMBERTON	C-4
PENNINGTON	B-3
PENNS GROVE	A-4
PENNSVILLE	A-5
PERTH AMBOY	D-3
PHILLIPSBURG	B-2
PITTSTOWN	B-3
PLAINFIELD	C-2
PLEASANTVILLE	C-5
POINT PLEASANT	D-4
PORT MONMOUTH	D-3
PORT NORRIS	B-6
PRINCETON	C-3
QUINTON	A-5
RAHWAY	D-2
RAMSEY	D-1
RARITAN	C-3
RED BANK	D-3
RIDGEWOOD	D-2
RINGWOOD	D-1
ROCKTOWN	B-3
SALEM	A-5
SAYREVILLE	C-3
SEA BRIGHT	D-3
SEA ISLE CITY	C-6
SEASIDE HEIGHTS	D-4
SEASIDE PARK	D-4
SHILOH	A-5
SHIP BOTTOM	D-5
SILVERTON	D-4
SMITHVILLE	C-5
SOMERDALE	B-4
SOMERS POINT	C-5
SOMERVILLE	C-3
SOUTH RIVER	C-3
SPARTA	C-1
SPRING LAKE	D-3
STILLWATER	B-1
STONE HARBOR	C-6
STRATFORD	B-4
STRATHMERE	C-6
SUSSEX	C-1
SWEDESBORO	B-4
TOMS RIVER	D-4
TRENTON	C-3
TUCKAHOE	C-6
TUCKERTON	C-5
UNION	C-2
VENTNOR CITY	C-5
VERNON	C-1
VILLAS	B-6
VINELAND	B-5
WANAQUE	D-1
WARREN GLEN	B-2
WARREN GROVE	C-4
WASHINGTON	B-2
WAYNE	C-2
WELCHVILLE	A-5
WEST CREEK	D-5
WEST MILFORD	C-1
WHITING	C-4
WILDWOOD	C-6
WILDWOOD CREST	B-6
WILLIAMSTOWN	B-5
WILLINGBORO	B-4
WOODBINE	B-6
WOODBURY	B-4
WOODSTOWN	B-5
WRIGHTSTOWN	C-4

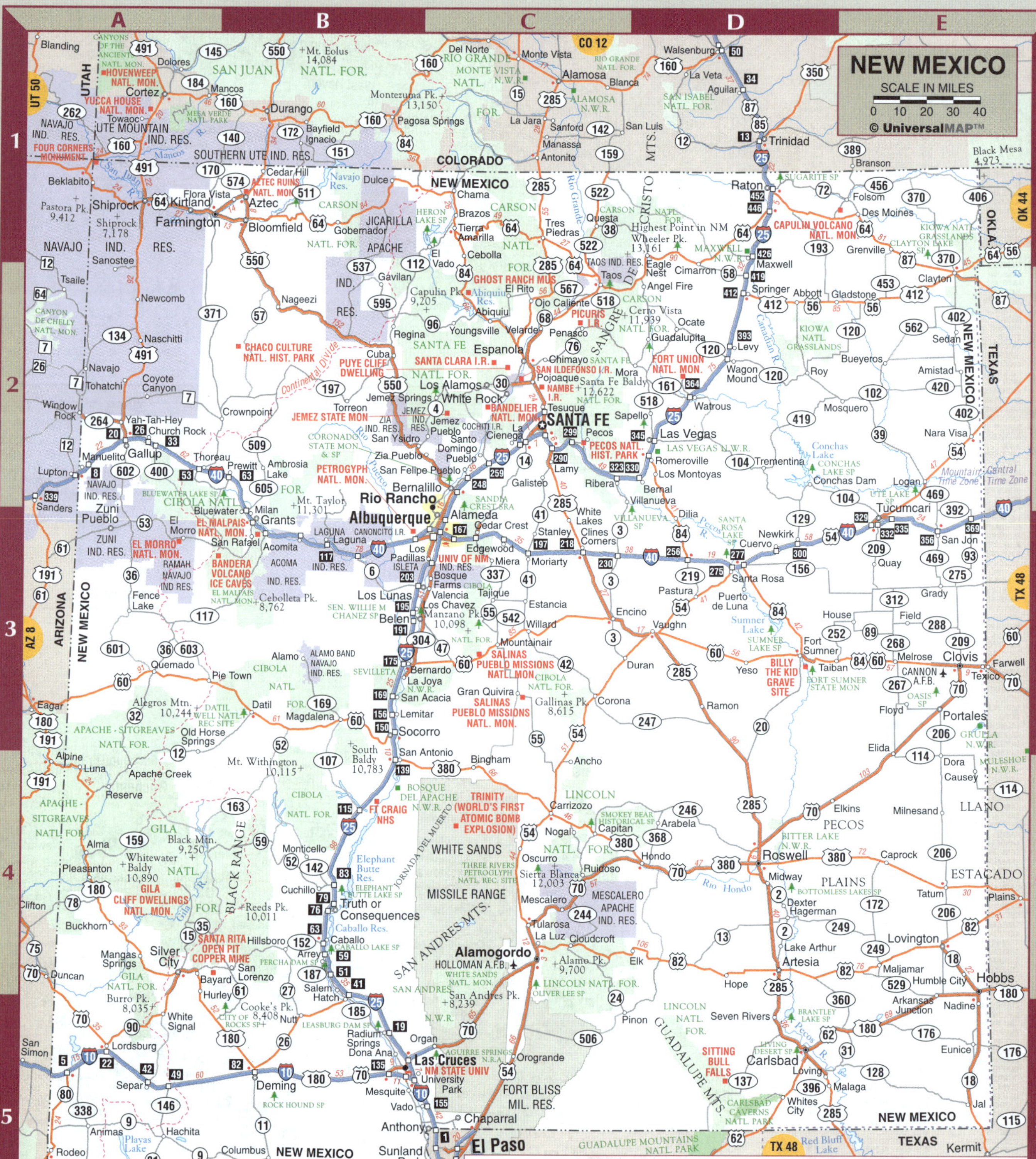

INDEX TO CITIES AND TOWNS

INDEX TO CITIES AND TOWNS

CONTINUED ABOVE RIGHT

CONTINUED FROM BELOW LEFT

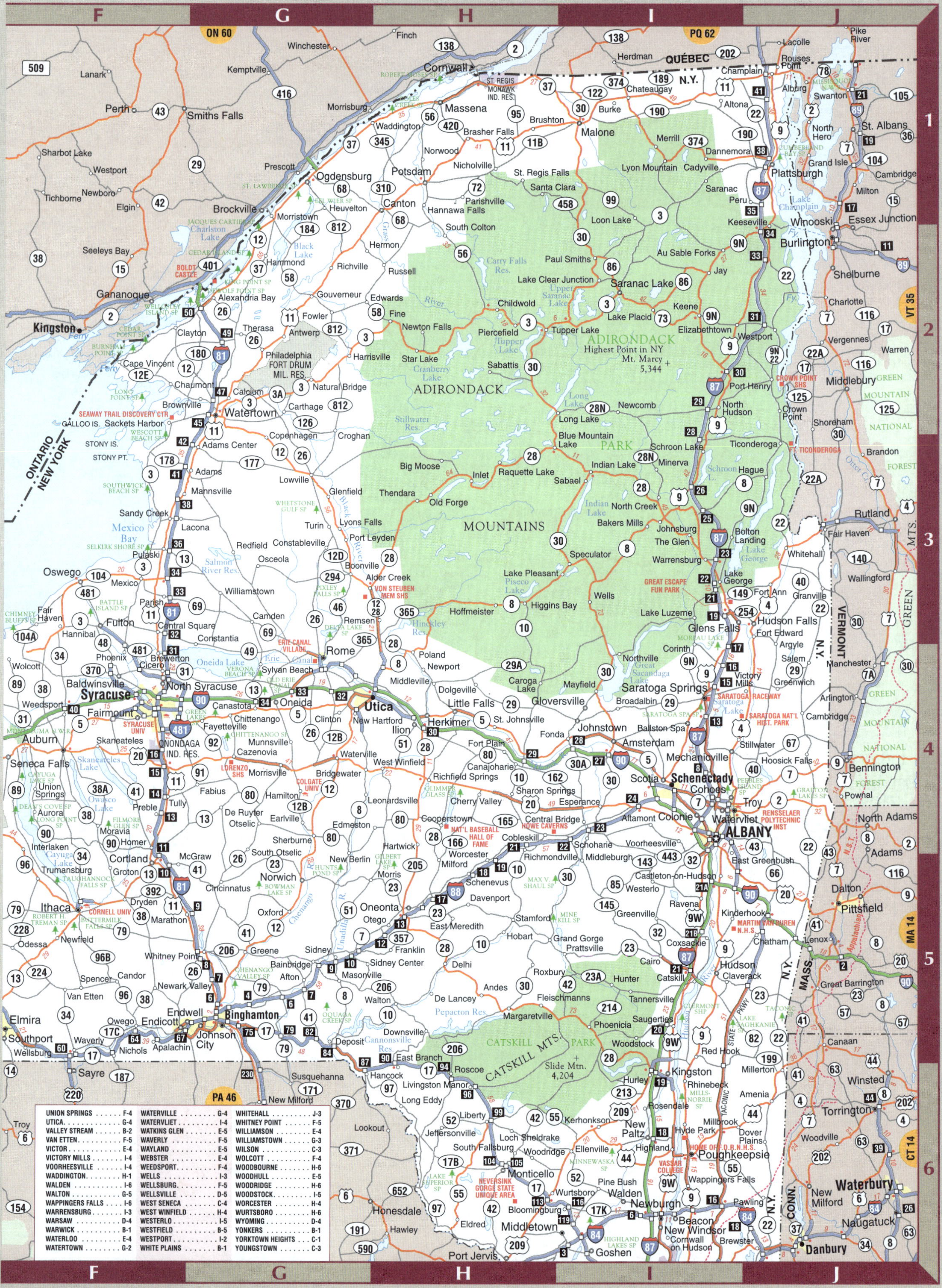
F
G
H
I
J
1
2
3
4
5
6
ON 60
PQ 62
PA 46
VT 35
MA 14
CT 14
QUÉBEC
N.Y.
ONTARIO
NEW YORK
VERMONT
MASS.
CONN.
ADIRONDACK
ADIRONDACK PARK
MOUNTAINS
Highest Point in NY
Mt. Marcy
5,344
CATSKILL MTS.
CATSKILL PARK
Slide Mtn.
4,204
ALBANY
Syracuse
Utica
Binghamton
Schenectady
Plattsburgh
Burlington
Kingston
Watertown
Ogdensburg
Massena
Cornwall
Malone
Saranac Lake
Lake Placid
Glens Falls
Saratoga Springs
Troy
Rome
Oneida
Ithaca
Cortland
Oswego
Auburn
Elmira
Oneonta
Poughkeepsie
Newburgh
Middletown
Danbury
Waterbury
Pittsfield
Bennington
Rutland
Brockville
Gananoque
Smiths Falls
Perth
Lake Champlain
Lake George
Oneida Lake
Mexico Bay
Pepacton Res.
Cannonsville Res.
FORT DRUM MIL. RES.
ONONDAGA IND. RES.
ST. REGIS MOHAWK IND. RES.
SEAWAY TRAIL DISCOVERY CTR.
NAT'L BASEBALL HALL OF FAME
HOWE CAVERNS
GREAT ESCAPE FUN PARK
RENSSELAER POLYTECHNIC INST
CORNELL UNIV
SYRACUSE UNIV
COLGATE UNIV
VASSAR COLLEGE
HOME OF F.D.R. N.H.S.
MARTIN VAN BUREN N.H.S.
SARATOGA NAT'L HIST. PARK
SARATOGA RACEWAY
FT. TICONDEROGA
CROWN POINT SHS
ERIE CANAL VILLAGE
VON STEUBEN MEM SHS
LORENZO SHS
NEVERSINK GORGE STATE UNIQUE AREA
BOLDT CASTLE
509

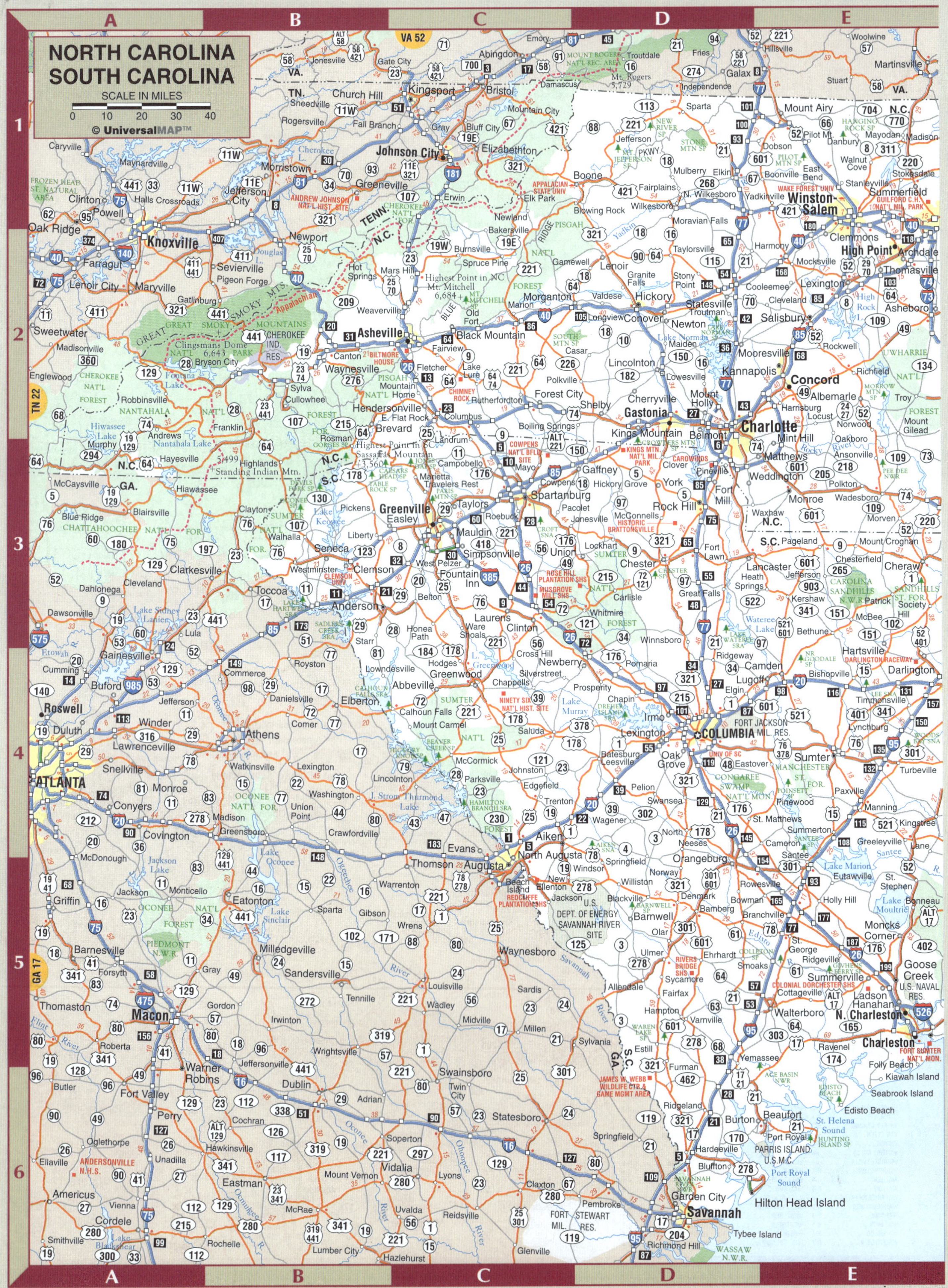
NORTH CAROLINA
SOUTH CAROLINA
SCALE IN MILES
0 10 20 30 40
© UniversalMAP™
Knoxville
Johnson City
Kingsport
Bristol
Asheville
Hickory
Winston-Salem
High Point
Charlotte
Gastonia
Concord
Greenville
Spartanburg
Anderson
Rock Hill
COLUMBIA
Sumter
Florence
Augusta
Aiken
Orangeburg
Charleston
N. Charleston
Savannah
Hilton Head Island
ATLANTA
Athens
Macon
Roswell

F
G
H
I
J
1
2
3
4
5
6
N
VA 52
Danville
South Boston
Halifax
Clarksville
VA.
N.C.
Boydton
South Hill
Emporia
Franklin
Suffolk
Courtland
BACK BAY N.W.R.
MACKAY ISLAND N.W.R.
CURRITUCK N.W.R.
Corolla
Currituck
Eden
Reidsville
Yanceyville
Roxboro
Oxford
Henderson
Warrenton
Roanoke Rapids
Weldon
Murfreesboro
Gatesville
Elizabeth City
Camden
Kitty Hawk
Kill Devil Hills
Nags Head
Manteo
BODIE ISLAND
Oregon Inlet
Greensboro
Burlington
Graham
Hillsborough
Durham
Chapel Hill
Cary
RALEIGH
Wake Forest
Rocky Mount
Tarboro
Wilson
Greenville
Washington
Williamston
Plymouth
Edenton
Columbia
Albemarle Sound
Rodanthe
Salvo
Avon
Buxton
Hatteras
Hatteras Inlet
CAPE HATTERAS NAT'L SEASHORE
CAPE HATTERAS LIGHTHOUSE
Ocracoke
Ocracoke Inlet
Pamlico Sound
Siler City
Sanford
Smithfield
Goldsboro
Kinston
New Bern
Havelock
Morehead City
Beaufort
Atlantic
Harkers Island
CAPE LOOKOUT NAT'L SEASHORE
CAPE LOOKOUT LIGHTHOUSE
CAPE LOOKOUT
Jacksonville
Swansboro
Emerald Isle
Onslow Bay
Surf City
Topsail Beach
Fayetteville
Lumberton
Laurinburg
Rockingham
Hamlet
Dillon
Bennettsville
Whiteville
Wilmington
Wrightsville Beach
Carolina Beach
Southport
CAPE FEAR
ATLANTIC OCEAN
Florence
Marion
Mullins
Conway
North Myrtle Beach
Myrtle Beach
Long Bay
Socastee
Garden City
Pawley's Island
Georgetown
Andrews
Jamestown
NORTH ISLAND
SOUTH ISLAND
McClellanville
CAPE ISLAND
CAPE ROMAIN N.W.R.
Bulls Bay
BULL ISLAND
Isle of Palms
Mount Pleasant

INDEX TO CITIES AND TOWNS

NORTH CAROLINA

ABERDEEN . . . F-3
AHOSKIE . . . H-1
ALBEMARLE . . . E-2
ALTAMAHAW . . . F-1
ANDREWS . . . A-2
ANSONVILLE . . . E-3
APEX . . . F-2
ARAPAHOE . . . I-3
ARCHDALE . . . E-2
ASHEBORO . . . E-2
ASHEVILLE . . . B-2
ATKINSON . . . G-3
ATLANTIC . . . I-3
AURORA . . . I-2
AVON . . . J-2
BAILEY . . . G-2
BAKERSVILLE . . . C-1
BATH . . . I-2
BATTLEBORO . . . H-1
BAYBORO . . . I-2
BEAUFORT . . . I-3
BELHAVEN . . . I-2
BELMONT . . . D-2
BENSON . . . G-2
BETHEL . . . H-2
BEULAVILLE . . . G-3
BLACK MOUNTAIN . . . C-2
BLADENBORO . . . F-3
BLOWING ROCK . . . D-1
BOILING SPRINGS . . . C-2
BOLIVIA . . . G-4
BOLTON . . . G-4
BOONE . . . D-1
BOONVILLE . . . E-1
BREVARD . . . B-2
BROADWAY . . . F-2
BRYSON CITY . . . A-2
BULES CREEK . . . G-2
BUNN . . . G-2
BURGAW . . . G-3
BURLINGTON . . . F-1
BURNSVILLE . . . C-2
BUXTON . . . J-2
CAMDEN . . . I-1
CAMERON . . . F-2
CANTON . . . B-2
CAROLINA BEACH . . . H-4
CARTHAGE . . . F-2
CARY . . . F-2
CASAR . . . C-2
CASTALIA . . . G-1
CASTLE HAYNE . . . G-3
CENTERVILLE . . . G-1
CHADBOURN . . . F-3
CHAPEL HILL . . . F-2
CHARLOTTE . . . D-2
CHERRYVILLE . . . D-2
CHOCOWINITY . . . H-2
CLARKTON . . . G-3
CLAYTON . . . G-2
CLEMMONS . . . E-2
CLEVELAND . . . E-2
CLINTON . . . G-3
COLERAIN . . . I-1
COLUMBIA . . . I-2
COLUMBUS . . . C-2
COMO . . . H-1
CONCORD . . . E-2
CONOVER . . . D-2
CONWAY . . . H-1
COOLEEMEE . . . D-2
COROLLA . . . J-1
CREEDMOOR . . . G-1
CRESWELL . . . I-2
CULLOWHEE . . . B-2
CURRITUCK . . . I-1
DANBURY . . . E-1
DAVIS . . . I-3
DOBSON . . . E-1
DOVER . . . H-2
DUNN . . . G-2
DURHAM . . . F-2
EAST BEND . . . E-1
EAST FLAT ROCK . . . C-2
EDEN . . . F-1
EDENTON . . . I-1
ELIZABETH CITY . . . I-1
ELIZABETHTOWN . . . G-3
ELK PARK . . . C-1
ELKIN . . . D-1
ELLERBE . . . F-3
EMERALD ISLE . . . H-3
ENFIELD . . . H-1
ENGELHARD . . . J-2
FAIR BLUFF . . . F-4
FAIRMONT . . . F-3
FAIRPLAINS . . . D-1
FAIRVIEW . . . C-2
FAISON . . . G-3
FALCON . . . G-2
FARMVILLE . . . H-2
FAYETTEVILLE . . . F-3
FLETCHER . . . C-2
FOREST CITY . . . C-2
FOUR OAKS . . . G-2
FRANKLIN . . . B-2
FRANKLINTON . . . G-1
FREMONT . . . G-2
FUQUAY-VARINA . . . G-2
GAMEWELL . . . C-2
GARLAND . . . G-3
GARNER . . . G-2
GASTONIA . . . D-2
GATESVILLE . . . I-1
GOLDSBORO . . . G-2
GOLDSTON . . . F-2
GRAHAM . . . F-2
GRANITE FALLS . . . D-2
GREENSBORO . . . F-2
GREENVILLE . . . H-2
GRIFTON . . . H-2
HALIFAX . . . H-1
HAMLET . . . F-3
HARKERS ISLAND . . . I-3
HARMONY . . . E-2
HARRELLS . . . G-3
HARRELLSVILLE . . . H-1
HARRISBURG . . . E-2
HATTERAS . . . J-2
HAVELOCK . . . H-3
HAYESVILLE . . . A-3
HENDERSON . . . G-1
HENDERSONVILLE . . . B-2
HERTFORD . . . I-1
HICKORY . . . D-2
HIGH POINT . . . E-2
HIGHLANDS . . . B-3
HILLSBOROUGH . . . F-1
HOFFMAN . . . F-3
HOLDEN BEACH . . . G-4
HOLLY RIDGE . . . H-3
HOPE MILLS . . . F-3
HOT SPRINGS . . . B-2
JACKSON . . . H-1
JACKSONVILLE . . . H-3
JAMESVILLE . . . I-2
JEFFERSON . . . D-1
JONESVILLE . . . D-1
KANNAPOLIS . . . D-2
KENANSVILLE . . . G-3
KENLY . . . G-2
KILL DEVIL HILLS . . . J-1
KINGS MOUNTAIN . . . D-2
KINSTON . . . H-2
KITTRELL . . . G-1
KITTY HAWK . . . J-1
LA GRANGE . . . H-2
LAKE LURE . . . C-2
LAURINBURG . . . F-3
LELAND . . . G-4
LENOIR . . . D-2
LEWISTON WOODVILLE . . . H-1
LEXINGTON . . . E-2
LIBERTY . . . F-2
LILLINGTON . . . G-2
LINCOLNTON . . . D-2
LITTLETON . . . G-1
LOCUST . . . E-2
LONGVIEW . . . D-2
LOUISBURG . . . G-1
LOWESVILLE . . . D-2
LUCAMA . . . G-2
LUMBERTON . . . F-3
MADISON . . . E-1
MAIDEN . . . D-2
MANTEO . . . J-2
MARIETTA . . . F-3
MARION . . . C-2
MARS HILL . . . B-2
MATTHEWS . . . E-3
MAXTON . . . F-3
MAYODAN . . . E-1
MAYSVILLE . . . H-3
MINT HILL . . . E-2
MOCKSVILLE . . . E-2
MONROE . . . E-3
MOORESVILLE . . . E-2
MORAVIAN FALLS . . . D-1
MOREHEAD CITY . . . H-3
MORGANTON . . . D-2
MORVEN . . . E-3
MOUNT AIRY . . . E-1
MOUNT GILEAD . . . E-2
MOUNT HOLLY . . . D-2
MOUNT OLIVE . . . G-2
MOUNTAIN HOME . . . B-2
MULBERRY . . . D-1
MURFREESBORO . . . H-1
MURPHY . . . A-3
NAGS HEAD . . . J-1
NASHVILLE . . . G-1
NEW BERN . . . H-2
NEWLAND . . . C-1
NEWPORT . . . I-3
NEWTON . . . D-2
NEWTON GROVE . . . G-2
NORLINA . . . G-1
NORTH WILKSBORO . . . D-1
NORWOOD . . . E-2
OAK CITY . . . H-2
OAKBORO . . . E-2
OCEAN ISLE BEACH . . . G-4
OCRACOKE . . . J-3
OLD FORT . . . C-2
ORIENTAL . . . I-3
OXFORD . . . G-1
PILOT MOUNTAIN . . . E-1
PINE LEVEL . . . G-2
PINEHURST . . . F-3
PINETOPS . . . H-2
PINEY GREEN . . . H-3
PINK HILL . . . H-3
PINEVILLE . . . D-2
PITTSBORO . . . F-2
PLYMOUTH . . . I-2
POINT HARBOR . . . J-1
POLKTON . . . E-3
POLKVILLE . . . C-2
POWELLSVILLE . . . H-1
PRINCETON . . . G-2
RAEFORD . . . F-3
RALEIGH . . . G-2
RAMSEUR . . . F-2
RED SPRINGS . . . F-3
REIDSVILLE . . . F-1
RICH SQUARE . . . H-1
RICHFIELD . . . E-2
RICHLANDS . . . H-3
RIVER BEND . . . H-3
ROANOKE RAPIDS . . . G-1
ROBBINS . . . F-2
ROBBINSVILLE . . . A-2
ROCKINGHAM . . . F-3
ROCKWELL . . . E-2
ROCKY MOUNT . . . H-2
RODANTHE . . . J-2
ROLESVILLE . . . G-2
ROSE HILL . . . G-3
ROSEBORO . . . G-3
ROSMAN . . . B-2
ROWLAND . . . F-3
ROXBORO . . . F-1
RUTHERFORDTON . . . C-2
ST. PAULS . . . F-3
SALISBURY . . . E-2
SALVO . . . J-2
SANFORD . . . F-2
SARATOGA . . . H-2
SCOTLAND NECK . . . H-1
SEVEN SPRINGS . . . H-2
SHALLOTTE . . . G-4
SHARPSBURG . . . H-2
SHELBY . . . D-2
SILER CITY . . . F-2
SMITHFIELD . . . G-2
SNEADS FERRY . . . H-3
SNOW HILL . . . H-2
SOUTHERN PINES . . . F-3
SOUTHPORT . . . G-4
SPARTA . . . D-1
SPRING HOPE . . . G-1
SPRING LAKE . . . F-2
SPRUCE PINE . . . C-2
STANLEYVILLE . . . E-1
STANTONSBURG . . . H-2
STATESVILLE . . . D-2
STOKESDALE . . . E-1
STONY POINT . . . D-2
STOVALL . . . G-1
STUMPY POINT . . . J-2
SUMMERFIELD . . . E-1
SUNSET BEACH . . . G-4
SURF CITY . . . H-3
SWANQUARTER . . . I-2
SWANSBORO . . . H-3
SYLVA . . . B-2
TABOR CITY . . . G-4
TAR HEEL . . . F-3
TARBORO . . . H-2
TAYLORSVILLE . . . D-2
THOMASVILLE . . . E-2
TOPSAIL BEACH . . . H-3
TRENTON . . . H-3
TROUTMAN . . . D-2
TROY . . . E-2
VALDESE . . . D-2
VANCEBORO . . . H-2
VANDEMERE . . . I-2
VANDER . . . G-3
WADESBORO . . . E-3
WAGRAM . . . F-3
WAKE FOREST . . . G-2
WALLACE . . . G-3
WALNUT COVE . . . E-1
WANCHESE . . . J-2
WARRENTON . . . G-1
WARSAW . . . G-3
WASHINGTON . . . H-2
WAXHAW . . . E-3
WAYNESVILLE . . . B-2
WEAVERVILLE . . . B-2
WEDDINGTON . . . D-3
WELDON . . . G-1
WHITE LAKE . . . G-3
WHITEVILLE . . . G-4
WILKESBORO . . . D-1
WILLIAMSTON . . . H-2
WILMINGTON . . . G-4
WILSON . . . G-2
WINDSOR . . . I-1
WINSTON-SALEM . . . E-1
WINTERVILLE . . . H-2
WINTON . . . H-1
WRIGHTSVILLE BEACH . . . H-4
YADKINVILLE . . . D-1
YANCEYVILLE . . . F-1
ZEBULON . . . G-2

SOUTH CAROLINA

ABBEVILLE . . . C-4
AIKEN . . . C-4
ALLENDALE . . . D-5
ANDERSON . . . B-3
ANDREWS . . . F-4
AYNOR . . . F-4
BAMBERG . . . D-5
BARNWELL . . . D-5
BATESBURG . . . C-4
BEAUFORT . . . E-6
BEECH ISLAND . . . C-5
BELTON . . . C-3
BENNETTSVILLE . . . F-3
BETHUNE . . . E-3
BISHOPVILLE . . . E-4
BLACKVILLE . . . D-5
BLENHEIM . . . F-3
BLUFFTON . . . D-6
BONNEAU . . . E-5
BOWMAN . . . D-5
BRANCHVILLE . . . D-5
BURTON . . . E-6
CALHOUN FALLS . . . C-4
CAMDEN . . . D-4
CAMERON . . . E-4
CAMPOBELLO . . . C-3
CARLISLE . . . D-3
CHAPIN . . . D-4
CHAPPELLS . . . C-4
CHARLESTON . . . E-5
CHERAW . . . E-3
CHESTER . . . D-3
CHESTERFIELD . . . E-3
CLEMSON . . . B-3
CLINTON . . . C-3
CLIO . . . F-3
CLOVER . . . D-3
COLUMBIA . . . D-4
CONWAY . . . F-4
COTTAGEVILLE . . . E-5
COWARD . . . F-4
COWPENS . . . C-3
CROSS HILL . . . C-4
DARLINGTON . . . E-4
DENMARK . . . D-5
DILLON . . . F-3
EASLEY . . . B-3
EASTOVER . . . E-4
EDGEFIELD . . . C-4
EDISTO BEACH . . . E-6
EHRHARDT . . . D-5
ELGIN . . . D-4
ESTILL . . . D-5
EUTAWVILLE . . . E-5
FAIRFAX . . . D-5
FLORENCE . . . F-4
FOLLY BEACH . . . E-5
FORT LAWN . . . D-3
FORT MILL . . . D-3
FOUNTAIN INN . . . C-3
FURMAN . . . D-5
GAFFNEY . . . D-3
GARDEN CITY . . . F-4
GEORGETOWN . . . F-5
GOOSE CREEK . . . E-5
GREAT FALLS . . . D-3
GREELEYVILLE . . . E-4
GREENVILLE . . . B-3
GREENWOOD . . . C-4
HAMPTON . . . D-5
HANAHAN . . . E-5
HARDEEVILLE . . . D-6
HARTSVILLE . . . E-4
HEATH SPRINGS . . . D-3
HEMINGWAY . . . F-4
HICKORY GROVE . . . D-3
HILTON HEAD ISLAND . . . D-6
HODGES . . . C-4
HOLLY HILL . . . E-5
HONEA PATH . . . C-3
IRMO . . . D-4
ISLE OF PALMS . . . F-5
JACKSON . . . C-5
JAMESTOWN . . . F-5
JEFFERSON . . . E-3
JOHNSTON . . . C-4
JONESVILLE . . . C-3
KERSHAW . . . E-3
KIAWAH ISLAND . . . E-6
KINGSTREE . . . E-4
LADSON . . . E-5
LAKE CITY . . . F-4
LAKE VIEW . . . F-3
LANCASTER . . . D-3
LANDRUM . . . C-3
LANE . . . E-4
LATTA . . . F-4
LAURENS . . . C-3
LEESVILLE . . . D-4
LEXINGTON . . . D-4
LIBERTY . . . B-3
LITTLE RIVER . . . G-4
LOCKHART . . . D-3
LORIS . . . F-4
LOWNDESVILLE . . . B-4
LUGOFF . . . D-4
LYNCHBURG . . . E-4
MANNING . . . E-4
MARIETTA . . . B-3
MARION . . . F-4
MAULDIN . . . C-3
MAYO . . . C-3
MCBEE . . . E-3
MCCLELLANVILLE . . . F-5
MCCOLL . . . F-3
MCCONNELLS . . . D-3
MCCORMICK . . . C-4
MONCKS CORNER . . . E-5
MOUNT CARMEL . . . C-4
MOUNT CROGHAN . . . E-3
MOUNT PLEASANT . . . F-5
MULLINS . . . F-4
MYRTLE BEACH . . . F-4
NEESES . . . D-4
NEW ELLENTON . . . C-5
NEWBERRY . . . C-4
NICHOLS . . . F-4
NORTH . . . D-4
NORTH AUGUSTA . . . C-4
NORTH CHARLESTON . . . E-5
NORTH MYRTLE BEACH . . . G-4
NORWAY . . . D-5
OAK GROVE . . . D-4
OLAR . . . D-5
ORANGEBURG . . . D-5
PACOLET . . . C-3
PAGELAND . . . E-3
PAMPLICO . . . F-4
PARKSVILLE . . . C-4
PATRICK . . . E-3
PAWLEY'S ISLAND . . . F-5
PAXVILLE . . . E-4
PELION . . . D-4
PICKENS . . . B-3
PINEWOOD . . . E-4
POMARIA . . . D-4
PORT ROYAL . . . E-6
PROSPERITY . . . D-4
RAVENEL . . . E-5
RED BANK . . . D-4
RIDGELAND . . . D-6
RIDGEVILLE . . . E-5
RIDGEWAY . . . D-4
ROCK HILL . . . D-3
ROEBUCK . . . C-3
ROWESVILLE . . . D-5
ST. GEORGE . . . E-5
ST. MATTHEWS . . . D-4
ST. STEPHEN . . . E-5
SALUDA . . . C-4
SANTEE . . . E-4
SEABROOK ISLAND . . . E-6
SELLERS . . . F-4
SENECA . . . B-3
SILVERSTREET . . . C-4
SIMPSONVILLE . . . C-3
SMOAKS . . . D-5
SOCASTEE . . . F-4
SOCIETY HILL . . . E-3
SPARTANBURG . . . C-3
SPRINGFIELD . . . D-4
STARR . . . B-3
SUMMERTON . . . E-4
SUMMERVILLE . . . E-5
SUMTER . . . E-4
SWANSEA . . . D-4
SYCAMORE . . . D-5
TAYLORS . . . C-3
TIMMONSVILLE . . . E-4
TRAVELERS REST . . . C-3
TRENTON . . . C-4
TURBEVILLE . . . E-4
ULMER . . . D-5
UNION . . . C-3
VARNVILLE . . . D-5
WAGENER . . . D-4
WALHALLA . . . B-3
WALTERBORO . . . E-5
WARE SHOALS . . . C-3
WEST PELZER . . . C-3
WESTMINSTER . . . B-3
WHITMIRE . . . D-3
WILLISTON . . . D-5
WINDSOR . . . D-5
WINNSBORO . . . D-3
YEMASSEE . . . D-5
YORK . . . D-3

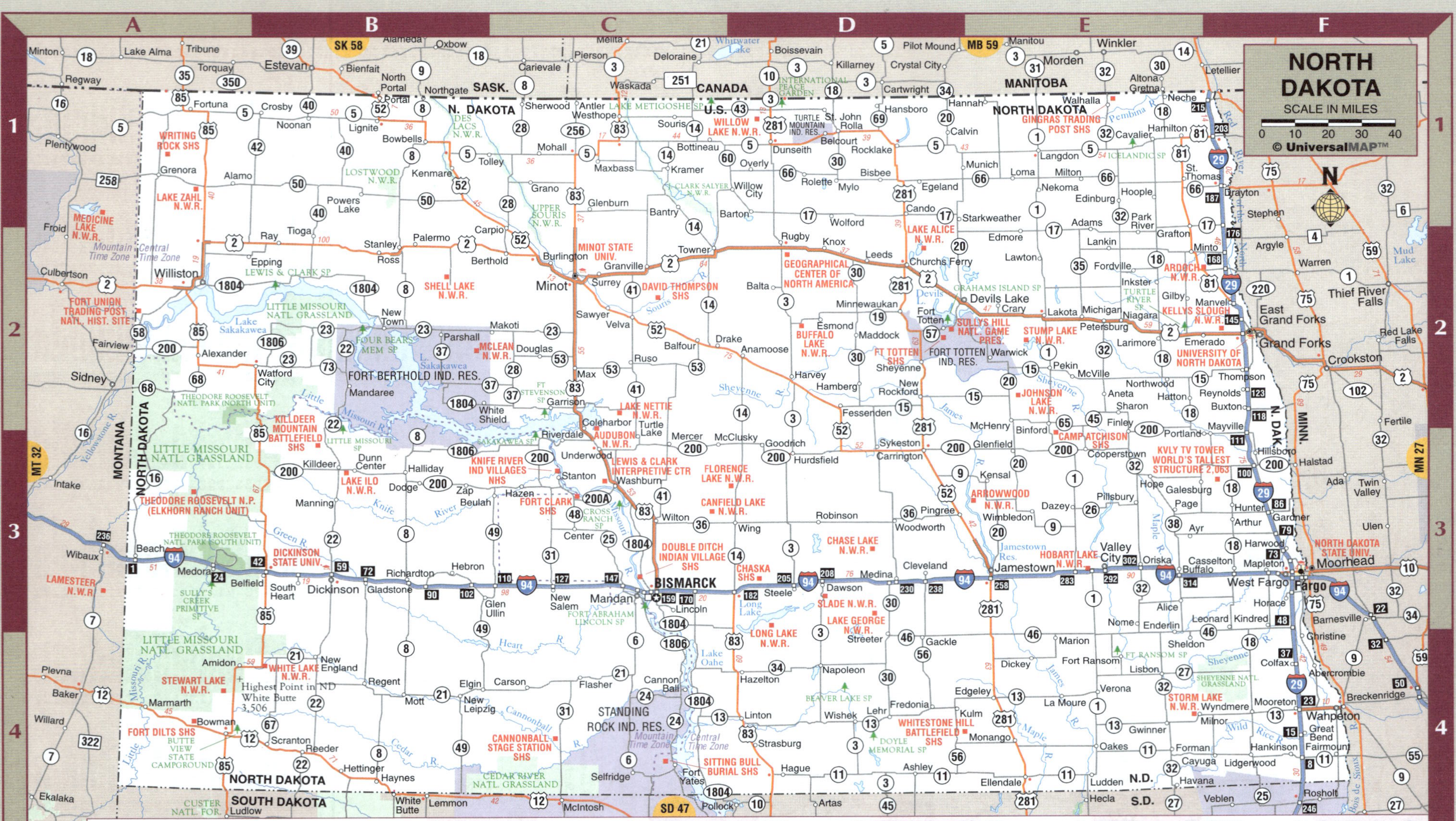
NORTH DAKOTA
SCALE IN MILES
0 10 20 30 40
© UniversalMAP™
N
A B C D E F
1 2 3 4 5
CANADA
U.S.
SASK.
N. DAKOTA
MANITOBA
NORTH DAKOTA
MONTANA
SOUTH DAKOTA
MINN.
N. DAK.
N.D.
S.D.
SK 58
MB 59
MT 32
MN 27
SD 47
BISMARCK
Minot
Fargo
Grand Forks
Jamestown
Devils Lake
Williston
Dickinson
Mandan
Valley City
Wahpeton
Moorhead
FORT BERTHOLD IND. RES.
STANDING ROCK IND. RES.
FORT TOTTEN IND. RES.
LITTLE MISSOURI NATL. GRASSLAND
CEDAR RIVER NATL. GRASSLAND
THEODORE ROOSEVELT N.P. (ELKHORN RANCH UNIT)
Highest Point in ND White Butte 3,506

INDEX TO CITIES AND TOWNS

ABERCROMBIE . . . F-4
ADAMS . . . E-1
ALAMO . . . A-1
ALEXANDER . . . A-2
ALICE . . . E-3
AMIDON . . . A-4
ANAMOOSE . . . D-2
ANETA . . . E-2
ANTLER . . . C-1
ARTHUR . . . F-3
ASHLEY . . . D-4
AYR . . . E-3
BALFOUR . . . C-2
BALTA . . . D-2
BANTRY . . . C-1
BARTON . . . C-1
BEACH . . . A-3
BELCOURT . . . D-1
BELFIELD . . . A-3
BERTHOLD . . . B-2
BEULAH . . . C-3
BINFORD . . . E-3
BISBEE . . . D-1
BISMARCK . . . C-3
BOTTINEAU . . . C-1
BOWBELLS . . . B-1
BOWMAN . . . A-4
BUFFALO . . . E-3
BURLINGTON . . . C-2
BUXTON . . . F-2
CALVIN . . . D-1
CANDO . . . D-1
CANNON BALL . . . C-4
CARPIO . . . B-2
CARRINGTON . . . D-3
CARSON . . . C-4
CASSELTON . . . E-3
CAVALIER . . . E-1
CAYUGA . . . E-4
CENTER . . . C-3
CHRISTINE . . . F-4
CHURCHS FERRY . . . D-2
CLEVELAND . . . D-3
COLEHARBOR . . . C-2
COLFAX . . . F-4
COOPERSTOWN . . . E-3
CRARY . . . E-2
CROSBY . . . B-1
DAWSON . . . D-3
DAZEY . . . E-3
DEVILS LAKE . . . E-2
DICKEY . . . E-4
DICKINSON . . . B-3
DODGE . . . B-3
DOUGLAS . . . C-2
DRAKE . . . C-2
DRAYTON . . . F-1
DUNN CENTER . . . B-3
DUNSEITH . . . D-1
EDGELEY . . . D-4
EDINBURG . . . E-1
EDMORE . . . E-2
EGELAND . . . D-1
ELGIN . . . B-4
ELLENDALE . . . E-4
EMERADO . . . E-2
ENDERLIN . . . E-3
EPPING . . . B-2
ESMOND . . . D-2
FAIRMOUNT . . . F-4
FARGO . . . F-3
FESSENDEN . . . D-2
FINLEY . . . E-3
FLASHER . . . C-4
FORDVILLE . . . E-2
FORMAN . . . E-4
FORT RANSOM . . . E-4
FORT TOTTEN . . . D-2
FORT YATES . . . C-4
FORTUNA . . . A-1
FREDONIA . . . D-4
GACKLE . . . D-4
GALESBURG . . . E-3
GARDNER . . . F-3
GARRISON . . . C-2
GILBY . . . E-2
GLADSTONE . . . B-3
GLEN ULLIN . . . B-3
GLENBURN . . . C-1
GLENFIELD . . . E-3
GOODRICH . . . D-3
GRAFTON . . . E-2
GRAND FORKS . . . F-2
GRANO . . . C-1
GRANVILLE . . . C-2
GREAT BEND . . . F-4
GRENORA . . . A-1
GWINNER . . . E-4
HAGUE . . . D-4
HALLIDAY . . . B-3
HAMBERG . . . D-2
HAMILTON . . . E-1
HANKINSON . . . F-4
HANNAH . . . D-1
HANSBORO . . . D-1
HARVEY . . . D-2
HARWOOD . . . F-3
HATTON . . . E-2
HAVANA . . . E-4
HAYNES . . . B-4
HAZELTON . . . D-4
HAZEN . . . C-3
HEBRON . . . B-3
HETTINGER . . . B-4
HILLSBORO . . . F-3
HOOPLE . . . E-1
HOPE . . . E-3
HORACE . . . F-3
HUNTER . . . F-3
HURDSFIELD . . . D-3
INKSTER . . . E-2
JAMESTOWN . . . E-3
KENMARE . . . B-1
KENSAL . . . E-3
KILLDEER . . . B-3
KINDRED . . . F-3
KNOX . . . D-2
KRAMER . . . C-1
KULM . . . D-4
LA MOURE . . . E-4
LAKOTA . . . E-2
LANGDON . . . E-1
LANKIN . . . E-2
LARIMORE . . . E-2
LAWTON . . . E-2
LEEDS . . . D-2
LEHR . . . D-4
LEONARD . . . E-3
LIDGERWOOD . . . F-4
LIGNITE . . . B-1
LINCOLN . . . C-3
LINTON . . . D-4
LISBON . . . E-4
LOMA . . . E-1
LUDDEN . . . E-4
MADDOCK . . . D-2
MAKOTI . . . C-2
MANDAN . . . C-3
MANDAREE . . . B-2
MANNING . . . B-3
MANVEL . . . E-2
MAPLETON . . . F-3
MARION . . . E-4
MARMARTH . . . A-4
MAX . . . C-2
MAXBASS . . . C-1
MAYVILLE . . . F-2
MCCLUSKY . . . C-3
MCHENRY . . . E-2
MCVILLE . . . E-2
MEDINA . . . D-3
MEDORA . . . A-3
MERCER . . . C-3
MICHIGAN . . . E-2
MILNOR . . . F-4
MILTON . . . E-1
MINNEWAUKAN . . . D-2
MINOT . . . C-2
MINTO . . . E-2
MOHALL . . . C-1
MONANGO . . . E-4
MOORETON . . . F-4
MOTT . . . B-4
MUNICH . . . E-1
MYLO . . . D-1
NAPOLEON . . . D-4
NECHE . . . E-1
NEKOMA . . . E-1
NEW ENGLAND . . . B-4
NEW LEIPZIG . . . B-4
NEW ROCKFORD . . . D-2
NEW SALEM . . . C-3
NEW TOWN . . . B-2
NIAGARA . . . E-2
NOME . . . E-3
NOONAN . . . B-1
NORTHWOOD . . . E-2
OAKES . . . E-4
ORISKA . . . E-3
OVERLY . . . D-1
PAGE . . . E-3
PALERMO . . . B-2
PARK RIVER . . . E-1
PARSHALL . . . B-2
PEKIN . . . E-2
PEMBINA . . . F-1
PETERSBURG . . . E-2
PILLSBURY . . . E-3
PINGREE . . . D-3
PORTAL . . . B-1
PORTLAND . . . E-3
POWERS LAKE . . . B-1
RAY . . . B-2
REEDER . . . B-4
REGENT . . . B-4
REYNOLDS . . . F-2
RICHARDTON . . . B-3
RIVERDALE . . . C-3
ROBINSON . . . D-3
ROCKLAKE . . . D-1
ROLETTE . . . D-1
ROLLA . . . D-1
ROSS . . . B-2
RUGBY . . . D-2
RUSO . . . C-2
ST. JOHN . . . D-1
ST. THOMAS . . . E-1
SAWYER . . . C-2
SCRANTON . . . B-4
SELFRIDGE . . . C-4
SHARON . . . E-2
SHELDON . . . E-4
SHERWOOD . . . C-1
SHEYENNE . . . D-2
SOURIS . . . C-1
SOUTH HEART . . . B-3
STANLEY . . . B-2
STANTON . . . C-3
STARKWEATHER . . . E-1
STEELE . . . D-3
STRASBURG . . . D-4
STREETER . . . D-4
SURREY . . . C-2
SYKESTON . . . D-3
THOMPSON . . . E-2
TIOGA . . . B-2
TOLLEY . . . B-1
TOWNER . . . C-2
TURTLE LAKE . . . C-2
UNDERWOOD . . . C-3
VALLEY CITY . . . E-3
VELVA . . . C-2
VERONA . . . E-4
WAHPETON . . . F-4
WALHALLA . . . E-1
WARWICK . . . E-2
WASHBURN . . . C-3
WATFORD CITY . . . B-2
WEST FARGO . . . F-3
WESTHOPE . . . C-1
WHITE SHIELD . . . B-2
WILLISTON . . . A-2
WILLOW CITY . . . D-1
WILTON . . . C-3
WIMBLEDON . . . E-3
WING . . . D-3
WISHEK . . . D-4
WOLFORD . . . D-1
WOODWORTH . . . D-3
WYNDMERE . . . F-4
ZAP . . . B-3

INDEX TO CITIES AND TOWNS

ABERDEEN . . . B-6
ADA . . . B-3
AKRON . . . D-3
ALLIANCE . . . E-3
ANDOVER . . . E-2
ANNA . . . A-4
ANSONIA . . . A-4
ANTWERP . . . A-2
ARCANUM . . . A-4
ARCHBOLD . . . A-2
ARLINGTON . . . B-3
ASHLAND . . . C-3
ASHLEY . . . C-4
ASHTABULA . . . E-2
ATHENS . . . D-5
AURORA . . . D-2
AUSTINTOWN . . . E-3
AVON LAKE . . . D-2
BALTIMORE . . . C-4
BARBERTON . . . D-3
BARNESVILLE . . . D-4
BATAVIA . . . B-5
BEAVER CREEK . . . B-4
BELLAIRE . . . E-4
BELLEFONTAINE . . . B-4
BELLEVUE . . . C-2
BELLVILLE . . . C-3
BELPRE . . . D-5
BETHEL . . . B-6
BETHESDA . . . E-4
BEVERLY . . . D-5
BLANCHESTER . . . B-5
BLUFFTON . . . B-3
BOARDMAN . . . E-3
BOWLING GREEN . . . B-2
BREMEN . . . C-5
BREWSTER . . . D-3
BRIDGEPORT . . . E-4
BRILLIANT . . . E-4
BROOKVILLE . . . A-4
BRUNSWICK . . . D-2
BRYAN . . . A-2
BUCYRUS . . . C-3
CADIZ . . . E-4
CALDWELL . . . D-4
CAMBRIDGE . . . D-4
CAMDEN . . . A-5
CANAL FULTON . . . D-3
CANAL WINCHESTER . . . C-4
CANFIELD . . . E-3
CANTON . . . D-3
CAREY . . . B-3
CARROLLTON . . . E-3
CEDARVILLE . . . B-4
CELINA . . . A-3
CENTERBURG . . . C-4
CHAGRIN FALLS . . . D-2
CHARDON . . . E-2
CHEVIOT . . . A-5
CHILLICOTHE . . . B-5
CINCINNATI . . . A-5
CIRCLEVILLE . . . B-5
CLEVELAND . . . D-2
CLEVELAND HEIGHTS . . . D-2
CLYDE . . . C-2
COLDWATER . . . A-3
COLUMBIANA . . . E-3
COLUMBUS . . . B-4
COLUMBUS GROVE . . . A-3
CONNEAUT . . . E-1
CONTINENTAL . . . A-3
CONVOY . . . A-3
CORNING . . . D-5
CORTLAND . . . E-2
COSHOCTON . . . D-4
COVINGTON . . . A-4
CRESTLINE . . . C-3
CRESTON . . . D-3
CROOKSVILLE . . . D-4
DANVILLE . . . C-4
DAYTON . . . B-4
DE GRAFF . . . B-4
DEFIANCE . . . A-2
DELAWARE . . . B-4
DELPHOS . . . A-3
DELTA . . . B-2
DESHLER . . . B-2
DOVER . . . D-3
DRESDEN . . . D-4
DUBLIN . . . C-4
EAST CLEVELAND . . . D-2
EAST LIVERPOOL . . . E-3
EAST PALESTINE . . . E-3
EASTLAKE . . . D-2
EATON . . . A-4
EDGERTON . . . A-2
ELIDA . . . A-3
ELMORE . . . B-2
ELYRIA . . . C-2
ENGLEWOOD . . . A-4
EUCLID . . . D-2
FAIRBORN . . . A-4
FAIRFIELD . . . A-5
FAYETTE . . . A-2
FINDLAY . . . B-3
FLUSHING . . . E-4
FOREST . . . B-3
FOREST PARK . . . A-5
FORESTVILLE . . . A-5
FORT LORAMIE . . . A-4
FORT RECOVERY . . . A-4
FORT SHAWNEE . . . A-3
FOSTORIA . . . B-3
FRANKFORT . . . B-5
FRANKLIN . . . A-5
FRANKLIN FURNACE . . . C-6
FRAEYSBURG . . . C-4
FREDERICKTOWN . . . C-3
FREMONT . . . C-2
GAHANNA . . . C-4
GALION . . . C-3
GALLIPOLIS . . . C-6
GAMBIER . . . C-4
GARFIELD HEIGHTS . . . D-2
GENEVA . . . E-2
GENOA . . . B-2
GEORGETOWN . . . B-6
GERMANTOWN . . . A-5
GIBSONBURG . . . B-2
GLOUSTER . . . D-5
GNADENHUTTEN . . . D-4
GRANVILLE . . . C-4
GREENFIELD . . . B-5
GREENVILLE . . . A-4
GREENWICH . . . C-3
GROVE CITY . . . B-4
HAMILTON . . . A-5
HARRISON . . . A-5
HEATH . . . C-4
HICKSVILLE . . . A-2
HILLSBORO . . . B-5
HIRAM . . . E-2
HOLGATE . . . A-2
HUBBARD . . . E-2
HURON . . . C-2
IRONTON . . . C-6
JACKSON . . . C-5
JACKSON CENTER . . . B-4
JAMESTOWN . . . B-5
JEFFERSON . . . E-2
JEFFERSONVILLE . . . B-5
JOHNSTOWN . . . C-4
KENT . . . D-3
KENTON . . . B-3
KETTERING . . . A-4
KINGSTON . . . C-5
KIRTLAND . . . D-2
LAKEWOOD . . . D-2
LANCASTER . . . C-4
LEBANON . . . A-5
LEESBURG . . . B-5
LEWISBURG . . . A-4
LEXINGTON . . . C-3
LIBERTY CENTER . . . B-2
LIMA . . . A-3
LISBON . . . E-3
LODI . . . D-3
LOGAN . . . C-5
LONDON . . . B-4
LORAIN . . . C-2
LOUDONVILLE . . . C-3
LOUISVILLE . . . D-3
LOVELAND . . . A-5
LUCASVILLE . . . C-6
LYNCHBURG . . . B-5
MANCHESTER . . . B-6
MANSFIELD . . . C-3
MARIETTA . . . D-5
MARION . . . B-3
MARTINS FERRY . . . E-4
MARYSVILLE . . . B-4
MASON . . . A-5
MASSILLON . . . D-3
MAUMEE . . . B-2
MCARTHUR . . . C-5
MCCOMB . . . B-3
MCCONNELSVILLE . . . D-5
MECHANICSBURG . . . B-4
MEDINA . . . D-3
MENTOR . . . D-2
MIDDLEFIELD . . . E-2
MIDDLEPORT . . . D-5
MIDDLETOWN . . . A-5
MILAN . . . C-2
MILFORD . . . A-5
MILLERSBURG . . . D-3
MINERVA . . . D-3
MINSTER . . . A-4
MONROE . . . A-5
MONROEVILLE . . . C-2
MONTPELIER . . . A-2
MORROW . . . B-5
MOUNT GILEAD . . . C-3
MOUNT ORAB . . . B-5
MOUNT STERLING . . . B-4
MOUNT VERNON . . . C-4
NAPOLEON . . . B-2
NAVARRE . . . D-3
NELSONVILLE . . . C-5
NEW BOSTON . . . C-6
NEW BREMEN . . . A-3
NEW CARLISLE . . . B-4
NEW CONCORD . . . D-4
NEW LEBANON . . . A-4
NEW LEXINGTON . . . D-5
NEW LONDON . . . C-3
NEW PARIS . . . A-4
NEW PHILADELPHIA . . . D-3
NEW RICHMOND . . . A-6
NEW WASHINGTON . . . C-3
NEWARK . . . C-4
NEWCOMERSTOWN . . . D-4
NILES . . . E-2
NORTH BALTIMORE . . . B-3
NORTH CANTON . . . D-3
NORTH LEWISBURG . . . B-4
NORTH OLMSTED . . . D-2
NORTHRIDGE . . . B-4
NORTHWOOD . . . B-2
NORWALK . . . C-2
OAK HARBOR . . . B-2
OAK HILL . . . C-6
OBERLIN . . . C-2
OREGON . . . B-2
ORRVILLE . . . D-3
ORWELL . . . E-2
OTTAWA . . . A-3
OWENSVILLE . . . B-5
OXFORD . . . A-5
PAINESVILLE . . . E-2
PANDORA . . . B-3
PARMA . . . D-2
PATASKALA . . . C-4
PAULDING . . . A-3
PAYNE . . . A-3
PEEBLES . . . B-6
PERRYSBURG . . . B-2
PICKERINGTON . . . C-4
PIKETON . . . C-5
PIONEER . . . A-2
PIQUA . . . A-4
PLAIN CITY . . . B-4
POMEROY . . . D-5
PORT CLINTON . . . C-2

INDEX CONTINUED BELOW

INDEX CONTINUED FROM ABOVE

PORTSMOUTH . . . B-6
POWHATAN POINT . . . E-4
PROSPECT . . . C-3
RAVENNA . . . E-3
READING . . . A-5
REYNOLDSBURG . . . C-4
RICHWOOD . . . B-4
RIPLEY . . . B-6
RITTMAN . . . D-3
ROCKFORD . . . A-3
ROSEVILLE . . . D-4
RUSSELLS POINT . . . B-3
SABINA . . . B-5
ST. CLAIRSVILLE . . . E-4
ST. HENRY . . . A-3
ST. MARYS . . . A-3
ST. PARIS . . . B-4
SALEM . . . E-3
SALINEVILLE . . . E-3
SANDUSKY . . . C-2
SEAMAN . . . B-6
SHADYSIDE . . . E-4
SHELBY . . . C-3
SHREVE . . . D-3
SIDNEY . . . B-4
SMITHVILLE . . . D-3
SOMERSET . . . C-4
SOUTH CHARLESTON . . . B-4
SOUTH POINT . . . C-6
SPENCERVILLE . . . A-3
SPRINGFIELD . . . B-4
STEUBENVILLE . . . E-4
STOW . . . D-3
STRASBURG . . . D-3
STREETSBORO . . . D-2
STRONGSVILLE . . . D-2
SUGARCREEK . . . D-3
SUNBURY . . . C-4
SYLVANIA . . . B-2
TIFFIN . . . C-3
TIPP CITY . . . B-4
TOLEDO . . . B-2
TORONTO . . . E-3
TRENTON . . . A-5
TROY . . . A-4
TWINSBURG . . . D-2
UHRICHSVILLE . . . D-4
UNION CITY . . . A-4
UPPER SANDUSKY . . . B-3
URBANA . . . B-4
UTICA . . . C-4
VAN WERT . . . A-3
VANDALIA . . . A-4
VERMILION . . . C-2
VERSAILLES . . . A-4
WADSWORTH . . . D-3
WAPAKONETA . . . A-3
WARREN . . . E-2
WASHINGTON COURT HOUSE . . . B-5
WATERVILLE . . . B-2
WAUSEON . . . B-2
WAVERLY . . . C-5
WAYNESBURG . . . D-3
WAYNESVILLE . . . B-5
WELLINGTON . . . D-2
WELLSTON . . . C-5
WELLSVILLE . . . E-3
WEST JEFFERSON . . . B-4
WEST LAFAYETTE . . . D-4
WEST LIBERTY . . . B-4
WEST MILTON . . . A-4
WEST SALEM . . . C-3
WEST UNION . . . B-6
WEST UNITY . . . A-2
WESTERVILLE . . . C-4
WESTON . . . B-2
WHEELERSBURG . . . C-6
WHITEHALL . . . C-4
WILLARD . . . C-3
WILLIAMSBURG . . . B-5
WILMINGTON . . . B-5
WOODSFIELD . . . E-4
WOODVILLE . . . B-2
WOOSTER . . . D-3
XENIA . . . B-4
YELLOW SPRINGS . . . B-4
YOUNGSTOWN . . . E-3
ZANESVILLE . . . D-4

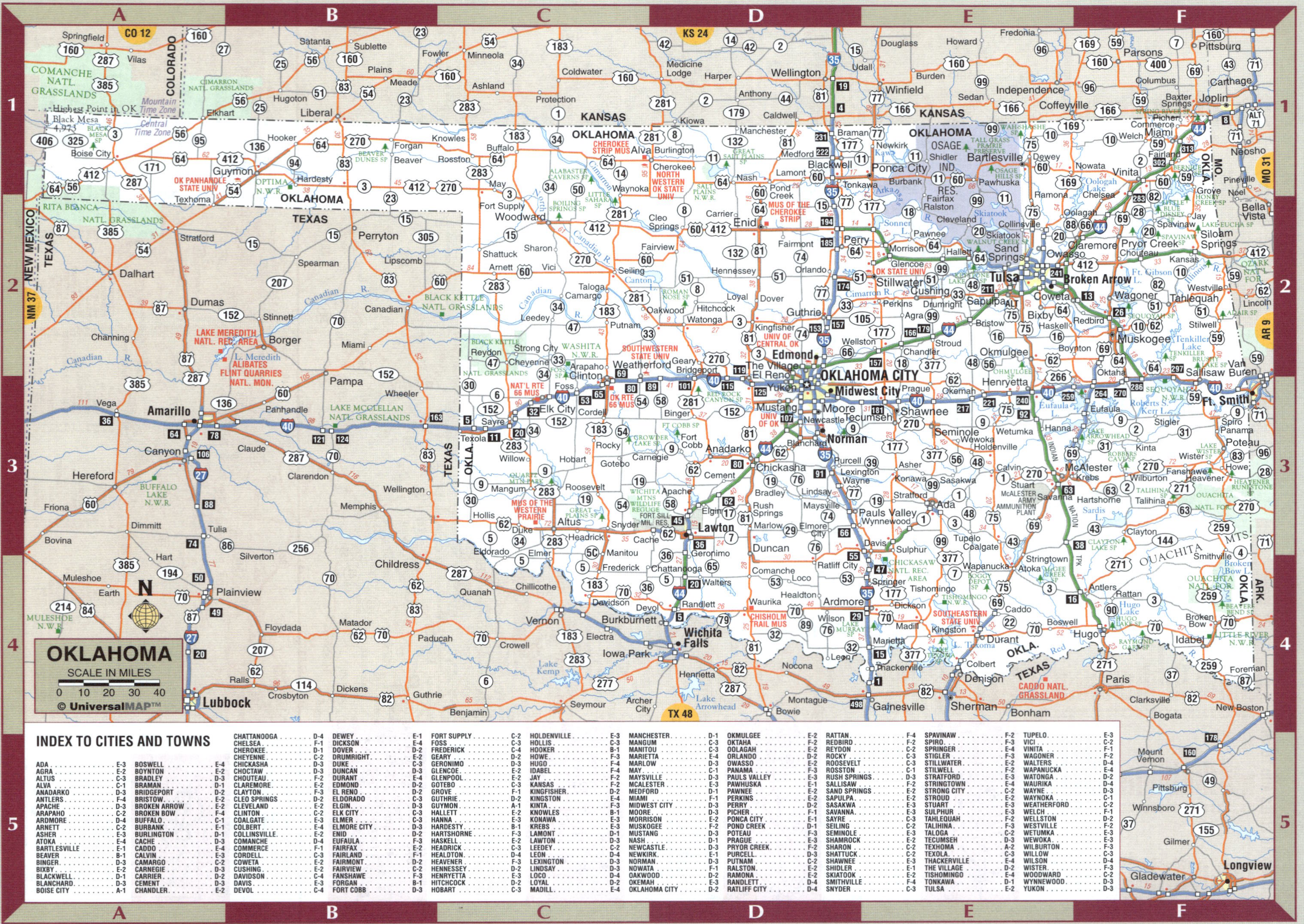
OKLAHOMA
SCALE IN MILES
0 10 20 30 40
© UniversalMAP™
KANSAS
TEXAS
NEW MEXICO
COLORADO
OKLAHOMA CITY
Tulsa
Lawton
Norman
Amarillo
Lubbock

INDEX TO CITIES AND TOWNS

ADA . . . E-3
AGRA . . . E-2
ALTUS . . . C-3
ALVA . . . C-1
ANADARKO . . . D-3
ANTLERS . . . F-4
APACHE . . . D-3
ARAPAHO . . . C-2
ARDMORE . . . D-4
ARNETT . . . C-2
ASHER . . . E-3
ATOKA . . . E-4
BARTLESVILLE . . . E-1
BEAVER . . . B-1
BINGER . . . D-3
BIXBY . . . E-2
BLACKWELL . . . D-1
BLANCHARD . . . D-3
BOISE CITY . . . A-1
BOSWELL . . . E-4
BOYNTON . . . E-2
BRADLEY . . . D-3
BRAMAN . . . D-1
BRIDGEPORT . . . D-2
BRISTOW . . . E-2
BROKEN ARROW . . . E-2
BROKEN BOW . . . F-4
BUFFALO . . . C-1
BURBANK . . . E-1
BURLINGTON . . . D-1
CACHE . . . D-3
CADDO . . . E-4
CALVIN . . . E-3
CAMARGO . . . C-2
CARNEGIE . . . D-3
CARRIER . . . D-2
CEMENT . . . D-3
CHANDLER . . . E-2
CHATTANOOGA . . . D-4
CHELSEA . . . F-1
CHEROKEE . . . D-1
CHEYENNE . . . C-2
CHICKASHA . . . D-3
CHOCTAW . . . D-3
CHOUTEAU . . . F-2
CLAREMORE . . . E-2
CLAYTON . . . F-3
CLEO SPRINGS . . . D-2
CLEVELAND . . . E-2
CLINTON . . . C-2
COALGATE . . . E-3
COLBERT . . . E-4
COLLINSVILLE . . . E-2
COMANCHE . . . D-4
COMMERCE . . . F-1
CORDELL . . . C-3
COWETA . . . E-2
CUSHING . . . E-2
DAVIDSON . . . C-4
DAVIS . . . E-3
DEVOL . . . C-4
DEWEY . . . E-1
DICKSON . . . E-4
DOVER . . . D-2
DRUMRIGHT . . . E-2
DUKE . . . C-3
DUNCAN . . . D-3
DURANT . . . E-4
EDMOND . . . D-2
EL RENO . . . D-2
ELDORADO . . . C-3
ELGIN . . . D-3
ELK CITY . . . C-3
ELMER . . . C-3
ELMORE CITY . . . D-3
ENID . . . D-2
EUFAULA . . . F-3
FAIRFAX . . . E-2
FAIRLAND . . . F-1
FAIRMONT . . . D-2
FAIRVIEW . . . C-2
FANSHAWE . . . F-3
FORGAN . . . B-1
FORT COBB . . . D-3
FORT SUPPLY . . . C-2
FOSS . . . C-3
FREDERICK . . . C-4
GEARY . . . D-2
GERONIMO . . . D-3
GLENCOE . . . E-2
GLENPOOL . . . E-2
GOTEBO . . . C-3
GROVE . . . F-1
GUTHRIE . . . D-2
GUYMON . . . A-1
HALLETT . . . E-2
HANNA . . . E-3
HARDESTY . . . B-1
HARTSHORNE . . . F-3
HASKELL . . . E-2
HEADRICK . . . C-3
HEALDTON . . . D-4
HEAVENER . . . F-3
HENNESSEY . . . D-2
HENRYETTA . . . E-3
HITCHCOCK . . . D-2
HOBART . . . C-3
HOLDENVILLE . . . E-3
HOLLIS . . . C-3
HOOKER . . . B-1
HOWE . . . F-3
HUGO . . . F-4
IDABEL . . . F-4
JAY . . . F-2
KANSAS . . . F-2
KINGFISHER . . . D-2
KINGSTON . . . E-4
KINTA . . . F-3
KNOWLES . . . B-1
KONAWA . . . E-3
KREBS . . . E-3
LAMONT . . . D-1
LAWTON . . . D-3
LEEDEY . . . C-2
LEON . . . D-4
LEXINGTON . . . D-3
LINDSAY . . . D-3
LOCO . . . D-4
LOYAL . . . D-2
MADILL . . . E-4
MANCHESTER . . . D-1
MANGUM . . . C-3
MANITOU . . . C-3
MARIETTA . . . E-4
MARLOW . . . D-3
MAY . . . C-1
MAYSVILLE . . . D-3
MCALESTER . . . E-3
MEDFORD . . . D-1
MIAMI . . . F-1
MIDWEST CITY . . . D-3
MOORE . . . D-3
MORRISON . . . E-2
MUSKOGEE . . . F-2
MUSTANG . . . D-3
NASH . . . D-1
NEWCASTLE . . . D-3
NEWKIRK . . . E-1
NORMAN . . . D-3
NOWATA . . . F-1
OAKWOOD . . . D-2
OKEMAH . . . E-3
OKLAHOMA CITY . . . D-2
OKMULGEE . . . E-2
OKTAHA . . . F-2
OOLAGAH . . . E-2
ORLANDO . . . D-2
OWASSO . . . E-2
PANAMA . . . F-3
PAULS VALLEY . . . E-3
PAWHUSKA . . . E-1
PAWNEE . . . E-2
PERKINS . . . E-2
PERRY . . . D-2
PICHER . . . F-1
PONCA CITY . . . E-1
POND CREEK . . . D-1
POTEAU . . . F-3
PRAGUE . . . E-3
PRYOR CREEK . . . F-2
PURCELL . . . D-3
PUTNAM . . . C-2
RALSTON . . . E-2
RAMONA . . . E-2
RANDLETT . . . D-4
RATLIFF CITY . . . D-4
RATTAN . . . F-4
REDBIRD . . . F-2
REYDON . . . C-2
ROCKY . . . C-3
ROOSEVELT . . . C-3
ROSSTON . . . C-1
RUSH SPRINGS . . . D-3
SALLISAW . . . F-2
SAND SPRINGS . . . E-2
SAPULPA . . . E-2
SASAKWA . . . E-3
SAVANNA . . . E-3
SAYRE . . . C-3
SEILING . . . C-2
SEMINOLE . . . E-3
SHAMROCK . . . E-2
SHARON . . . C-2
SHATTUCK . . . C-2
SHAWNEE . . . E-3
SHIDLER . . . E-1
SKIATOOK . . . E-2
SMITHVILLE . . . F-4
SNYDER . . . C-3
SPAVINAW . . . F-2
SPIRO . . . F-3
SPRINGER . . . E-4
STIGLER . . . F-3
STILLWATER . . . E-2
STILWELL . . . F-2
STRATFORD . . . E-3
STRINGTOWN . . . E-4
STRONG CITY . . . C-2
STROUD . . . E-2
STUART . . . E-3
SULPHUR . . . E-3
TAHLEQUAH . . . F-2
TALIHINA . . . F-3
TALOGA . . . C-2
TECUMSEH . . . D-3
TEXHOMA . . . A-2
TEXOLA . . . C-3
THACKERVILLE . . . E-4
THE VILLAGE . . . D-2
TISHOMINGO . . . E-4
TONKAWA . . . D-1
TULSA . . . E-2
TUPELO . . . E-3
VICI . . . C-2
VINITA . . . F-1
WAGONER . . . F-2
WALTERS . . . D-4
WAPANUCKA . . . E-4
WATONGA . . . D-2
WAURIKA . . . D-4
WAYNE . . . D-3
WAYNOKA . . . C-1
WEATHERFORD . . . C-2
WELCH . . . F-1
WELLSTON . . . D-2
WESTVILLE . . . F-2
WETUMKA . . . E-3
WEWOKA . . . E-3
WILBURTON . . . F-3
WILLOW . . . C-3
WILSON . . . D-4
WISTER . . . F-3
WOODWARD . . . C-2
WYNNEWOOD . . . D-3
YUKON . . . D-3

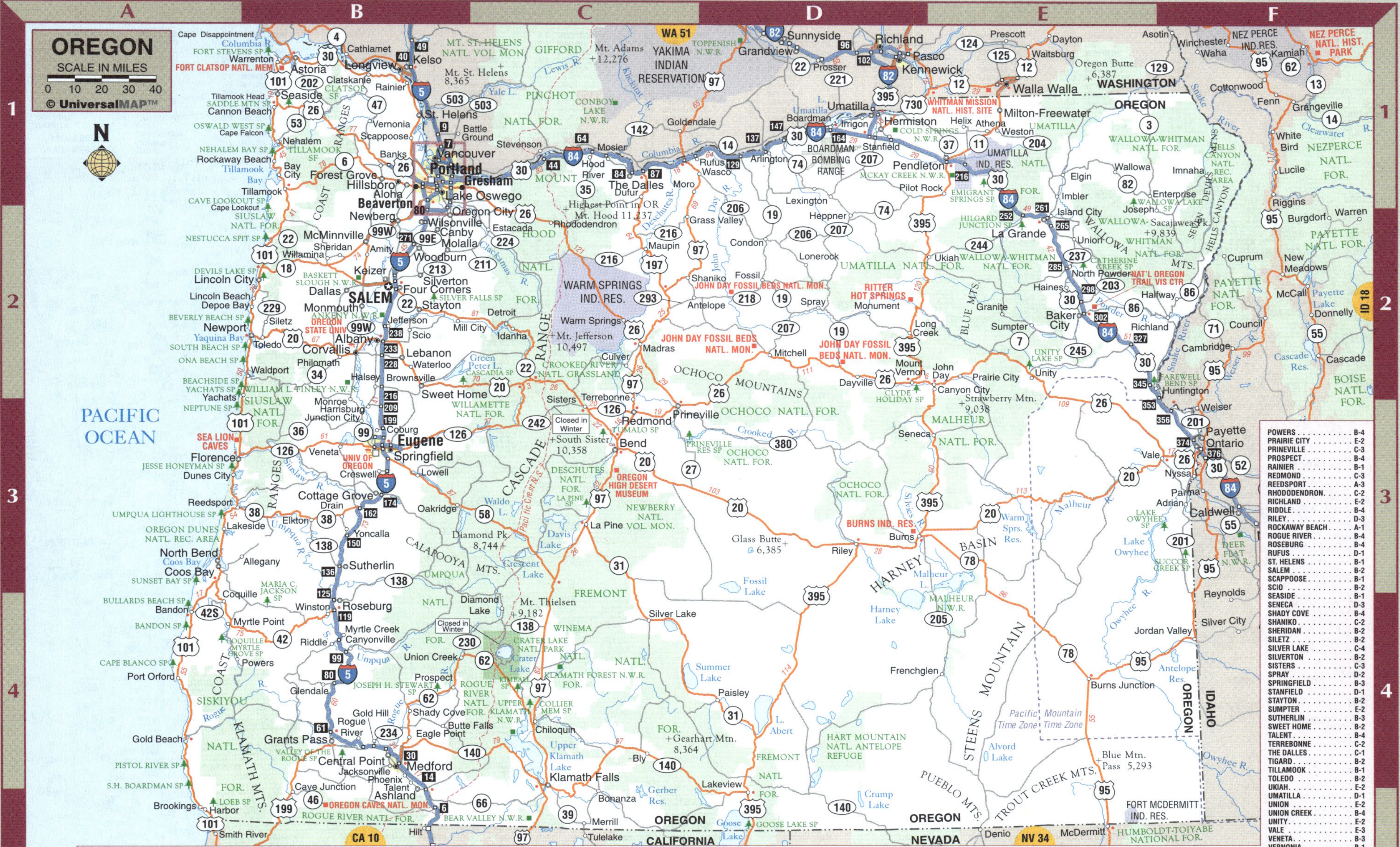

INDEX TO CITIES AND TOWNS

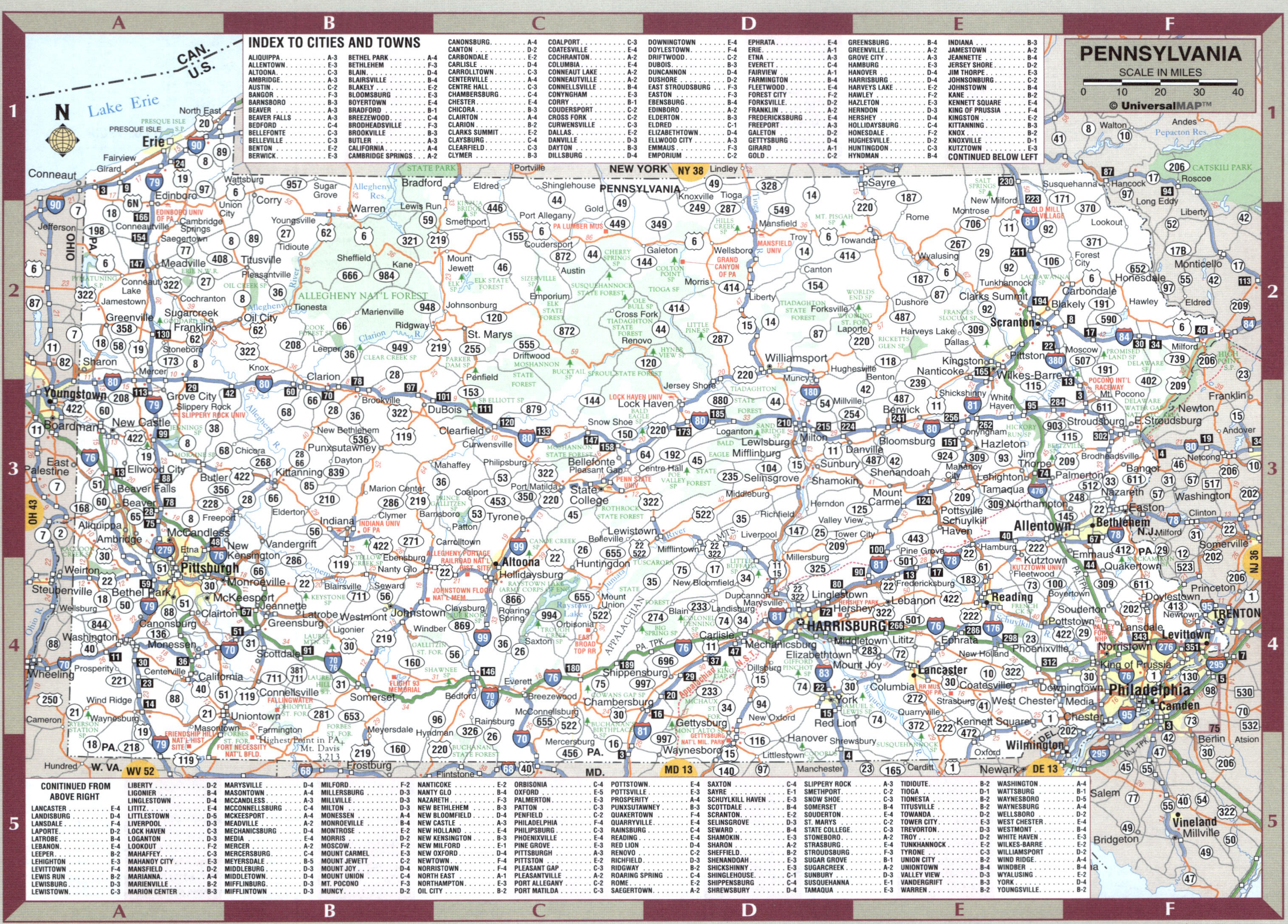

INDEX TO CITIES AND TOWNS

CONTINUED BELOW LEFT

CONITINUED FROM ABOVE RIGHT

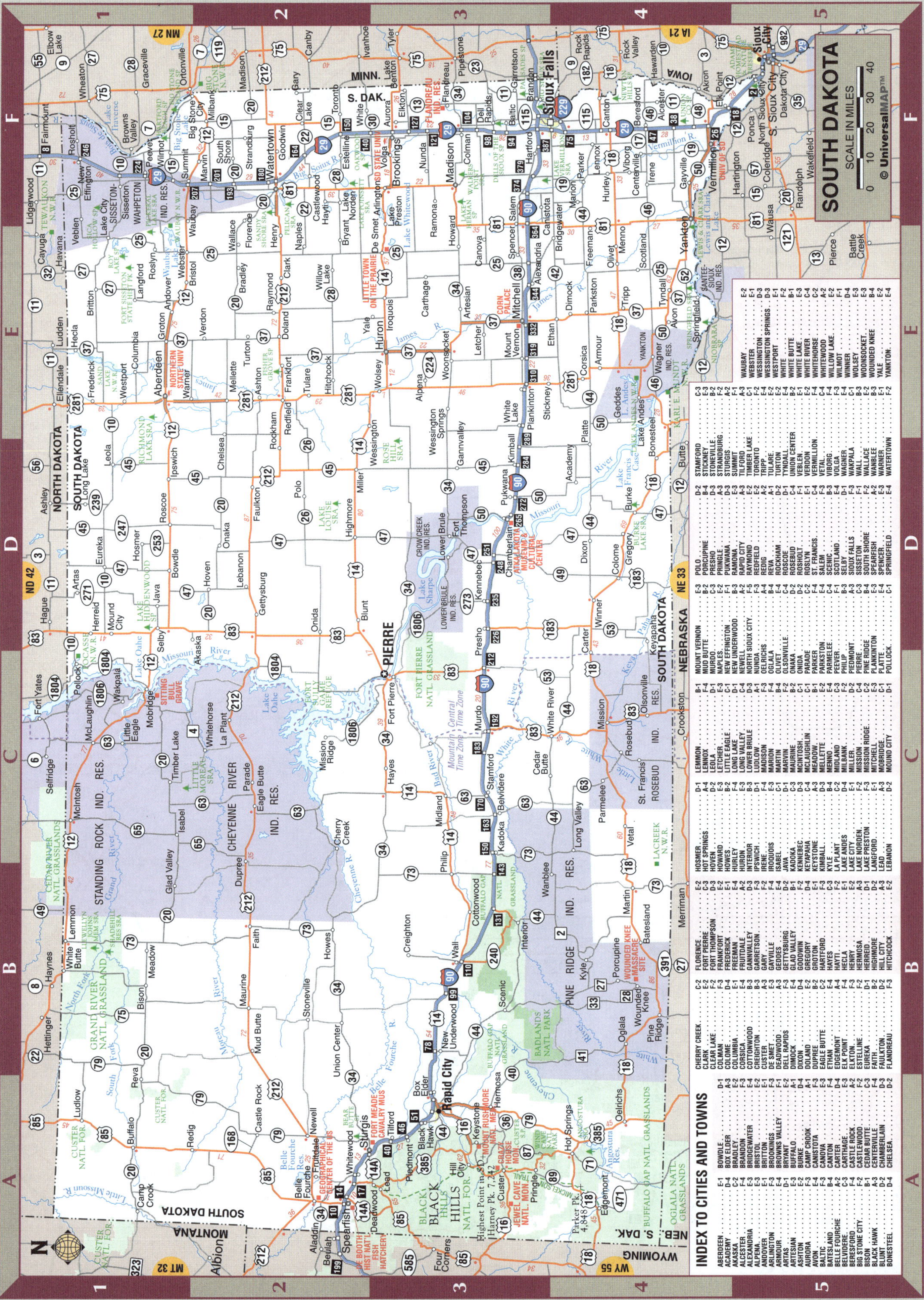
SOUTH DAKOTA
SCALE IN MILES
0 10 20 30 40
© UniversalMAP™
INDEX TO CITIES AND TOWNS
NORTH DAKOTA
SOUTH DAKOTA
MONTANA
WYOMING
NEBRASKA
PIERRE
Rapid City
Sioux Falls

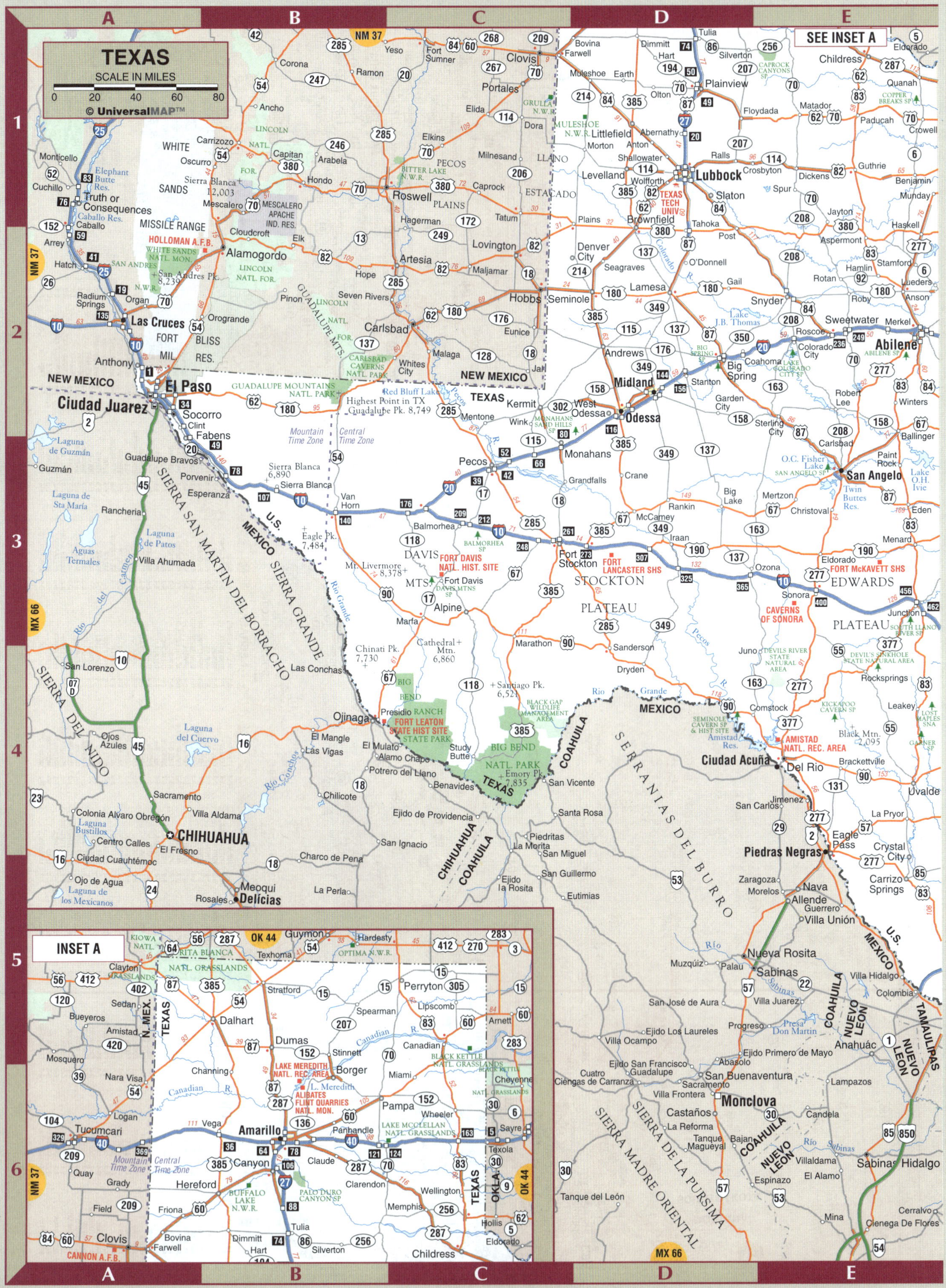
TEXAS
SCALE IN MILES
0 20 40 60 80
© UniversalMAP™
SEE INSET A
INSET A
A
B
C
D
E
1
2
3
4
5
6
NEW MEXICO
TEXAS
MEXICO
U.S.
CHIHUAHUA
COAHUILA
NUEVO LEON
TAMAULIPAS
OKLA.
N. MEX.
El Paso
Ciudad Juarez
Las Cruces
Alamogordo
Roswell
Carlsbad
Hobbs
Clovis
Portales
Lubbock
Midland
Odessa
Abilene
San Angelo
Big Spring
Sweetwater
Plainview
Pecos
Alpine
Marfa
Fort Stockton
Del Rio
Ciudad Acuña
Eagle Pass
Piedras Negras
CHIHUAHUA
Delicias
Ojinaga
Presidio
Monclova
Sabinas
Nueva Rosita
Amarillo
Dalhart
Dumas
Borger
Pampa
Hereford
Canyon
Tucumcari
Perryton
Childress
HOLLOMAN A.F.B.
WHITE SANDS NATL. MON.
WHITE SANDS MISSILE RANGE
FORT BLISS MIL. RES.
GUADALUPE MOUNTAINS NATL. PARK
CARLSBAD CAVERNS NATL. PARK
Highest Point in TX Guadalupe Pk. 8,749
Mountain Time Zone
Central Time Zone
BIG BEND NATL. PARK
FORT DAVIS NATL. HIST. SITE
FORT LEATON STATE HIST SITE STATE PARK
FORT LANCASTER SHS
FORT McKAVETT SHS
CAVERNS OF SONORA
AMISTAD NATL. REC. AREA
STOCKTON PLATEAU
EDWARDS PLATEAU
DAVIS MTS.
LLANO ESTACADO
PECOS PLAINS
SIERRA SAN MARTIN DEL BORRACHO
SIERRA GRANDE
SIERRA DEL NIDO
SERRANIAS DEL BURRO
SIERRA MADRE ORIENTAL
SIERRA DE LA PURSIMA
TEXAS TECH UNIV
LAKE MEREDITH NATL. REC. AREA
ALIBATES FLINT QUARRIES NATL. MON.
PALO DURO CANYON SP
BUFFALO LAKE N.W.R.
LAKE MCCLELLAN NATL. GRASSLANDS
BLACK KETTLE NATL. GRASSLANDS
CANNON A.F.B.

INDEX TO CITIES AND TOWNS

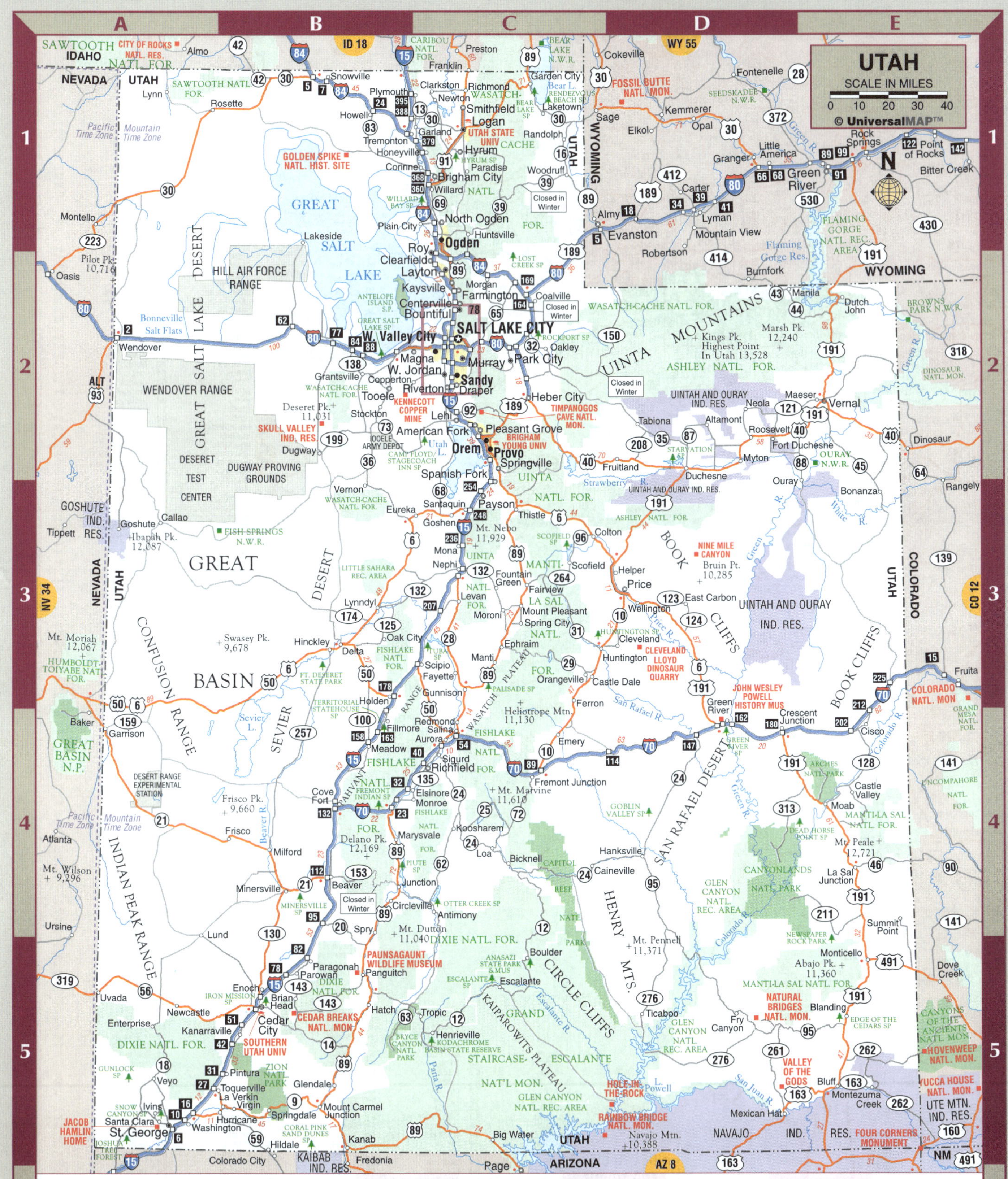

INDEX TO CITIES AND TOWNS

ALTAMONT . . . D-2
AMERICAN FORK . . . C-2
ANTIMONY . . . C-4
AURORA . . . C-4
BEAVER . . . B-4
BICKNELL . . . C-4
BIG WATER . . . C-5
BLANDING . . . E-5
BLUFF . . . E-5
BONANZA . . . E-3
BOULDER . . . C-5
BOUNTIFUL . . . B-2
BRIAN HEAD . . . B-5
BRIGHAM CITY . . . C-1
CAINEVILLE . . . C-4
CALLAO . . . A-3
CASTLE DALE . . . C-3
CASTLE VALLEY . . . E-4
CEDAR CITY . . . B-5
CENTERVILLE . . . B-2
CIRCLEVILLE . . . B-4
CISCO . . . E-4
CLARKSTON . . . C-1
CLEARFIELD . . . B-2
CLEVELAND . . . D-3
COALVILLE . . . C-2
COLTON . . . C-3
COPPERTON . . . B-2
CORINNE . . . B-1
COVE FORT . . . B-4
CRESCENT JUNCTION . . . D-4
DELTA . . . B-3
DRAPER . . . C-2
DUCHESNE . . . D-2
DUGWAY . . . B-2
DUTCH JOHN . . . E-2
EAST CARBON . . . D-3
ELSINORE . . . C-4
EMERY . . . C-4
ENOCH . . . B-5
ENTERPRISE . . . A-5
EPHRAIM . . . C-3
ESCALANTE . . . C-5
EUREKA . . . B-3
FAIRVIEW . . . C-3
FARMINGTON . . . C-2
FAYETTE . . . C-3
FERRON . . . C-3
FILLMORE . . . B-4
FORT DUCHESNE . . . D-2
FOUNTAIN GREEN . . . C-3
FREMONT JUNCTION . . . C-4
FRISCO . . . B-4
FRUITLAND . . . D-2
FRY CANYON . . . D-5
GARDEN CITY . . . C-1
GARLAND . . . C-1
GARRISON . . . A-4
GLENDALE . . . B-5
GOSHEN . . . C-3
GOSHUTE . . . A-3
GRANTSVILLE . . . B-2
GREEN RIVER . . . D-3
GUNNISON . . . C-3
HANKSVILLE . . . C-4
HATCH . . . B-5
HEBER CITY . . . C-2
HELPER . . . D-3
HENRIEVILLE . . . C-5
HILDALE . . . B-5
HINCKLEY . . . B-3
HOLDEN . . . B-3
HONEYVILLE . . . B-1
HOWELL . . . B-1
HUNTINGTON . . . C-3
HUNTSVILLE . . . C-1
HURRICANE . . . B-5
HYRUM . . . C-1
IVINS . . . A-5
JUNCTION . . . B-4
KANAB . . . B-5
KANARRAVILLE . . . B-5
KAYSVILLE . . . C-2
KOOSHAREM . . . C-4
LA SAL JUNCTION . . . E-4
LA VERKIN . . . B-5
LAKESIDE . . . B-1
LAKETOWN . . . C-1
LAYTON . . . B-2
LEHI . . . C-2
LEVAN . . . C-3
LOA . . . C-4
LOGAN . . . C-1
LUND . . . A-4
LYNN . . . A-1
LYNNDYL . . . B-3
MAESER . . . D-2
MAGNA . . . B-2
MANILA . . . D-2
MANTI . . . C-3
MARYSVALE . . . B-4
MEADOW . . . B-4
MEXICAN HAT . . . D-5
MILFORD . . . B-4
MINERSVILLE . . . B-4
MOAB . . . E-4
MONA . . . C-3
MONROE . . . C-4
MONTEZUMA CREEK . . . E-5
MONTICELLO . . . E-5
MORGAN . . . C-2
MORONI . . . C-3
MOUNT CARMEL JCT . . . B-5
MOUNT PLEASANT . . . C-3
MURRAY . . . C-2
MYTON . . . D-2
NEOLA . . . D-2
NEPHI . . . C-3
NEWCASTLE . . . A-5
NEWTON . . . C-1
NORTH OGDEN . . . C-1
OAK CITY . . . B-3
OAKLEY . . . C-2
OGDEN . . . C-1
ORANGEVILLE . . . C-3
OREM . . . C-2
OURAY . . . E-3
PANGUITCH . . . B-5
PARADISE . . . C-1
PARAGONAH . . . B-5
PARK CITY . . . C-2
PAROWAN . . . B-5
PAYSON . . . C-3
PINTURA . . . B-5
PLAIN CITY . . . B-1
PLEASANT GROVE . . . C-2
PLYMOUTH . . . B-1
PRICE . . . D-3
PROVO . . . C-2
RANDOLPH . . . C-1
REDMOND . . . C-4
RICHFIELD . . . C-4
RICHMOND . . . C-1
RIVERTON . . . B-2
ROOSEVELT . . . D-2
ROSETTE . . . A-1
ROY . . . B-1
ST. GEORGE . . . A-5
SALINA . . . C-4
SALT LAKE CITY . . . C-2
SANDY . . . C-2
SANTA CLARA . . . A-5
SANTAQUIN . . . C-3
SCIPIO . . . C-3
SCOFIELD . . . C-3
SIGURD . . . C-4
SMITHFIELD . . . C-1
SNOWVILLE . . . B-1
SPANISH FORK . . . C-2
SPRING CITY . . . C-3
SPRINGDALE . . . B-5
SPRINGVILLE . . . C-2
SPRY . . . B-4
STOCKTON . . . B-2
SUMMIT POINT . . . E-4
TABIONA . . . D-2
THISTLE . . . C-3
TICABOO . . . D-5
TOOELE . . . B-2
TOQUERVILLE . . . B-5
TREMONTON . . . B-1
TROPIC . . . C-5
UVADA . . . A-5
VERNAL . . . E-2
VERNON . . . B-3
VEYO . . . A-5
VIRGIN . . . B-5
WASHINGTON . . . A-5
WELLINGTON . . . D-3
WENDOVER . . . A-2
WEST JORDAN . . . B-2
WEST VALLEY CITY . . . C-2
WILLARD . . . C-1
WOODRUFF . . . C-1

A B C D E

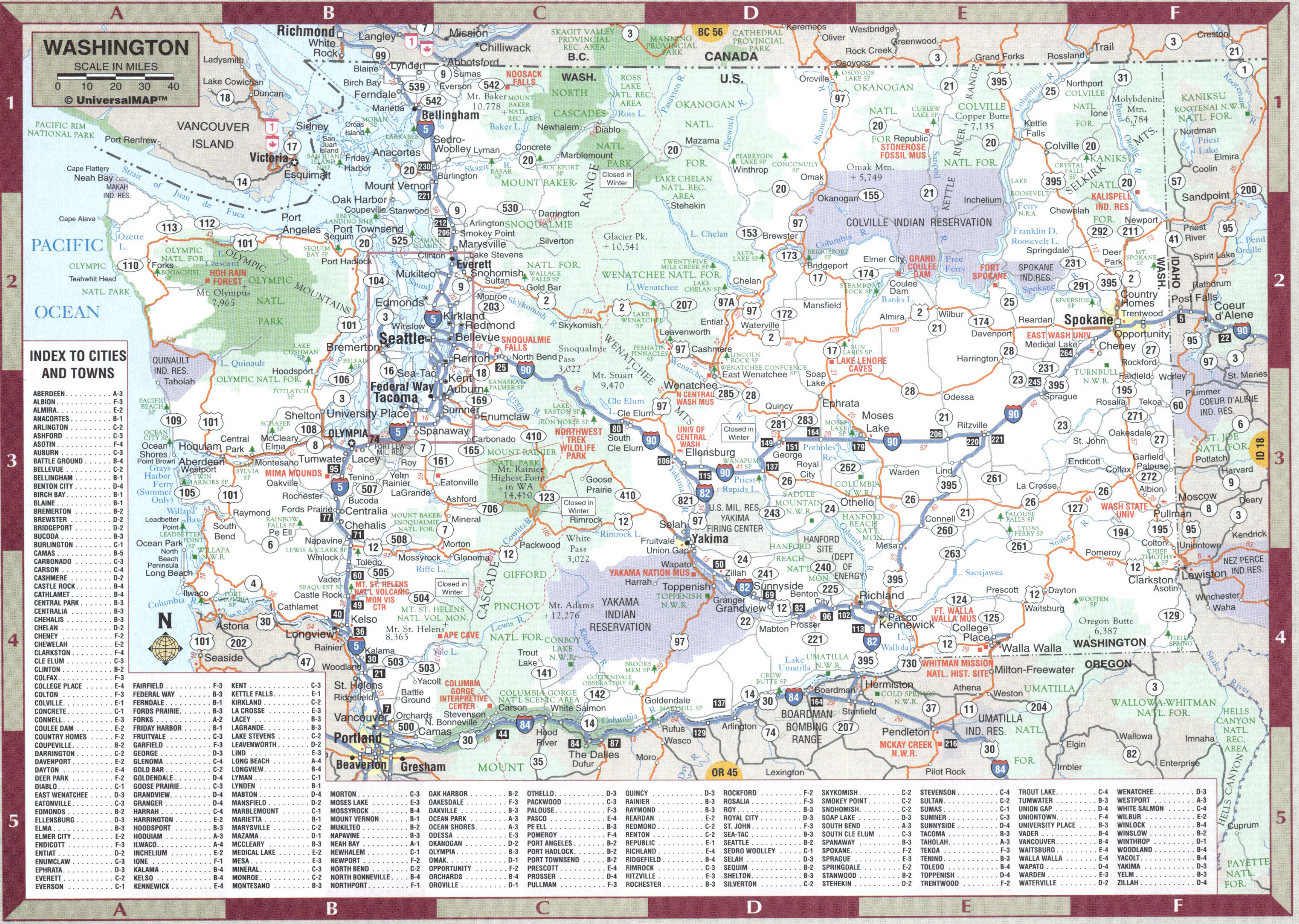

INDEX TO CITIES AND TOWNS

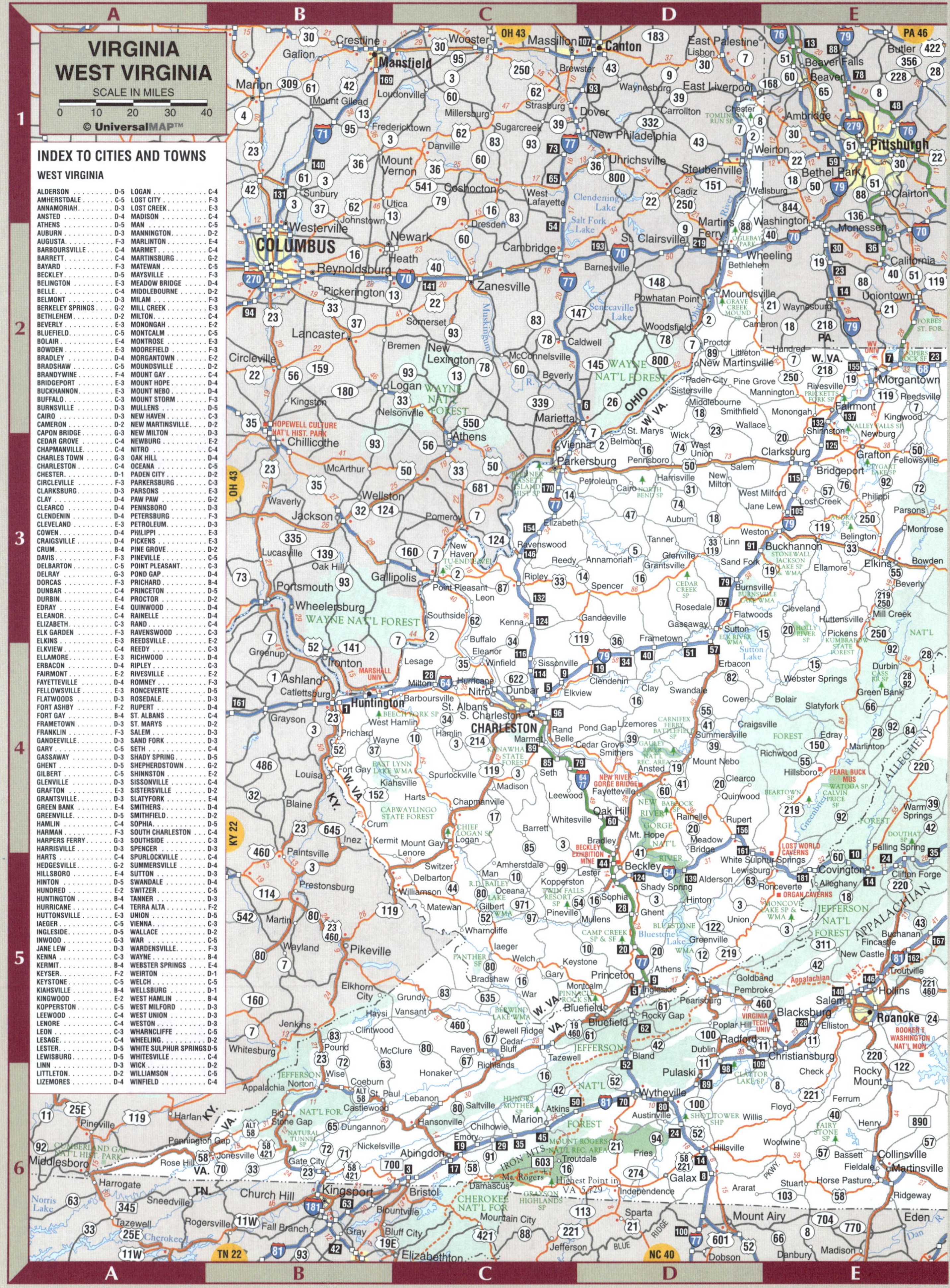

INDEX TO CITIES AND TOWNS

WEST VIRGINIA

INDEX TO CITIES AND TOWNS

VIRGINIA

INDEX TO CITIES AND TOWNS

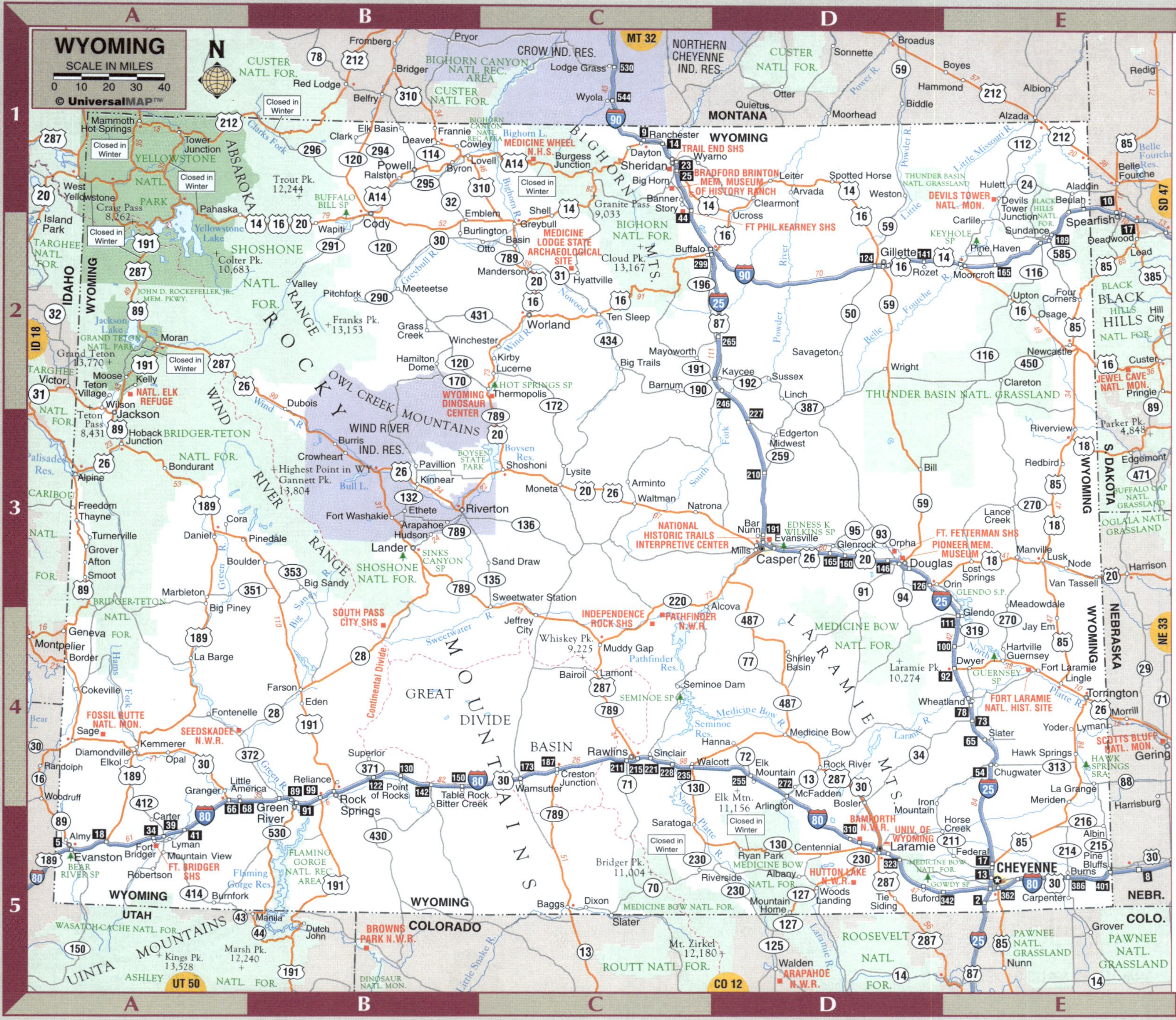

INDEX TO CITIES AND TOWNS

INDEX TO CITIES AND TOWNS

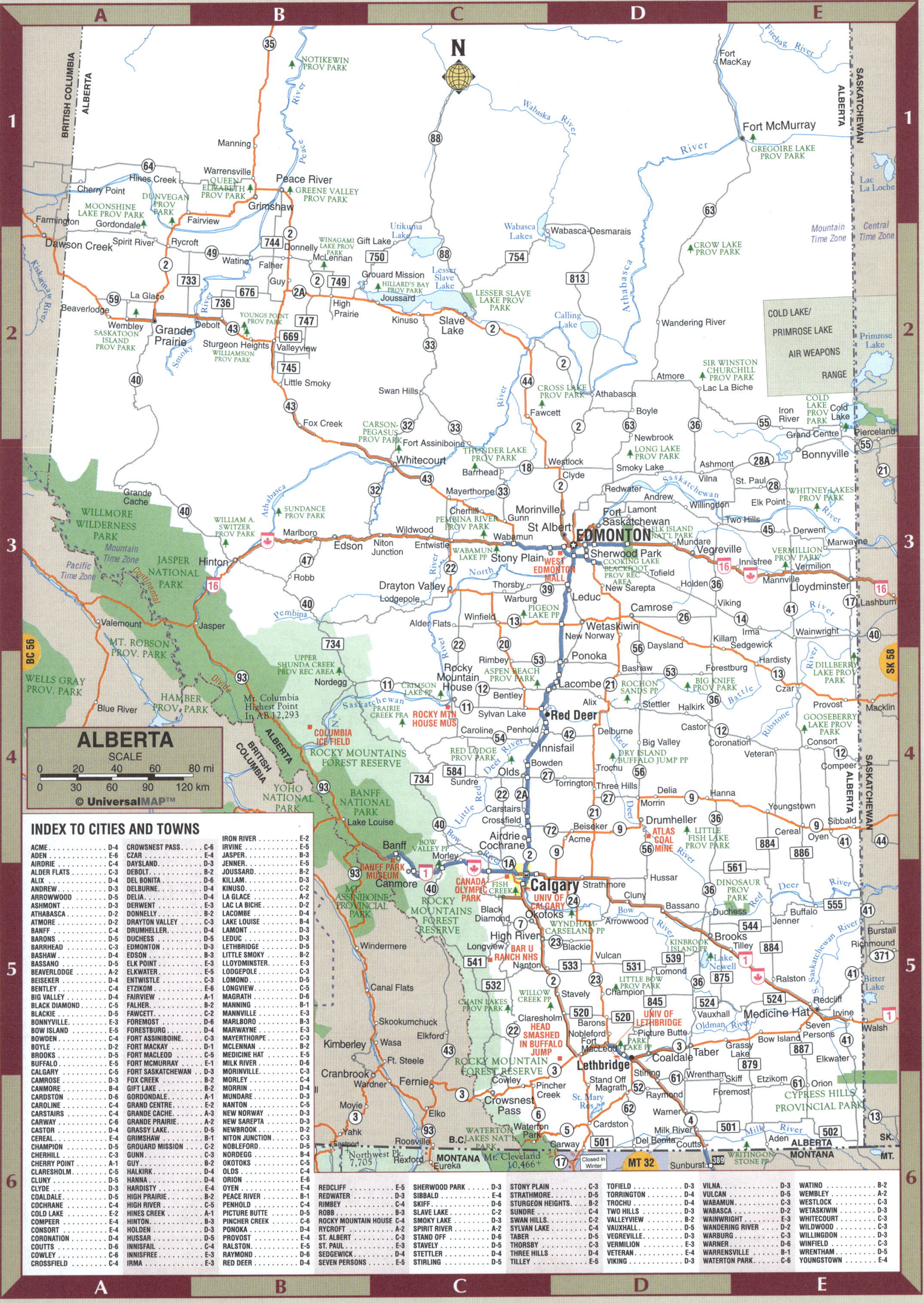

INDEX TO CITIES AND TOWNS

ACME . . . D-4
ADEN . . . E-6
AIRDRIE . . . C-4
ALDER FLATS . . . C-3
ALIX . . . D-4
ANDREW . . . D-3
ARROWWOOD . . . D-5
ASHMONT . . . D-3
ATHABASCA . . . D-2
ATMORE . . . D-2
BANFF . . . C-4
BARONS . . . D-5
BARRHEAD . . . C-3
BASHAW . . . D-4
BASSANO . . . D-5
BEAVERLODGE . . . A-2
BEISEKER . . . D-4
BENTLEY . . . C-4
BIG VALLEY . . . D-4
BLACK DIAMOND . . . C-5
BLACKIE . . . D-5
BONNYVILLE . . . E-3
BOW ISLAND . . . E-5
BOWDEN . . . C-4
BOYLE . . . D-2
BROOKS . . . D-5
BUFFALO . . . E-5
CALGARY . . . C-5
CAMROSE . . . D-3
CANMORE . . . B-4
CARDSTON . . . D-6
CAROLINE . . . C-4
CARSTAIRS . . . C-4
CARWAY . . . C-6
CASTOR . . . D-4
CEREAL . . . E-4
CHAMPION . . . D-5
CHERHILL . . . C-3
CHERRY POINT . . . A-1
CLARESHOLM . . . C-5
CLUNY . . . D-5
CLYDE . . . D-3
COALDALE . . . D-5
COCHRANE . . . C-4
COLD LAKE . . . E-2
COMPEER . . . E-4
CONSORT . . . E-4
CORONATION . . . D-4
COUTTS . . . D-6
COWLEY . . . C-6
CROSSFIELD . . . C-4
CROWSNEST PASS . . . C-6
CZAR . . . E-4
DAYSLAND . . . D-3
DEBOLT . . . B-2
DEL BONITA . . . D-6
DELBURNE . . . D-4
DELIA . . . D-4
DERWENT . . . E-3
DONNELLY . . . B-2
DRAYTON VALLEY . . . C-3
DRUMHELLER . . . D-4
DUCHESS . . . D-5
EDMONTON . . . D-3
EDSON . . . B-3
ELK POINT . . . E-3
ELKWATER . . . E-5
ENTWISTLE . . . C-3
ETZIKOM . . . E-6
FAIRVIEW . . . A-1
FALHER . . . B-2
FAWCETT . . . C-2
FOREMOST . . . D-6
FORESTBURG . . . D-4
FORT ASSINIBOINE . . . C-3
FORT MACKAY . . . D-1
FORT MACLEOD . . . C-5
FORT MCMURRAY . . . E-1
FORT SASKATCHEWAN . . . D-3
FOX CREEK . . . B-2
GIFT LAKE . . . B-2
GORDONDALE . . . A-1
GRAND CENTRE . . . E-2
GRANDE CACHE . . . A-3
GRANDE PRAIRIE . . . A-2
GRASSY LAKE . . . D-5
GRIMSHAW . . . B-1
GROUARD MISSION . . . C-2
GUNN . . . C-3
GUY . . . B-2
HALKIRK . . . D-4
HANNA . . . D-4
HARDISTY . . . E-4
HIGH PRAIRIE . . . B-2
HIGH RIVER . . . C-5
HINES CREEK . . . A-1
HINTON . . . B-3
HOLDEN . . . D-3
HUSSAR . . . D-5
INNISFAIL . . . C-4
INNISFREE . . . E-3
IRMA . . . E-3
IRON RIVER . . . E-2
IRVINE . . . E-5
JASPER . . . B-3
JENNER . . . E-5
JOUSSARD . . . B-2
KILLAM . . . D-3
KINUSO . . . C-2
LA GLACE . . . A-2
LAC LA BICHE . . . D-2
LACOMBE . . . D-4
LAKE LOUISE . . . B-4
LAMONT . . . D-3
LEDUC . . . D-3
LETHBRIDGE . . . D-5
LITTLE SMOKY . . . B-2
LLOYDMINSTER . . . E-3
LODGEPOLE . . . C-3
LOMOND . . . D-5
LONGVIEW . . . C-5
MAGRATH . . . D-6
MANNING . . . B-1
MANNVILLE . . . E-3
MARLBORO . . . B-3
MARWAYNE . . . E-3
MAYERTHORPE . . . C-3
MCLENNAN . . . B-2
MEDICINE HAT . . . E-5
MILK RIVER . . . D-6
MORINVILLE . . . C-3
MORLEY . . . C-4
MORRIN . . . D-4
MUNDARE . . . D-3
NANTON . . . C-5
NEW NORWAY . . . D-3
NEW SAREPTA . . . D-3
NEWBROOK . . . D-2
NITON JUNCTION . . . C-3
NOBLEFORD . . . D-5
NORDEGG . . . B-4
OKOTOKS . . . C-5
OLDS . . . C-4
ORION . . . E-6
OYEN . . . E-4
PEACE RIVER . . . B-1
PENHOLD . . . C-4
PICTURE BUTTE . . . D-5
PINCHER CREEK . . . C-6
PONOKA . . . D-4
PROVOST . . . E-4
RALSTON . . . E-5
RAYMOND . . . D-6
RED DEER . . . D-4
REDCLIFF . . . E-5
REDWATER . . . D-3
RIMBEY . . . C-4
ROBB . . . B-3
ROCKY MOUNTAIN HOUSE . . . C-4
RYCROFT . . . A-2
ST. ALBERT . . . C-3
ST. PAUL . . . E-3
SEDGEWICK . . . D-4
SEVEN PERSONS . . . E-5
SHERWOOD PARK . . . D-3
SIBBALD . . . E-4
SKIFF . . . D-6
SLAVE LAKE . . . C-2
SMOKY LAKE . . . D-3
SPIRIT RIVER . . . A-2
STAND OFF . . . D-6
STAVELY . . . D-5
STETTLER . . . D-4
STIRLING . . . D-5
STONY PLAIN . . . C-3
STRATHMORE . . . D-5
STURGEON HEIGHTS . . . B-2
SUNDRE . . . C-4
SWAN HILLS . . . C-2
SYLVAN LAKE . . . C-4
TABER . . . D-5
THORSBY . . . C-3
THREE HILLS . . . D-4
TILLEY . . . E-5
TOFIELD . . . D-3
TORRINGTON . . . D-4
TROCHU . . . D-4
TWO HILLS . . . D-3
VALLEYVIEW . . . B-2
VAUXHALL . . . D-5
VEGREVILLE . . . D-3
VERMILION . . . E-3
VETERAN . . . E-4
VIKING . . . D-3
VILNA . . . D-3
VULCAN . . . D-5
WABAMUN . . . C-3
WABASCA . . . D-2
WAINWRIGHT . . . E-3
WANDERING RIVER . . . D-2
WARBURG . . . C-3
WARNER . . . D-6
WARRENSVILLE . . . B-1
WATERTON PARK . . . C-6
WATINO . . . B-2
WEMBLEY . . . A-2
WESTLOCK . . . C-3
WETASKIWIN . . . D-3
WHITECOURT . . . C-3
WILDWOOD . . . C-3
WILLINGDON . . . D-3
WINFIELD . . . C-3
WRENTHAM . . . D-5
YOUNGSTOWN . . . E-4

INDEX TO CITIES AND TOWNS

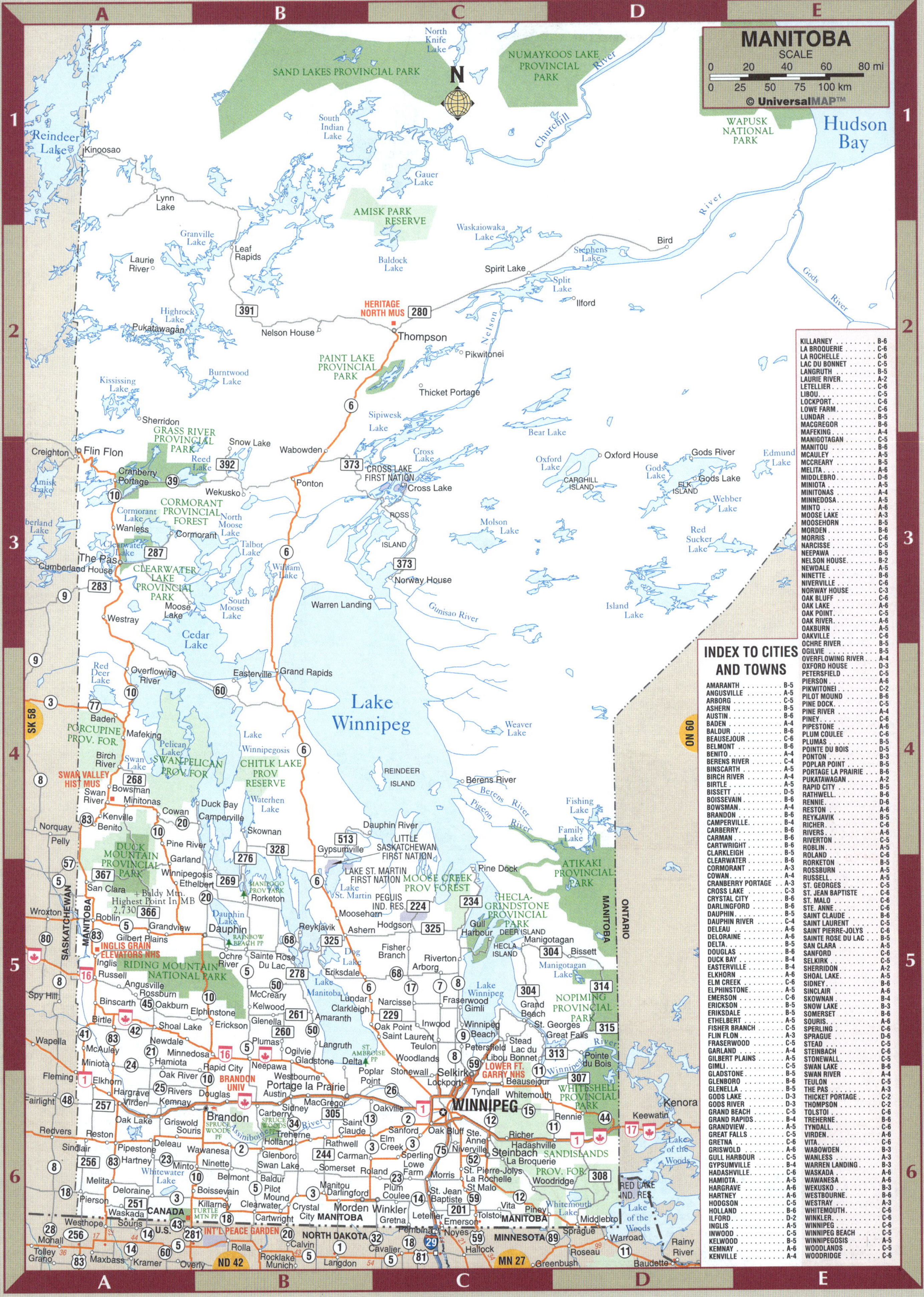

INDEX TO CITIES AND TOWNS

AMARANTH B-5
ANGUSVILLE A-5
ARBORG C-5
ASHERN B-5
AUSTIN B-6
BADEN A-4
BALDUR B-6
BEAUSEJOUR C-6
BELMONT B-6
BENITO A-4
BERENS RIVER C-4
BINSCARTH A-5
BIRCH RIVER A-4
BIRTLE A-5
BISSETT D-5
BOISSEVAIN B-6
BOWSMAN A-4
BRANDON B-6
CAMPERVILLE B-4
CARBERRY B-6
CARMAN B-6
CARTWRIGHT B-6
CLARKLEIGH B-5
CLEARWATER B-6
CORMORANT A-3
COWAN A-4
CRANBERRY PORTAGE . . A-3
CROSS LAKE C-3
CRYSTAL CITY B-6
DARLINGFORD B-6
DAUPHIN B-5
DAUPHIN RIVER C-4
DELEAU A-6
DELORAINE A-6
DELTA B-5
DOUGLAS B-6
DUCK BAY B-4
EASTERVILLE B-4
ELKHORN A-6
ELM CREEK C-6
ELPHINSTONE A-5
EMERSON C-6
ERICKSON B-5
ERIKSDALE B-5
ETHELBERT A-5
FISHER BRANCH C-5
FLIN FLON A-3
FRASERWOOD C-5
GARLAND A-4
GILBERT PLAINS A-5
GIMLI C-5
GLADSTONE B-5
GLENBORO B-6
GLENELLA B-5
GODS LAKE D-3
GODS RIVER D-3
GRAND BEACH C-5
GRAND RAPIDS B-4
GRANDVIEW A-5
GREAT FALLS C-5
GRETNA C-6
GRISWOLD A-6
GULL HARBOUR C-5
GYPSUMVILLE B-4
HADASHVILLE C-6
HAMIOTA A-5
HARGRAVE A-6
HARTNEY A-6
HODGSON C-5
HOLLAND B-6
ILFORD D-2
INGLIS A-5
INWOOD C-5
KELWOOD B-5
KEMNAY A-6
KENVILLE A-4
KILLARNEY B-6
LA BROQUERIE C-6
LA ROCHELLE C-6
LAC DU BONNET C-5
LANGRUTH B-5
LAURIE RIVER A-2
LETELLIER C-6
LIBOU C-5
LOCKPORT C-6
LOWE FARM C-6
LUNDAR B-5
MACGREGOR B-6
MAFEKING A-4
MANIGOTAGAN C-5
MANITOU B-6
MCAULEY A-5
MCCREARY B-5
MELITA A-6
MIDDLEBRO D-6
MINIOTA A-5
MINITONAS A-4
MINNEDOSA A-5
MINTO A-6
MOOSE LAKE A-3
MOOSEHORN B-5
MORDEN B-6
MORRIS C-6
NARCISSE C-5
NEEPAWA B-5
NELSON HOUSE B-2
NEWDALE A-5
NINETTE B-6
NIVERVILLE C-6
NORWAY HOUSE C-3
OAK BLUFF C-6
OAK LAKE A-6
OAK POINT C-5
OAK RIVER A-6
OAKBURN A-5
OAKVILLE C-6
OCHRE RIVER B-5
OGILVIE B-5
OVERFLOWING RIVER . . . A-4
OXFORD HOUSE D-3
PETERSFIELD C-5
PIERSON A-6
PIKWITONEI C-2
PILOT MOUND B-6
PINE DOCK C-5
PINE RIVER A-4
PINEY C-6
PIPESTONE A-6
PLUM COULEE C-6
PLUMAS B-5
POINTE DU BOIS D-5
PONTON B-3
POPLAR POINT B-5
PORTAGE LA PRAIRIE . . . B-6
PUKATAWAGAN A-2
RAPID CITY B-5
RATHWELL B-6
RENNIE D-6
RESTON A-6
REYKJAVIK B-5
RICHER C-6
RIVERS A-6
RIVERTON C-5
ROBLIN A-5
ROLAND C-6
RORKETON B-5
ROSSBURN A-5
RUSSELL A-5
ST. GEORGES C-5
ST. JEAN BAPTISTE C-6
ST. MALO C-6
STE. ANNE C-6
SAINT CLAUDE B-6
SAINT LAURENT C-5
SAINT PIERRE-JOLYS . . . C-6
SAINTE ROSE DU LAC . . . B-5
SAN CLARA A-5
SANFORD C-6
SELKIRK C-5
SHERRIDON A-2
SHOAL LAKE A-5
SIDNEY B-6
SINCLAIR A-6
SKOWNAN B-4
SNOW LAKE B-3
SOMERSET B-6
SOURIS A-6
SPERLING C-6
SPRAGUE D-6
STEAD C-5
STEINBACH C-6
STONEWALL C-5
SWAN LAKE B-6
SWAN RIVER A-4
TEULON C-5
THE PAS A-3
THICKET PORTAGE C-2
THOMPSON C-2
TOLSTOI C-6
TREHERNE B-6
TYNDALL C-6
VIRDEN A-6
VITA C-6
WABOWDEN B-3
WANLESS A-3
WARREN LANDING B-3
WASKADA A-6
WAWANESA A-6
WEKUSKO B-3
WESTBOURNE B-6
WESTRAY A-3
WHITEMOUTH C-6
WINKLER C-6
WINNIPEG C-6
WINNIPEG BEACH C-5
WINNIPEGOSIS A-5
WOODLANDS C-5
WOODRIDGE C-6

ONTARIO
SCALE
0 20 40 60 80 mi
0 25 50 75 100 km
© UniversalMAP™
SEE INSET A
SEE INSET B
Lake Superior
Lake Huron
PUKASKWA NATIONAL PARK
MICHIPICOTEN ISLAND
CANADA U.S.
ONTARIO MICHIGAN
ONTARIO OHIO
CAN. U.S.
LAKE SUPERIOR PROVINCIAL PARK
CHAPLEAU CROWN GAME PRESERVE
CHAPLEAU NEMEGOSENDA PROV PARK
IVANHOE LAKE PROV PARK
THE SHOALS PROV PARK
WAKAMI LAKE PROV PARK
MISSISSAGI RIVER PROV PARK
MISSISSAGI PROV PARK
KILLARNEY PROVINCIAL PARK
BRUCE PENINSULA NAT'L PARK
INVERHURON PROV PARK
PINERY PROV PARK
RONDEAU PROV PARK
POINT PELEE NAT'L PARK
PERRY'S VICTORY & INT'L PEACE MEM.
KEWEENAW PENINSULA
HURON N.W.R.
SENEY N.W.R.
TAHQUAMENON FALLS S.P.
LAKE SUPERIOR ST. FOR
K.I. SAWYER A.F.B.
+Highest Point in MI Mt. Arvon 1,980
Wawa
Sault Ste. Marie
Chapleau
Foleyet
Sultan
Gogama
Westree
Espanola
Elliot Lake
Blind River
Thessalon
Iron Bridge
Massey
Onaping Falls
Batchawana Bay
Searchmont
Goulais River
Frater
Marquette
Ishpeming
Houghton
Hancock
Copper Harbor
Eagle River
Munising
Newberry
Sarnia
Port Huron
Flint
Pontiac
Warren
Livonia
Detroit
Windsor
Dearborn
Chatham
Leamington
Kingsville
Amherstburg
Tecumseh
Essex
Toledo
Oregon
Monroe
Goderich
Kincardine
Port Elgin
Southampton
Tobermory
Strathroy
Petrolia
Corunna
Wallaceburg
Bay City
Saginaw Bay
Alpena
Thunder Bay
Port Austin
Lakeview
Mentor
INSET A
MANITOBA
ONTARIO
MB 59
MN 27
MINNESOTA
SCALE IN KILOMETERS
0 50 100 150 200
Pickle Lake
Balmertown
Red Lake
Kenora
Keewatin
Dryden
Sioux Lookout
Ignace
Upsala
Atikokan
Fort Frances
Rainy River
Thunder Bay
Nipigon
Beardmore
Armstrong
Lake Nipigon
Lac Seul
Lake of the Woods
QUETICO PROVINCIAL PARK
WABAKIMI PROVINCIAL PARK
SLEEPING GIANT PROV PARK
ISLE ROYALE NAT'L PARK
SIOUX NARROWS PROV PARK
AARON PROV PARK
BRIGHTSAND RIVER PROV PARK
Central Time Zone
Eastern Time Zone
INSET B
SCALE IN KILOMETERS
0 40 80 120 160
QUÉBEC
ONTARIO
PQ 62
Longlac
Geraldton
Hearst
Kapuskasing
Smooth Rock Falls
Cochrane
Iroquois Falls
Timmins
Kirkland Lake
Marathon
White River
Terrace Bay
Hornepayne
Manitouwadge
Fraserdale
Englehart
New Liskeard
Haileybury
MISSINAIBI PROV PARK
CHAPLEAU CROWN GAME RESERVE
FUSHIMI LAKE PROV PARK
NAGAMISIS PROV PARK
STEEL RIVER PROV PARK
WHITE LAKE PROV PARK
OBATANGA PROV PARK
GREENWATER PROV PARK
RENE BRUNELLE PROV PARK
ABITIBI DE TROYES PROV PARK

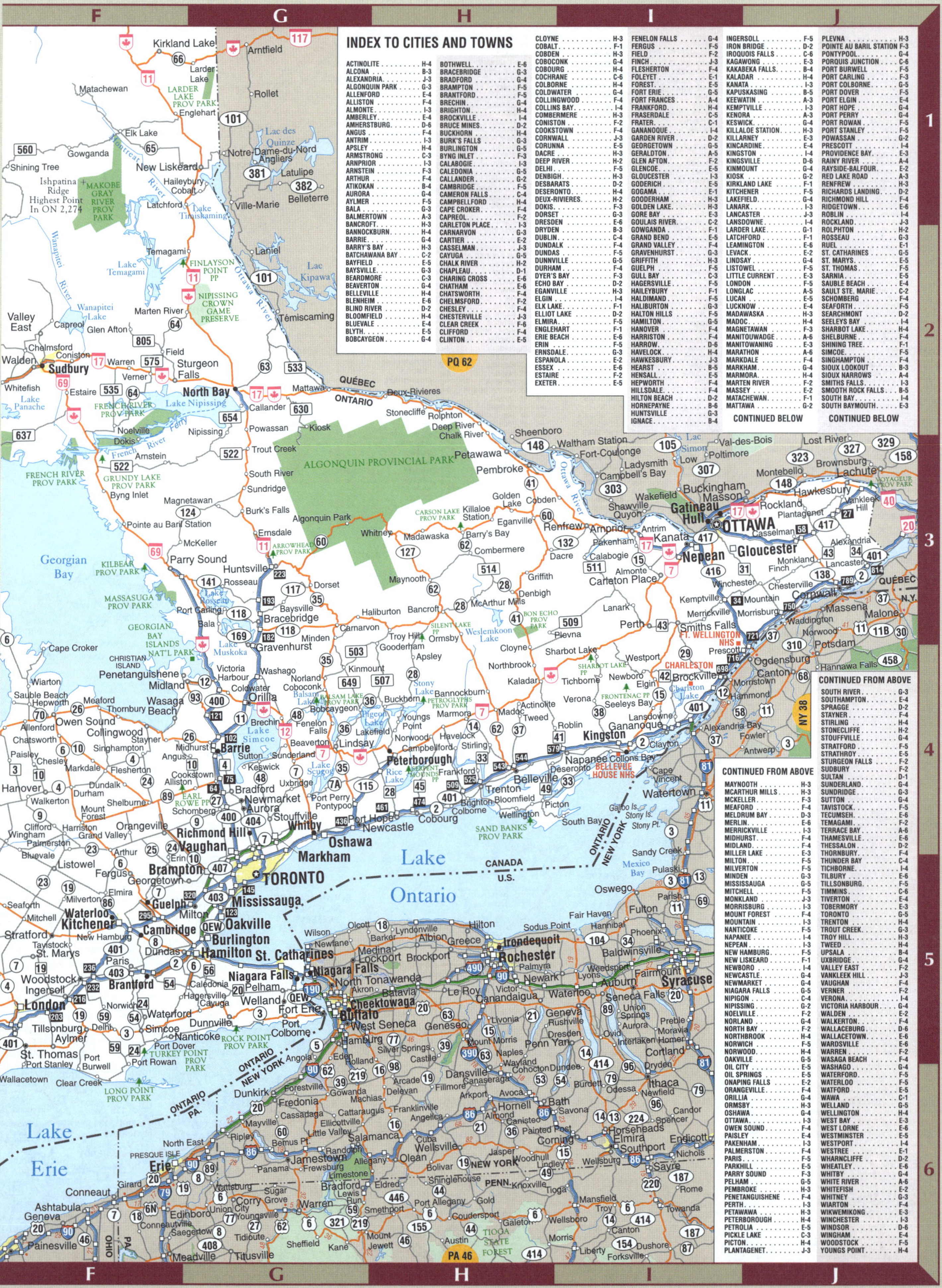

PQ 62
NY 38
PA 46
Lake Ontario
Lake Erie
Georgian Bay
ALGONQUIN PROVINCIAL PARK
TORONTO
OTTAWA
Gatineau
Hull
Nepean
Gloucester
Mississauga
Brampton
Vaughan
Richmond Hill
Markham
Oshawa
Whitby
Oakville
Burlington
Hamilton
St. Catharines
Niagara Falls
Kitchener
Waterloo
Cambridge
Guelph
Brantford
London
Kingston
Peterborough
Belleville
Barrie
Orillia
North Bay
Sudbury
Buffalo
Rochester
Syracuse
Erie
CANADA
U.S.
QUÉBEC
ONTARIO
NEW YORK
PA.

INDEX TO CITIES AND TOWNS

ACTINOLITE H-4
ALCONA B-3
ALEXANDRIA J-3
ALGONQUIN PARK G-3
ALLENFORD E-4
ALLISTON F-4
ALMONTE I-3
AMBERLEY E-4
AMHERSTBURG D-6
ANGUS F-4
ANTRIM I-3
APSLEY H-4
ARMSTRONG C-3
ARNPRIOR I-3
ARNSTEIN F-3
ARTHUR F-4
ATIKOKAN B-4
AURORA G-4
AYLMER F-5
BALA G-3
BALMERTOWN A-3
BANCROFT H-3
BANNOCKBURN H-4
BARRIE G-4
BARRY'S BAY H-3
BATCHAWANA BAY C-2
BAYFIELD E-5
BAYSVILLE G-3
BEARDMORE C-3
BEAVERTON G-4
BELLEVILLE H-4
BLENHEIM E-6
BLIND RIVER D-2
BLOOMFIELD H-4
BLUEVALE E-4
BLYTH E-5
BOBCAYGEON G-4
BOTHWELL E-6
BRACEBRIDGE G-3
BRADFORD G-4
BRAMPTON F-5
BRANTFORD F-5
BRECHIN G-4
BRIGHTON H-4
BROCKVILLE I-4
BRUCE MINES D-2
BUCKHORN H-4
BURK'S FALLS G-3
BURLINGTON G-5
BYNG INLET F-3
CALABOGIE I-3
CALEDONIA G-5
CALLANDER G-2
CAMBRIDGE F-5
CAMERON FALLS C-4
CAMPBELLFORD H-4
CAPE CROKER F-4
CAPREOL F-2
CARLETON PLACE I-3
CARNARVON G-3
CARTIER E-2
CASSELMAN J-3
CAYUGA G-5
CHALK RIVER H-2
CHAPLEAU D-1
CHARING CROSS E-6
CHATHAM E-6
CHATSWORTH F-4
CHELMSFORD F-2
CHESLEY F-4
CHESTERVILLE J-3
CLEAR CREEK F-6
CLIFFORD F-4
CLINTON E-5
CLOYNE H-3
COBALT F-1
COBDEN H-3
COBOCONK G-4
COBOURG H-4
COCHRANE C-6
COLBORNE H-4
COLDWATER G-4
COLLINGWOOD F-4
COLLINS BAY I-4
COMBERMERE H-3
CONISTON F-2
COOKSTOWN F-4
CORNWALL J-3
CORUNNA E-5
DACRE H-3
DEEP RIVER H-2
DELHI F-5
DENBIGH H-3
DESBARATS D-2
DESERONTO H-4
DEUX-RIVIERES H-2
DOKIS F-3
DORSET G-3
DRESDEN E-6
DRYDEN B-3
DUBLIN C-4
DUNDALK F-4
DUNDAS F-5
DUNNVILLE G-5
DURHAM F-4
DYER'S BAY F-3
ECHO BAY D-2
EGANVILLE H-3
ELGIN I-4
ELK LAKE F-1
ELLIOT LAKE D-2
ELMIRA F-5
ENGLEHART F-1
ERIE BEACH E-6
ERIN F-5
ERNSDALE G-3
ESPANOLA E-2
ESSEX E-6
ESTAIRE F-2
EXETER E-5
FENELON FALLS G-4
FERGUS F-5
FIELD F-2
FINCH J-3
FLESHERTON F-4
FOLEYET E-1
FOREST E-5
FORT ERIE G-5
FORT FRANCES A-4
FRANKFORD H-4
FRASERDALE C-5
FRATER C-1
GANANOQUE I-4
GARDEN RIVER D-2
GEORGETOWN G-5
GERALDTON A-5
GLEN AFTON F-2
GLENCOE E-5
GLOUCESTER I-3
GODERICH E-5
GOGAMA E-1
GOODERHAM H-3
GOLDEN LAKE H-3
GORE BAY E-3
GOULAIS RIVER C-2
GOWGANDA F-1
GRAND BEND E-5
GRAND VALLEY F-4
GRAVENHURST G-3
GRIFFITH H-3
GUELPH F-5
GULL BAY C-3
HAGERSVILLE F-5
HAILEYBURY F-1
HALDIMAND F-5
HALIBURTON G-3
HALTON HILLS F-5
HAMILTON G-5
HANOVER F-4
HARRISTON F-4
HARROW D-6
HAVELOCK H-4
HAWKESBURY J-3
HEARST B-5
HENSALL E-5
HEPWORTH F-4
HILLSDALE F-4
HILTON BEACH D-2
HORNEPAYNE B-6
HUNTSVILLE G-3
IGNACE B-4
INGERSOLL F-5
IRON BRIDGE D-2
IROQUOIS FALLS C-6
KAGAWONG E-3
KAKABEKA FALLS B-4
KALADAR H-4
KANATA I-3
KAPUSKASING B-5
KEEWATIN A-3
KEMPTVILLE I-3
KENORA A-3
KESWICK G-4
KILLALOE STATION H-3
KILLARNEY E-3
KINCARDINE E-4
KINGSTON I-4
KINGSVILLE D-6
KINMOUNT G-4
KIOSK G-2
KIRKLAND LAKE F-1
KITCHENER F-5
LAKEFIELD G-4
LANARK I-3
LANCASTER J-3
LANSDOWNE I-4
LARDER LAKE G-1
LATCHFORD F-1
LEAMINGTON E-6
LEVACK E-2
LINDSAY G-4
LISTOWEL F-5
LITTLE CURRENT E-3
LONDON F-5
LONGLAC A-5
LUCAN E-5
LUCKNOW E-4
MADAWASKA H-3
MADOC H-4
MAGNETAWAN F-3
MANITOUWADGE A-6
MANITOWANING E-3
MARATHON A-6
MARKDALE F-4
MARKHAM G-4
MARMORA H-4
MARTEN RIVER F-2
MASSEY E-2
MATACHEWAN F-1
MATTAWA G-2
CONTINUED BELOW
PLEVNA H-3
POINTE AU BARIL STATION F-3
PONTYPOOL G-4
PORQUIS JUNCTION C-6
PORT BURWELL F-5
PORT CARLING F-3
PORT COLBORNE G-5
PORT DOVER F-5
PORT ELGIN E-4
PORT HOPE G-4
PORT PERRY G-4
PORT ROWAN F-5
PORT STANLEY F-5
POWASSAN G-2
PRESCOTT I-4
PROVIDENCE BAY E-3
RAINY RIVER A-4
RAYSIDE-BALFOUR E-2
RED LAKE ROAD A-3
RENFREW H-3
RICHARDS LANDING D-2
RICHMOND HILL F-4
RIDGETOWN E-6
ROBLIN I-4
ROCKLAND J-3
ROLPHTON H-2
ROSSEAU G-3
RUEL E-1
ST. CATHARINES G-5
ST. MARYS E-5
ST. THOMAS F-5
SARNIA E-5
SAUBLE BEACH E-4
SAULT STE. MARIE C-2
SCHOMBERG F-4
SEAFORTH F-5
SEARCHMONT D-2
SEELEYS BAY I-4
SHARBOT LAKE H-4
SHELBURNE F-4
SHINING TREE F-1
SIMCOE F-5
SINGHAMPTON F-4
SIOUX LOOKOUT B-3
SIOUX NARROWS A-4
SMITHS FALLS I-3
SMOOTH ROCK FALLS B-5
SOUTH BAY I-4
SOUTH BAYMOUTH E-3
CONTINUED BELOW

CONTINUED FROM ABOVE
MAYNOOTH H-3
MCARTHUR MILLS H-3
MCKELLER F-3
MEAFORD F-4
MELDRUM BAY D-3
MERLIN E-6
MERRICKVILLE I-3
MIDHURST F-4
MIDLAND F-4
MILLER LAKE E-3
MILTON F-5
MILVERTON F-5
MINDEN G-3
MISSISSAUGA G-5
MITCHELL F-5
MONKLAND J-3
MORRISBURG I-3
MOUNT FOREST F-4
MOUNTAIN I-3
NANTICOKE F-5
NAPANEE I-4
NEPEAN I-3
NEW HAMBURG F-5
NEW LISKEARD F-1
NEWBORO I-4
NEWCASTLE G-4
NEWMARKET G-4
NIAGARA FALLS G-5
NIPIGON C-4
NIPISSING G-2
NOELVILLE F-2
NORLAND G-4
NORTH BAY F-2
NORTHBROOK H-4
NORWICH F-5
NORWOOD H-4
OAKVILLE G-5
OIL CITY E-5
OIL SPRINGS E-5
ONAPING FALLS E-2
ORANGEVILLE F-4
ORILLIA G-4
ORMSBY H-3
OSHAWA G-4
OTTAWA I-3
OWEN SOUND F-4
PAISLEY E-4
PAKENHAM I-3
PALMERSTON F-4
PARIS F-5
PARKHILL E-5
PARRY SOUND F-3
PELHAM G-5
PEMBROKE H-3
PENETANGUISHENE F-4
PERTH I-3
PETAWAWA H-3
PETERBOROUGH H-4
PETROLIA E-5
PICKLE LAKE C-3
PICTON H-4
PLANTAGENET J-3

CONTINUED FROM ABOVE
SOUTH RIVER G-3
SOUTHAMPTON E-4
SPRAGGE D-2
STAYNER F-4
STIRLING H-4
STONECLIFFE H-2
STOUFFVILLE G-4
STRATFORD F-5
STRATHROY E-5
STURGEON FALLS F-2
SUDBURY F-2
SULTAN D-1
SUNDERLAND G-4
SUNDRIDGE G-3
SUTTON G-4
TAVISTOCK F-5
TECUMSEH E-6
TEMAGAMI F-2
TERRACE BAY A-6
THAMESVILLE E-6
THESSALON D-2
THORNBURY F-4
THUNDER BAY C-4
TICHBORNE I-4
TILBURY E-6
TILLSONBURG F-5
TIMMINS C-6
TIVERTON E-4
TOBERMORY E-3
TORONTO G-5
TRENTON H-4
TROUT CREEK G-3
TROY HILL H-3
TWEED H-4
UPSALA B-4
UXBRIDGE G-4
VALLEY EAST F-2
VANKLEEK HILL J-3
VAUGHAN F-4
VERNER F-2
VERONA I-4
VICTORIA HARBOUR G-4
WALDEN E-2
WALKERTON F-4
WALLACEBURG D-6
WALLACETOWN E-6
WARDSVILLE E-6
WARREN F-2
WASAGA BEACH F-4
WASHAGO G-4
WATERFORD F-5
WATERLOO F-5
WATFORD E-5
WAWA C-1
WELLAND G-5
WELLINGTON H-4
WEST BAY E-3
WEST LORNE E-6
WESTMINSTER E-5
WESTPORT I-4
WESTREE E-1
WHARNCLIFFE D-2
WHEATLEY E-6
WHITBY G-4
WHITE RIVER A-6
WHITEFISH E-2
WHITNEY G-3
WIARTON F-4
WIKWEMIKONG E-3
WINCHESTER I-3
WINDSOR D-6
WINGHAM E-4
WOODSTOCK F-5
YOUNGS POINT H-4

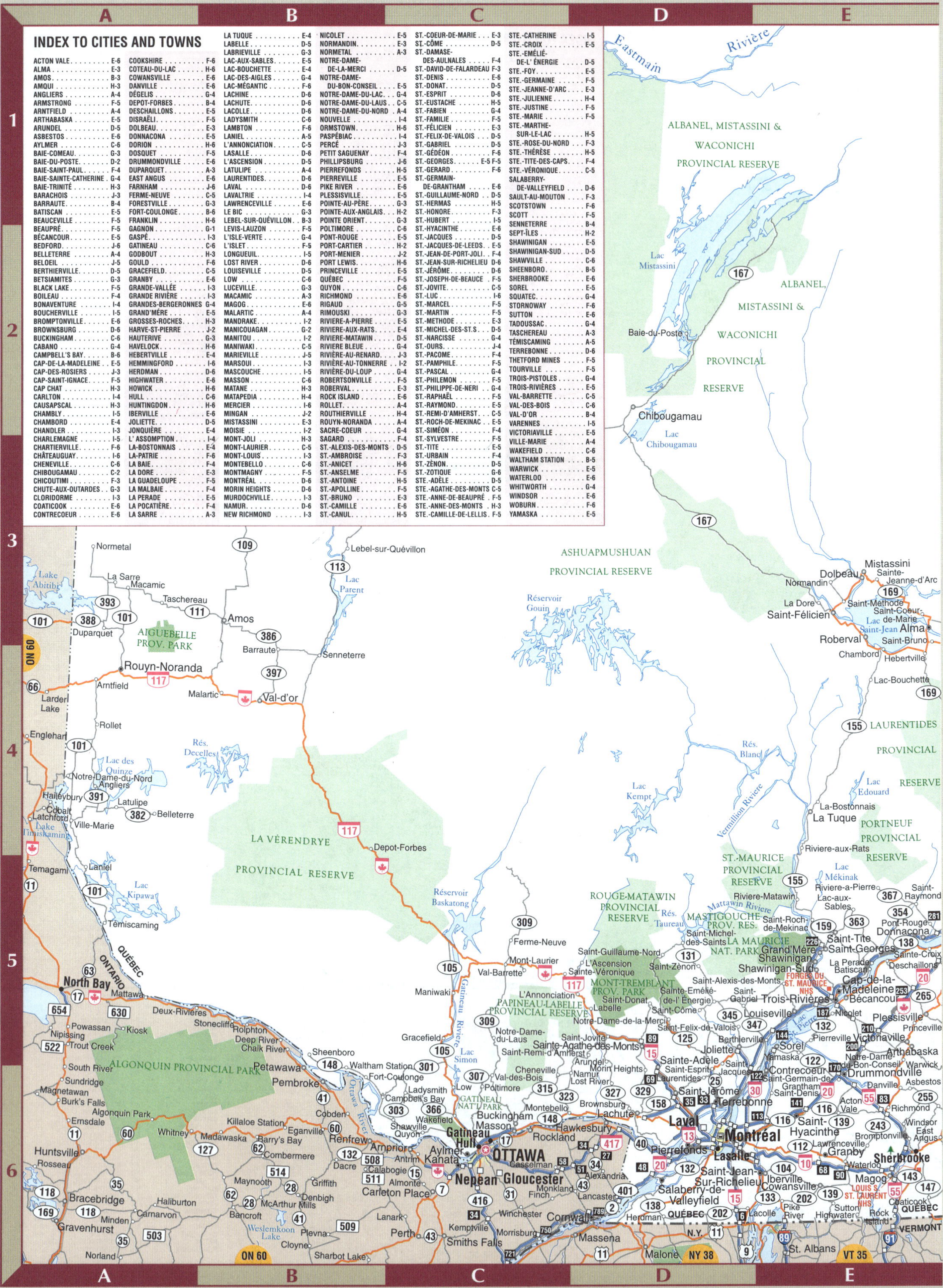

A
B
C
D
E
1
2
3
4
5
6
Eastmain Rivière
ALBANEL, MISTASSINI & WACONICHI PROVINCIAL RESERVE
Lac Mistassini
Baie-du-Poste
Chibougamau
Lac Chibougamau
ASHUAPMUSHUAN PROVINCIAL RESERVE
Réservoir Gouin
Normetal
La Sarre
Macamic
Taschereau
Amos
Lebel-sur-Quévillon
Lac Parent
AIGUEBELLE PROV. PARK
Duparquet
Barraute
Senneterre
Rouyn-Noranda
Arntfield
Malartic
Val-d'or
Larder Lake
Englehart
Rollet
Rés. Decelles
Lac des Quinze
Notre-Dame-du-Nord
Angliers
Haileybury
Latulipe
Belleterre
Cobalt
Latchford
Lake Timiskaming
Ville-Marie
LA VÉRENDRYE PROVINCIAL RESERVE
Depot-Forbes
Temagami
Laniel
Lac Kipawa
Témiscaming
Réservoir Baskatong
ONTARIO
QUÉBEC
North Bay
Mattawa
Powassan
Kiosk
Nipissing
Trout Creek
South River
Sundridge
Magnetawan
Burk's Falls
Emsdale
Huntsville
Rosseau
Bracebridge
Gravenhurst
Minden
Carnarvon
Haliburton
Norland
ALGONQUIN PROVINCIAL PARK
Algonquin Park
Whitney
Madawaska
Barry's Bay
Combermere
Killaloe Station
Eganville
Deux-Rivieres
Stonecliffe
Rolphton
Deep River
Chalk River
Petawawa
Pembroke
Cobden
Renfrew
Arnprior
Sheenboro
Waltham Station
Fort-Coulonge
Ladysmith
Campbell's Bay
Shawville
Quyon
Wakefield
Gracefield
Maniwaki
Lac Simon
Val-Barrette
Mont-Laurier
Ferme-Neuve
L'Annonciation
PAPINEAU-LABELLE PROVINCIAL RESERVE
Notre-Dame-du-Laus
Cheneville
Val-des-Bois
Low
Poltimore
Buckingham
Masson
Gatineau
Hull
Aylmer
OTTAWA
Nepean
Gloucester
Kanata
Rockland
Hawkesbury
Carleton Place
Smiths Falls
Perth
Kemptville
Cornwall
Massena
Malone
St. Albans
VERMONT
N.Y.
QUÉBEC
Montreal
Laval
Lasalle
Saint-Jérôme
Terrebonne
Sainte-Adèle
Sainte-Agathe-des-Monts
Saint-Jovite
MONT-TREMBLANT PROV. PARK
Joliette
Sorel
Saint-Hyacinthe
Granby
Sherbrooke
Magog
Drummondville
Victoriaville
Plessisville
Trois-Rivières
Bécancour
Cap-de-la-Madeleine
Shawinigan
Shawinigan-Sud
Grand'Mère
LA MAURICIE NAT. PARK
MASTIGOUCHE PROV. RES.
ROUGE-MATAWIN PROVINCIAL RESERVE
ST.-MAURICE PROVINCIAL RESERVE
PORTNEUF PROVINCIAL RESERVE
LAURENTIDES PROVINCIAL RESERVE
La Tuque
La-Bostonnais
Riviere-aux-Rats
Lac Mékinak
Rés. Blanc
Lac Kempt
Lac Édouard
Lac-Bouchette
Hebertville
Chambord
Roberval
Saint-Félicien
La Dore
Normandin
Dolbeau
Mistassini
Alma
Lac Saint-Jean
Donnacona
Saint-Raymond
Saint-Tite
Saint-Georges
ON 60
NY 38
VT 35

INDEX TO CITIES AND TOWNS

ACTON VALE . . . E-6
ALMA . . . E-3
AMOS . . . B-3
AMQUI . . . H-3
ANGLIERS . . . A-4
ARMSTRONG . . . F-5
ARNTFIELD . . . A-4
ARTHABASKA . . . E-5
ARUNDEL . . . D-5
ASBESTOS . . . E-6
AYLMER . . . C-6
BAIE-COMEAU . . . G-3
BAIE-DU-POSTE . . . D-2
BAIE-SAINT-PAUL . . . F-4
BAIE-SAINTE-CATHERINE . G-4
BAIE-TRINITÉ . . . H-3
BARACHOIS . . . J-3
BARRAUTE . . . B-4
BATISCAN . . . E-5
BEAUCEVILLE . . . F-5
BEAUPRÉ . . . F-5
BÉCANCOUR . . . E-5
BEDFORD . . . J-6
BELLETERRE . . . A-4
BELOEIL . . . J-5
BERTHIERVILLE . . . D-5
BETSIAMITES . . . G-3
BLACK LAKE . . . F-5
BOILEAU . . . F-4
BONAVENTURE . . . I-4
BOUCHERVILLE . . . I-5
BROMPTONVILLE . . . E-6
BROWNSBURG . . . D-6
BUCKINGHAM . . . C-6
CABANO . . . G-4
CAMPBELL'S BAY . . . B-6
CAP-DE-LA-MADELEINE . . E-5
CAP-DES-ROSIERS . . . J-3
CAP-SAINT-IGNACE . . . F-5
CAP CHAT . . . H-3
CARLTON . . . I-4
CAUSAPSCAL . . . H-3
CHAMBLY . . . I-5
CHAMBORD . . . E-4
CHANDLER . . . I-3
CHARLEMAGNE . . . I-5
CHARTIERVILLE . . . F-6
CHÂTEAUGUAY . . . I-6
CHENEVILLE . . . C-6
CHIBOUGAMAU . . . C-2
CHICOUTIMI . . . F-3
CHUTE-AUX-OUTARDES . . G-3
CLORIDORME . . . I-3
COATICOOK . . . E-6
CONTRECOEUR . . . E-6
COOKSHIRE . . . F-6
COTEAU-DU-LAC . . . H-6
COWANSVILLE . . . E-6
DANVILLE . . . E-6
DÉGELIS . . . G-4
DEPOT-FORBES . . . B-4
DESCHAILLONS . . . E-5
DISRAËLI . . . F-5
DOLBEAU . . . E-3
DONNACONA . . . E-5
DORION . . . H-6
DOSQUET . . . F-5
DRUMMONDVILLE . . . E-6
DUPARQUET . . . A-3
EAST ANGUS . . . E-6
FARNHAM . . . J-6
FERME-NEUVE . . . C-5
FORESTVILLE . . . G-3
FORT-COULONGE . . . B-6
FRANKLIN . . . H-6
GAGNON . . . G-1
GASPÉ . . . I-3
GATINEAU . . . C-6
GODBOUT . . . H-3
GOULD . . . F-6
GRACEFIELD . . . C-5
GRANBY . . . E-6
GRANDE-VALLÉE . . . I-3
GRANDE RIVIÈRE . . . I-3
GRANDES-BERGERONNES G-4
GRAND'MÉRE . . . E-5
GROSSES-ROCHES . . . H-3
HARVE-ST-PIERRE . . . J-2
HAUTERIVE . . . G-3
HAVELOCK . . . H-6
HEBERTVILLE . . . E-4
HEMMINGFORD . . . I-6
HERDMAN . . . D-6
HIGHWATER . . . E-6
HOWICK . . . H-6
HULL . . . C-6
HUNTINGDON . . . H-6
IBERVILLE . . . E-6
JOLIETTE . . . D-5
JONQUIÈRE . . . E-4
L' ASSOMPTION . . . I-4
LA-BOSTONNAIS . . . E-4
LA-PATRIE . . . F-6
LA BAIE . . . F-4
LA DORE . . . E-3
LA GUADELOUPE . . . F-5
LA MALBAIE . . . F-4
LA PERADE . . . E-5
LA POCATIÈRE . . . F-4
LA SARRE . . . A-3
LA TUQUE . . . E-4
LABELLE . . . D-5
LABRIEVILLE . . . G-3
LAC-AUX-SABLES . . . E-5
LAC-BOUCHETTE . . . E-4
LAC-DES-AIGLES . . . G-4
LAC-MÉGANTIC . . . F-6
LACHINE . . . D-6
LACHUTE . . . D-6
LACOLLE . . . D-6
LADYSMITH . . . C-6
LAMBTON . . . F-6
LANIEL . . . A-5
L'ANNONCIATION . . . C-5
LASALLE . . . D-6
L'ASCENSION . . . D-5
LATULIPE . . . A-4
LAURENTIDES . . . D-6
LAVAL . . . D-6
LAVALTRIE . . . I-4
LAWRENCEVILLE . . . E-6
LE BIC . . . G-3
LEBEL-SUR-QUÉVILLON . . B-3
LEVIS-LAUZON . . . F-5
L'ISLE-VERTE . . . G-4
L'ISLET . . . F-5
LONGUEUIL . . . I-5
LOST RIVER . . . D-6
LOUISEVILLE . . . D-5
LOW . . . C-6
LUCEVILLE . . . G-3
MACAMIC . . . A-3
MAGOG . . . E-6
MALARTIC . . . A-4
MANDRAKE . . . I-2
MANICOUAGAN . . . G-2
MANITOU . . . I-2
MANIWAKI . . . C-5
MARIEVILLE . . . J-5
MARSOUI . . . I-3
MASCOUCHE . . . I-5
MASSON . . . C-6
MATANE . . . H-3
MATAPEDIA . . . H-4
MERCIER . . . I-6
MINGAN . . . J-2
MISTASSINI . . . E-3
MOISIE . . . I-2
MONT-JOLI . . . H-3
MONT-LAURIER . . . C-5
MONT-LOUIS . . . I-3
MONTEBELLO . . . C-6
MONTMAGNY . . . F-5
MONTRÉAL . . . D-6
MORIN HEIGHTS . . . D-6
MURDOCHVILLE . . . I-3
NAMUR . . . D-6
NEW RICHMOND . . . I-3
NICOLET . . . E-5
NORMANDIN . . . E-3
NORMETAL . . . A-3
NOTRE-DAME-
DE-LA-MERCI . . . D-5
NOTRE-DAME-
DU-BON-CONSEIL . . . E-5
NOTRE-DAME-DU-LAC . . . G-4
NOTRE-DAME-DU-LAUS . . C-5
NOTRE-DAME-DU-NORD . A-4
NOUVELLE . . . I-4
ORMSTOWN . . . H-6
PASPÉBIAC . . . I-4
PERCÉ . . . J-3
PETIT SAGUENAY . . . F-4
PHILLIPSBURG . . . J-6
PIERREFONDS . . . H-5
PIERREVILLE . . . E-5
PIKE RIVER . . . E-6
PLESSISVILLE . . . E-5
POINTE-AU-PÈRE . . . G-3
POINTE-AUX-ANGLAIS . . H-2
POINTE ORIENT . . . G-3
POLTIMORE . . . C-6
PONT-ROUGE . . . E-5
PORT-CARTIER . . . H-2
PORT-MENIER . . . J-2
PORT LEWIS . . . H-6
PRINCEVILLE . . . E-5
QUÉBEC . . . F-5
QUYON . . . C-6
RICHMOND . . . E-6
RIGAUD . . . G-5
RIMOUSKI . . . G-3
RIVIERE-A-PIERRE . . . E-5
RIVIERE-AUX-RATS . . . E-4
RIVIERE-MATAWIN . . . D-5
RIVIERE BLEUE . . . G-4
RIVIÈRE-AU-RENARD . . . J-3
RIVIÈRE-AU-TONNERRE . . I-2
RIVIÈRE-DU-LOUP . . . G-4
ROBERTSONVILLE . . . F-5
ROBERVAL . . . E-3
ROCK ISLAND . . . E-6
ROLLET . . . A-4
ROUTHIERVILLE . . . H-4
ROUYN-NORANDA . . . A-4
SACRE-COEUR . . . G-4
SAGARD . . . F-4
ST.-ALEXIS-DES-MONTS . D-5
ST.-AMBROISE . . . F-3
ST.-ANICET . . . H-6
ST.-ANSELME . . . F-5
ST.-ANTOINE . . . H-5
ST.-APOLLINE . . . F-5
ST.-BRUNO . . . E-3
ST.-CAMILLE . . . E-6
ST.-CANUL . . . H-5
ST.-COEUR-DE-MARIE . . . E-3
ST.-CÔME . . . D-5
ST.-DAMASE-
DES-AULNALES . . . F-4
ST.-DAVID-DE-FALARDEAU F-3
ST.-DENIS . . . E-6
ST.-DONAT . . . D-5
ST.-ESPRIT . . . D-6
ST.-EUSTACHE . . . H-5
ST.-FABIEN . . . G-4
ST.-FAMILIE . . . F-5
ST.-FÉLICIEN . . . E-3
ST.-FELIX-DE-VALOIS . . . D-5
ST.-GABRIEL . . . D-5
ST.-GÉDÉON . . . F-6
ST.-GEORGES . . . E-5 F-5
ST.-GERARD . . . F-6
ST.-GERMAIN-
DE-GRANTHAM . . . E-6
ST.-GUILLAUME-NORD . . D-5
ST.-HERMAS . . . H-5
ST.-HONORE . . . F-3
ST.-HUBERT . . . I-5
ST.-HYACINTHE . . . E-6
ST.-JACQUES . . . D-5
ST.-JACQUES-DE-LEEDS . . E-5
ST.-JEAN-DE-PORT-JOLI . . F-4
ST.-JEAN-SUR-RICHELIEU D-6
ST.-JÉRÔME . . . D-6
ST.-JOSEPH-DE-BEAUCE . F-5
ST.-JOVITE . . . C-5
ST.-LUC . . . I-6
ST.-MARCEL . . . F-5
ST.-MARTIN . . . F-5
ST.-METHODE . . . E-3
ST.-MICHEL-DES-ST.S . . . D-5
ST.-NARCISSE . . . G-4
ST.-OURS . . . J-4
ST.-PACOME . . . F-4
ST.-PAMPHILE . . . F-5
ST.-PASCAL . . . G-4
ST.-PHILEMON . . . F-5
ST.-PHILIPPE-DE-NERI . . G-4
ST.-RAPHAËL . . . F-5
ST.-RAYMOND . . . E-5
ST.-REMI-D'AMHERST . . . C-5
ST.-ROCH-DE-MEKINAC . . E-5
ST.-SIMÉON . . . F-4
ST.-SYLVESTRE . . . F-5
ST.-TITE . . . E-5
ST.-URBAIN . . . F-4
ST.-ZÈNON . . . D-5
ST.-ZOTIQUE . . . G-6
STE.-ADÈLE . . . D-5
STE.-AGATHE-DES-MONTS C-5
STE.-ANNE-DE-BEAUPRÉ . F-5
STE.-ANNE-DES-MONTS . H-3
STE.-CAMILLE-DE-LELLIS . F-5
STE.-CATHERINE . . . I-5
STE.-CROIX . . . E-5
STE.-EMÉLIÉ-
DE-L' ÉNERGIE . . . D-5
STE.-FOY . . . E-5
STE.-GERMAINE . . . F-5
STE.-JEANNE-D'ARC . . . E-3
STE.-JULIENNE . . . H-4
STE.-JUSTINE . . . F-5
STE.-MARIE . . . F-5
STE.-MARTHE-
SUR-LE-LAC . . . H-5
STE.-ROSE-DU-NORD . . . F-3
STE.-THÉRÈSE . . . H-5
STE.-TITE-DES-CAPS . . . F-4
STE.-VÉRONIQUE . . . C-5
SALABERRY-
DE-VALLEYFIELD . . . D-6
SAULT-AU-MOUTON . . . F-3
SCOTSTOWN . . . F-6
SCOTT . . . F-5
SENNETERRE . . . B-4
SEPT-ÎLES . . . H-2
SHAWINIGAN . . . E-5
SHAWINIGAN-SUD . . . D-5
SHAWVILLE . . . C-6
SHEENBORO . . . B-5
SHERBROOKE . . . E-6
SOREL . . . E-5
SQUATEC . . . G-4
STORNOWAY . . . F-6
SUTTON . . . E-6
TADOUSSAC . . . G-4
TASCHEREAU . . . A-3
TÉMISCAMING . . . A-5
TERREBONNE . . . D-6
THETFORD MINES . . . F-5
TOURVILLE . . . F-5
TROIS-PISTOLES . . . G-4
TROIS-RIVIÈRES . . . E-5
VAL-BARRETTE . . . C-5
VAL-DES-BOIS . . . C-6
VAL-D'OR . . . B-4
VARENNES . . . I-5
VICTORIAVILLE . . . E-5
VILLE-MARIE . . . A-4
WAKEFIELD . . . C-6
WALTHAM STATION . . . B-5
WARWICK . . . E-5
WATERLOO . . . E-6
WHITWORTH . . . G-4
WINDSOR . . . E-6
WOBURN . . . F-6
YAMASKA . . . E-5

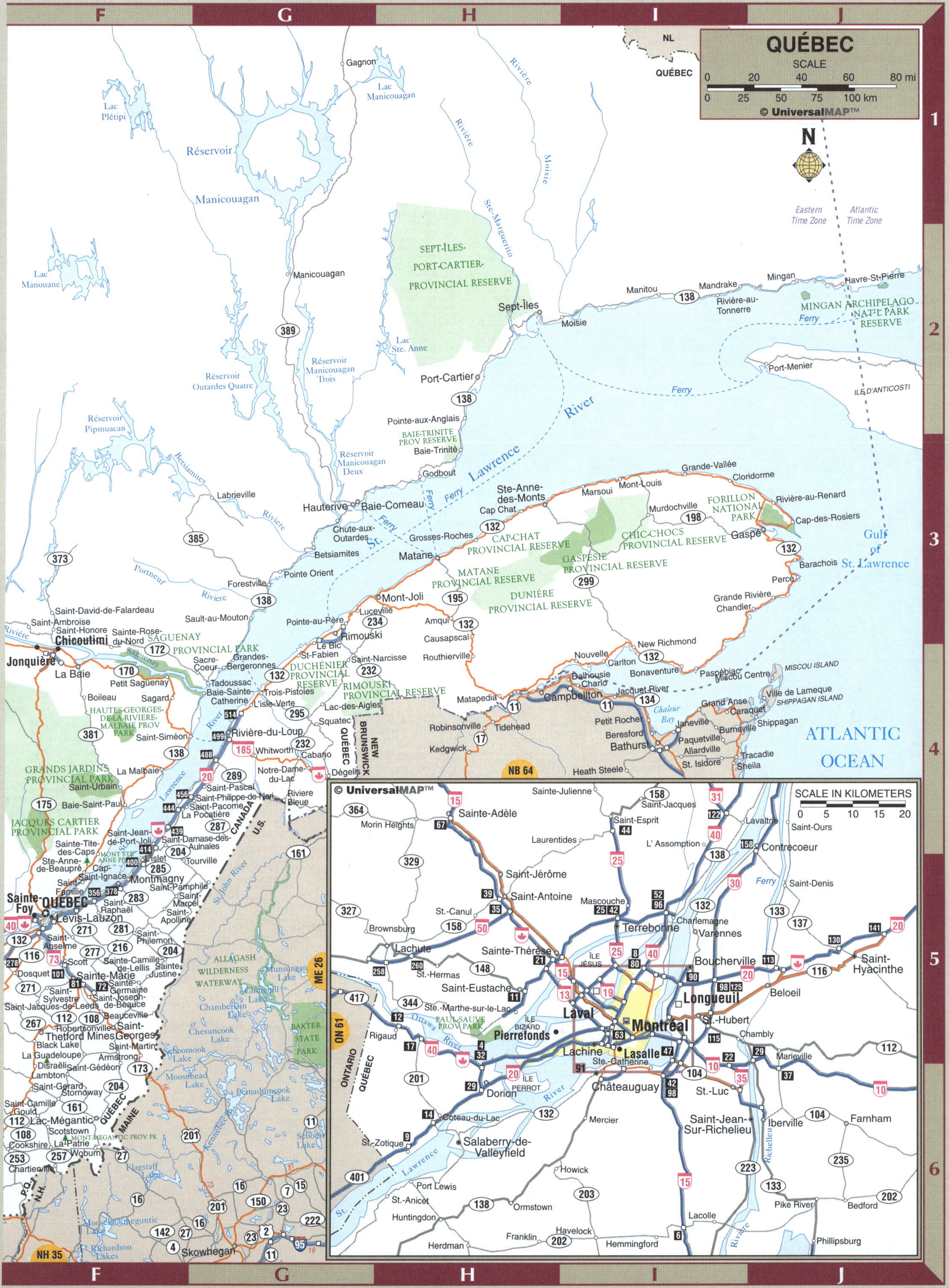
QUÉBEC
SCALE
0 20 40 60 80 mi
0 25 50 75 100 km
© UniversalMAP™
N
Eastern Time Zone
Atlantic Time Zone
NL
QUÉBEC
Gagnon
Lac Manicouagan
Lac Plétipi
Réservoir Manicouagan
Lac Manouane
Manicouagan
SEPT-ÎLES-PORT-CARTIER-PROVINCIAL RESERVE
Sept-Îles
Moisie
Manitou
Mandrake
Rivière-au-Tonnerre
Mingan
Havre-St-Pierre
MINGAN ARCHIPELAGO NAT'L PARK RESERVE
Ferry
Port-Menier
ILE D'ANTICOSTI
Réservoir Outardes Quatre
Réservoir Manicouagan Trois
Lac Ste. Anne
Port-Cartier
Réservoir Pipmuacan
Pointe-aux-Anglais
BAIE-TRINITE PROV RESERVE
Baie-Trinité
Réservoir Manicouagan Deux
Godbout
St. Lawrence River
Labrieville
Hauterive
Baie-Comeau
Chute-aux-Outardes
Grosses-Roches
Ste-Anne-des-Monts
Cap Chat
Marsoui
Mont-Louis
Grande-Vallée
Cloridorme
Rivière-au-Renard
Cap-des-Rosiers
FORILLON NATIONAL PARK
Murdochville
CHIC-CHOCS PROVINCIAL RESERVE
Gaspé
Gulf of St. Lawrence
CAP-CHAT PROVINCIAL RESERVE
GASPESIE PROVINCIAL RESERVE
MATANE PROVINCIAL RESERVE
DUNIÈRE PROVINCIAL RESERVE
Matane
Betsiamites
Pointe Orient
Forestville
Barachois
Percé
Grande Rivière
Chandler
Mont-Joli
Saint-David-de-Falardeau
Saint-Ambroise
Saint-Honore
Chicoutimi
Sainte-Rose-du-Nord
Sault-au-Mouton
SAGUENAY PROVINCIAL PARK
Jonquière
La Baie
Pointe-au-Père
Luceville
Amqui
Causapscal
Rimouski
Le Bic
St-Fabien
Saint-Narcisse
Routhierville
Grandes-Bergeronnes
Sacre-Coeur
DUCHÉNIER PROVINCIAL RESERVE
RIMOUSKI PROVINCIAL RESERVE
New Richmond
Nouvelle
Carlton
Bonaventure
Paspébiac
Miscou Centre
MISCOU ISLAND
Ville de Lameque
SHIPPAGAN ISLAND
Petit Saguenay
Tadoussac
Baie-Sainte-Catherine
Trois-Pistoles
L'isle-Verte
Lac-des-Aigles
Matapedia
Dalhousie
Charlo
Campbellton
Jacquet River
Grand Anse
Caraquet
Shippagan
Chaleur Bay
Boileau
Sagard
HAUTES-GEORGES-DE-LA-RIVIERE-MALBAIE PROV PARK
Saint-Siméon
Rivière-du-Loup
Squatec
QUÉBEC
NEW BRUNSWICK
Robinsonville
Tidehead
Kedgwick
Petit Rocher
Beresford
Bathurst
Janeville
Paquetville
Burnsville
Allardville
St. Isidore
Tracadie
Sheila
ATLANTIC OCEAN
GRANDS JARDINS PROVINCIAL PARK
La Malbaie
Saint-Urbain
Whitworth
Cabano
Notre-Dame-du-Lac
Dégelis
Heath Steele
NB 64
Baie-Saint-Paul
Saint-Pascal
Saint-Philippe-de-Neri
Saint-Pacome
La Pocatière
Riviere Bleue
JACQUES CARTIER PROVINCIAL PARK
Saint-Jean-de-Port-Joli
Saint-Damase-des-Aulnaies
Sainte-Tite-des-Caps
Ste-Anne-de-Beaupré
Cap-Islet
Tourville
Saint-Ignace
Montmagny
Saint-Pamphile
Saint-Marcel
Sainte-Foy
QUÉBEC
Levis-Lauzon
Saint-Raphaël
Saint-Apolline
Saint-Philemon
Saint-Anselme
Scott
Sainte-Camille-de-Lellis
Sainte-Justine
Dosquet
Sainte-Marie
Sainte-Germaine
Saint-Sylvestre
Saint-Joseph-de-Beauce
Saint-Jacques-de-Leeds
Beauceville
Robertsonville
Thetford Mines
Saint-Georges
Black Lake
Saint-Martin
La Guadeloupe
Armstrong
Disraeli
Saint-Gédéon
Lambton
Saint-Gerard
Stornoway
Gould
Saint-Camille
Lac-Mégantic
Scotstown
MONT-MEGANTIC PROV PK
Cookshire
La Patrie
Woburn
Chartierville
CANADA
U.S.
QUÉBEC
MAINE
P.Q.
N.H.
ALLAGASH WILDERNESS WATERWAY
BAXTER STATE PARK
ME 26
St. John River
Chamberlain Lake
Chesuncook Lake
Moosehead Lake
Skowhegan
NH 35
© UniversalMAP™
SCALE IN KILOMETERS
0 5 10 15 20
Sainte-Julienne
Saint-Jacques
Sainte-Adèle
Morin Heights
Saint-Esprit
Lavaltrie
Saint-Ours
Laurentides
L' Assomption
Contrecoeur
Saint-Jérôme
Saint-Antoine
Mascouche
St.-Canul
Brownsburg
Saint-Denis
Terrebonne
Charlemagne
Varennes
Lachute
Sainte-Thérèse
ÎLE JÉSUS
Boucherville
Saint-Hyacinthe
St.-Hermas
Saint-Eustache
Longueuil
Beloeil
Ste.-Marthe-sur-le-Lac
PAUL-SAUVE PROV PARK
ÎLE BIZARD
Laval
Pierrefonds
Montreal
St.-Hubert
Rigaud
Chambly
Lachine
Lasalle
Ste.-Catherine
Marieville
ONTARIO
QUÉBEC
ON 61
ÎLE PERROT
Dorion
Châteauguay
St.-Luc
Coteau-du-Lac
Mercier
Saint-Jean-Sur-Richelieu
Iberville
Farnham
St.-Zotique
Salaberry-de-Valleyfield
Howick
Port Lewis
St.-Anicet
Huntingdon
Ormstown
Lacolle
Pike River
Bedford
Franklin
Havelock
Herdman
Hemmingford
Phillipsburg

A B C D E

INDEX TO CITIES AND TOWNS

NEW BRUNSWICK

ALLARDVILLE C-3
ALMA C-5
ARTHURETTE A-4
BAIE STE. ANNE C-4
BATHURST B-3
BERESFORD B-3
BLACKVILLE B-4
BOIESTOWN B-4
BOUCTOUCHE C-4
BRISTOL A-4
BURNSVILLE C-3
CALAIS A-5
CAMPBELLTON B-3
CAP PELE C-4
CAPE TORMENTINE D-4
CARAQUET C-3
CHARLO B-3
CHATHAM C-4
CHIPMAN B-4
CLAIR A-3
COLES ISLAND B-4
CORK B-5
CROSS CREEK B-4
DALHOUSIE B-3
DOAKTOWN B-4
EDMUNDSTON A-3
EVANDALE B-5
FLORENCEVILLE A-4
FREDERICTON B-4
GASPEREAU FORKS B-4
GEARY B-5
GRAND ANSE C-3
GRAND BAY-WESTFIELD B-5
GRAND FALLS A-3
GRAND HARBOUR B-5
HAMPTON B-5
HARCOURT C-4
HARTLAND A-4
HARVEY A-5
HEATH STEELE B-3
HILLSBOROUGH C-4
JACQUET RIVER B-3
JANEVILLE C-3
JEMSEG B-4
JUNIPER B-4
KEDGWICK A-3
KESWICK RIDGE B-4
KOUCHIBOUGUAC C-4
LAKE EDWARD A-4
LAWRENCE STATION B-5
LEPREAU B-5
LONGS CREEK A-4
MCGRAW BROOK B-4
MEDUCTIC A-4
MEMRAMCOOK C-4
MINTO B-4
MIRAMICHI B-4
MISCOU CENTRE C-3
MONCTON C-4
NACKAWIC A-4
NAPADOGAN B-4
NEGUAC C-3
NEWCASTLE B-4
NORTH HEAD B-5
NORTON B-5
NOTRE DAME C-4
OROMOCTO B-4
PAQUETVILLE C-3
PERTH-ANDOVER A-4
PETIT ROCHER B-3
PETITCODIAC C-4
PLASTER ROCK B-4
PORT ELGIN D-4
PRINCE WILLIAM A-4
RENOUS B-4
REXTON C-4
RICHIBUCTO C-4
RILEY BROOK B-3
RIVIERE VERTE A-3
ROBINSONVILLE A-3
ROGERVILLE C-4
ROTHESAY B-5
SACKVILLE C-4
SAINT-LÉONARD A-3
SAINT-QUENTIN A-3
SAINT ANDREWS A-5
SAINT BASILE A-3
SAINT CROIX A-5
SAINT GEORGE B-5
SAINT ISIDORE C-3
SAINT JACQUES A-3
SAINT JOHN B-5
SAINT MARGARETS C-4
SAINT MARTINS C-5
SAINT STEPHEN B-5
SALISBURY C-4
SEAL COVE B-5
SHEDIAC C-4
SHEILA C-3
SHIPPEGAN C-3
STANLEY B-4
SUSSEX C-5
TABUSINTAC C-3
TAYMOUTH B-4
TIDEHEAD B-3
TRACADIE C-3
TRACY B-5
UPPER BLACKVILLE B-4
VILLE DE LAMEQUE C-3
WATERBOROUGH B-4
WELSFORD B-5
WILLIAMSBURG B-4
WOODSTOCK A-4

NEWFOUNDLAND

BADGER H-2
BAIE VERTE H-1
BAY BULLS J-3
BAY DE VERDE J-2
BELLBURNS G-1
BENOIT'S COVE G-2
BIRCHY BAY I-2
BISHOPS FALLS I-2
BONAVISTA J-2
BOTWOOD H-2
BRANCH J-3
BUCHANS H-2
BURGEO G-3
BURIN I-3
CAPE BROYLE J-3
CAPE RAY F-3
CARBONEAR J-3
CARTWRIGHT J-6
CATALINA J-2
CHANNEL-PORT AUX BASQUES F-3
CHURCHILL FALLS I-6
CLARENVILLE I-2
CORNER BROOK G-2
COW HEAD G-1
DAVIS INLET I-5
DEER LAKE G-2
EMERIL H-6
ESKER H-5
FERRYLAND J-3
FLEUR DE LYS H-1
FOGO I-1
FORTEAU J-6
FORTUNE H-3
FORTUNE HARBOUR I-1
GAMBO I-2
GANDER I-2
GANDER BAY I-2
GLOVERTOWN I-2
GOOBIES I-3
GRAND BANK H-3
GRAND FALLS H-2
HAPPY VALLEY-GOOSE BAY I-6
HARBOUR BRETON H-3
HARE BAY I-2
HAWKE'S BAY G-1
HEBRON I-4
HOLYROOD J-3
HOPEDALE J-5
ISLE AUX MORTS F-3
LA SCIE H-1
LABRADOR CITY H-6
LAMALINE H-4
LARK HARBOUR G-2
LEWISPORTE I-2
LITTLE RAPIDS G-2
LUMSDEN J-2
MARYSTOWN I-3
MUSGRAVE HARBOUR I-1
NAIN I-5
NORRIS POINT G-1
NORTH WEST RIVER I-6
PARSON'S POND G-1
PASADENA G-2
PETIT JARDIN F-2
PLACENTIA I-3
PORT AU CHOIX G-1
PORT AU PORT F-2
PORT BLANDFORD I-2
PORT HOPE SIMPSON J-6
PORT REXTON J-2
PORTLAND CREEK G-1
POUCH COVE J-3
RED BAY J-6
ROBERTS ARM H-1
ROCKY HARBOUR G-1
RODDICKTON J-6
ROSE BLANCHE G-3
SAINT ALBAN'S H-3
SAINT ANTHONY J-6
SAINT BARBE J-6
SAINT BRIDE'S I-3
SAINT GEORGE'S G-2
SAINT JOHN'S J-3
SAINT LAWRENCE I-3
SAINT SHOTTS J-4
SALLY'S COVE G-1
SCHEFFERVILLE H-5
SOUTH BRANCH F-3
SOUTH BROOK H-2
SPRINGDALE H-1
STEPHENVILLE G-2
SWIFT CURRENT I-3
TREPASSEY J-4
TROUT RIVER G-1
TWILLINGATE I-1
WABUSH H-6
WESLEYVILLE J-2
WHITBOURNE J-3
WOODY POINT G-2

NOVA SCOTIA

ADVOCATE HARBOUR C-5
AMHERST C-4
ANNAPOLIS ROYAL C-5
ANTIGONISH E-5
APPLE RIVER C-5
BADDECK E-4
BAY ST. LAWRENCE F-4
BEDFORD D-5
BEN EOIN F-4
BRIDGETOWN B-5
BRIDGEWATER C-6
CANSO E-5
CAPE NORTH F-4
CHESTER C-6
CHETICAMP E-4
CLARK'S HARBOUR B-6
CLYDE RIVER C-6
DARTMOUTH D-5
DEERFIELD B-6
DIGBY B-5
ENGLISHTOWN F-4
FIVE ISLANDS C-5
FREEPORT B-6
GABARUS F-4
GLACE BAY F-4
GLENHOLME D-5
GOSHEN E-5
GRAND ETANG E-4
GRAND NARROWS F-4
GUYSBOROUGH E-5
HALIFAX D-5
HUBBARDS C-5
INDIAN BROOK F-4
INDIAN HARBOUR D-6
INGONISH BAY F-4
INVERNESS E-4
JOGGINS C-5
JUDIQUE E-4
KENNETCOOK C-5
KENTVILLE C-5
KINGSVILLE E-5
LA HAVE C-6
LARRYS RIVER E-5
LINDEN D-4
LIVERPOOL C-6
LOUISBOURG F-4
LOWER WOODS HARBOUR B-6
LUNENBURG C-6
MABOU E-4
MACCAN C-5
MAHONE BAY C-6
MAITLAND BRIDGE C-6
MARGAREE FORKS E-4
MARTINS RIVER C-6
MELROSE E-5
MERIGOMISH D-5
METEGHAN B-6
MIDDLE MUSQUODOBOIT D-5
MIDDLETON C-5
MONASTERY E-5
MUSQUODOBOIT HARBOUR D-5
NEIL HARBOR F-4
NEW GERMANY C-5
NEW GLASGOW D-5
NEW ROSS C-5
NEW WATERFORD F-4
NOEL D-5
NORTH SYDNEY F-4
NORTHEAST MARGAREE E-4
OXFORD D-5
PARRSBORO C-5
PICTOU D-5
PLEASANT BAY F-4
PORT BICKERTON E-5
PORT HAWKESBURY E-5
PORT HOOD E-4
PORT MOUTON C-6
PORTERS LAKE D-5
PUBNICO B-6
PUGWASH D-4
RAWDON C-5
RIVER JOHN D-5
SABLE RIVER C-6
SACKVILLE C-5
SAINT PETERS E-5
SALMON RIVER B-6
SANDY COVE B-6
SHEET HARBOUR D-5
SHELBURNE C-6
SHERBROOKE E-5
SHUBENACADIE D-5
SOUTH BROOKFIELD C-6
SOUTH MILFORD C-5
SPRINGHILL D-5
STELLARTON D-5
SYDNEY F-4
SYDNEY MINES F-4
TANGIER D-5
TATAMAGOUCHE D-5
TRAFALGAR D-5
TRURO D-5
TUSKET B-6
UPPER MUSQUODOBOIT D-5
UPPER OHIO C-6
UPPER RAWDON C-5
VICTORIA BEACH B-5
WALLACE D-5
WEDGEPORT B-6
WENTWORTH D-5
WEYMOUTH B-6
WHYCOCOMAGH E-4
WINDSOR C-5
WOLFVILLE C-5
YARMOUTH B-6

PRINCE EDWARD ISLAND

ALBERTON D-4
ANNANDALE E-4
BEDFORD D-4
BORDEN D-4
CAP EGMONT C-4
CHARLOTTETOWN D-4
CORNWALL D-4
CRAPAUD D-4
DARNLEY D-4
ELMIRA E-4
GASPEREAUX D-4
GEORGETOWN D-4
KENSINGTON D-4
MONTAGUE D-4
MURRAY HARBOUR D-4
MURRAY RIVER D-4
PLEASANT VIEW C-4
PORTAGE D-4
SAINT ANDREWS D-4
SAINT PETERS D-4
SOURIS E-4
STANHOPE D-4
SUMMERSIDE D-4
TIGNISH D-4
WEST POINT C-4
WOOD ISLANDS D-4

A B C D E

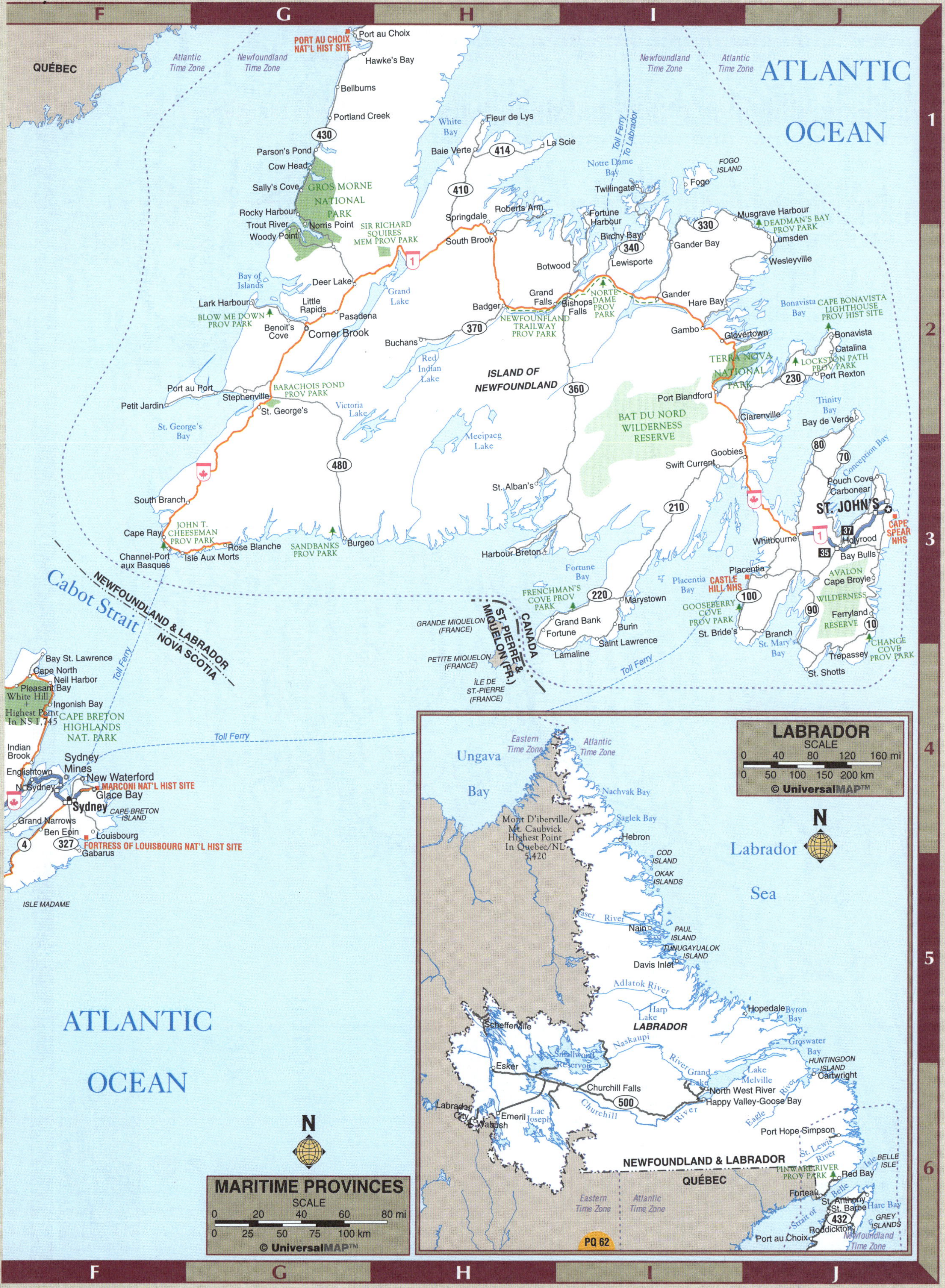
F
G
H
I
J
1
2
3
4
5
6
ATLANTIC OCEAN
QUÉBEC
Atlantic Time Zone
Newfoundland Time Zone
PORT AU CHOIX NAT'L HIST SITE
Port au Choix
Hawke's Bay
Bellburns
Portland Creek
White Bay
Fleur de Lys
La Scie
Baie Verte
414
430
Parson's Pond
Cow Head
Sally's Cove
GROS MORNE NATIONAL PARK
Rocky Harbour
Trout River
Norris Point
Woody Point
SIR RICHARD SQUIRES MEM PROV PARK
410
Springdale
Roberts Arm
South Brook
Notre Dame Bay
Toll Ferry To Labrador
Twillingate
FOGO ISLAND
Fogo
Musgrave Harbour
DEADMAN'S BAY PROV PARK
Lumsden
Wesleyville
330
Gander Bay
Fortune Harbour
Birchy Bay
340
Lewisporte
Botwood
Bay of Islands
Deer Lake
Grand Lake
Lark Harbour
BLOW ME DOWN PROV PARK
Little Rapids
Pasadena
Benoit's Cove
Corner Brook
Buchans
370
Badger
Grand Falls
Bishops Falls
NEWFOUNDLAND TRAILWAY PROV PARK
NORTE DAME PROV PARK
Gander
Hare Bay
Bonavista Bay
CAPE BONAVISTA LIGHTHOUSE PROV HIST SITE
Bonavista
Catalina
LOCKSTON PATH PROV PARK
Port Rexton
230
Gambo
Glovertown
TERRA NOVA NATIONAL PARK
Red Indian Lake
ISLAND OF NEWFOUNDLAND
360
Port Blandford
BAT DU NORD WILDERNESS RESERVE
Port au Port
Stephenville
BARACHOIS POND PROV PARK
Petit Jardin
St. George's
Victoria Lake
St. George's Bay
Meelpaeg Lake
480
Clarenville
Trinity Bay
Bay de Verde
80
70
Conception Bay
Goobies
Swift Current
Pouch Cove
Carbonear
St. Alban's
South Branch
210
ST. JOHN'S
Cape Ray
JOHN T. CHEESEMAN PROV PARK
Rose Blanche
SANDBANKS PROV PARK
Burgeo
Channel-Port aux Basques
Isle Aux Morts
Harbour Breton
Whitbourne
1
37
35
Holyrood
CAPE SPEAR NHS
Bay Bulls
Fortune Bay
Placentia
Placentia Bay
CASTLE HILL NHS
AVALON WILDERNESS
Cape Broyle
FRENCHMAN'S COVE PROV PARK
220
Marystown
100
GOOSEBERRY COVE PROV PARK
Ferryland
RESERVE
90
10
Grand Bank
Fortune
Burin
Saint Lawrence
St. Bride's
Branch
St. Mary's Bay
Lamaline
CHANCE COVE PROV PARK
Trepassey
St. Shotts
Cabot Strait
NEWFOUNDLAND & LABRADOR
NOVA SCOTIA
Toll Ferry
GRANDE MIQUELON (FRANCE)
PETITE MIQUELON (FRANCE)
ÎLE DE ST.-PIERRE (FRANCE)
ST. PIERRE & MIQUELON (FR.)
CANADA
Bay St. Lawrence
Cape North
Neil Harbor
Pleasant Bay
White Hill
Highest Point In NS 1,745
Ingonish Bay
CAPE BRETON HIGHLANDS NAT. PARK
Indian Brook
Sydney Mines
Englishtown
New Waterford
North Sydney
MARCONI NAT'L HIST SITE
Glace Bay
Sydney
CAPE BRETON ISLAND
Grand Narrows
Ben Eoin
Louisbourg
4
327
FORTRESS OF LOUISBOURG NAT'L HIST SITE
Gabarus
ISLE MADAME
N
MARITIME PROVINCES
SCALE
0 20 40 60 80 mi
0 25 50 75 100 km
© UniversalMAP™
Eastern Time Zone
Atlantic Time Zone
Ungava Bay
Nachvak Bay
LABRADOR
SCALE
0 40 80 120 160 mi
0 50 100 150 200 km
© UniversalMAP™
Mont D'iberville/ Mt. Caubvick Highest Point In Quebec/NL 5,420
Saglek Bay
Hebron
COD ISLAND
OKAK ISLANDS
Labrador Sea
Fraser River
Nain
PAUL ISLAND
TUNUNGAYUALOK ISLAND
Davis Inlet
Adlatok River
Hopedale
Byron Bay
Harp Lake
LABRADOR
Schefferville
Naskaupi
Smallwood Reservoir
Groswater Bay
HUNTINGDON ISLAND
Cartwright
Esker
Churchill Falls
Grand Lake
Lake Melville
North West River
Happy Valley-Goose Bay
500
Labrador City
Wabush
Emeril
Lac Joseph
Churchill River
Eagle River
Port Hope Simpson
St. Lewis River
NEWFOUNDLAND & LABRADOR
QUÉBEC
PINWARE RIVER PROV PARK
Red Bay
Isle Belle
BELLE ISLE
Forteau
St. Anthony
St. Barbe
Hare Bay
432
GREY ISLANDS
Roddickton
Strait of Belle Isle
Port au Choix
Newfoundland Time Zone
PQ 62

INDEX TO CITIES AND TOWNS

ACAPONETA . . . C-3
ACAPULCO . . . D-5
ACATLÁN . . . D-5
ACAYUCAN . . . D-5
AGUA DE LAS FLORES . . . A-2
AGUA PRIETA . . . B-1
AGUASCALIENTES . . . C-4
ALAMO . . . D-4
AMATITAN . . . C-4
ANAHUÁC . . . C-2
APATZINGAN . . . C-4
ARRIAGA . . . E-5
ASCENSIÓN . . . D-3
ATLIXCO . . . D-4
AUTLÁN DE NAVARRO . . . C-4
AUTLÁN . . . C-4
BAHIA KINO . . . A-2
BAVISPE . . . B-1
BELIZE CITY . . . F-5
BELMOPAN . . . F-5
BERMEJILLO . . . C-3
BUENAVENTURA . . . B-2
CABORCA . . . B-1
CADEREYTA . . . D-3
CALLA DE CAMPOS . . . C-5
CAMPECHE . . . E-4
CANANEA . . . B-1
CANCÚN . . . F-4
CANDELA . . . D-2
CARAPAN . . . C-4
CASTAÑOS . . . C-2
CEDRAL . . . C-3
CHAMPA . . . E-5
CHAMPOTÓN . . . F-4
CHENKAN . . . E-4
CHETUMAL . . . F-4
CHICHIMILA . . . F-4
CHIHUAHUA . . . C-2
CHILICOTE . . . C-2
CHILPANCINGO . . . C-5
CHIQUIMULA . . . F-5
CHOIX . . . B-2
CHOLAY . . . B-2
CINTALAPA . . . E-5
CIUDAD ACUÑA . . . C-2
CIUDAD CAMARGO . . . C-2
CIUDAD DEL CARMEN . . . E-4
CIUDAD GUZMÁN . . . C-4
CIUDAD JUAREZ . . . B-1
CIUDAD MADERO . . . D-4
CIUDAD MANTE . . . D-3
CIUDAD OBREGÓN . . . B-2
CIUDAD VALLES . . . D-4
CIUDAD VICTORIA . . . D-3
COBÁN . . . F-5
COLIMA . . . C-4
COLNETT . . . A-1
COLOTLAN . . . C-4
COMPOSTELA . . . B-4
CÓRDOBA . . . D-4
COROZAL . . . F-4
COYUCA DE BENÍTEZ . . . C-5
COYUCA DE CATALÁN . . . C-4
COZUMEL . . . F-4
CREEL . . . B-2
CUAJINICUILAPA . . . D-5
CUAUHTEMOC . . . D-3
CUERNAVACA . . . C-4
CULIACÁN . . . B-3
CUREA . . . B-2
DELÍCIAS . . . C-2
DIAZ ORDAZ . . . A-2
DURANGO . . . C-3
DZIBALCHÉN . . . F-4
EJIDO MORALES . . . D-3
EL ARCO . . . A-2
EL ARENOSO . . . A-1
EL DESEMBOQUE . . . A-2
EL FRESNO . . . C-2
EL FUERTE . . . B-2
EL GOLFO
DE SANTA CLARA . . . A-1
EL PESCADERO . . . A-3
EL PROGRESO . . . F-5
EL ROSARIO . . . A-1
EL SALTO . . . C-3
EL SUECO . . . C-2
EL TOMATE . . . A-3
ENSENADA . . . A-1
ESCUINAPA . . . B-3
FELIPE CARRILLO PUERTO F-4
FRANCISCO VILLA . . . A-2
FRESNILLO . . . C-3
FRONTERA . . . E-4
GALEANA . . . B-1
GÓMEZ FARIAS . . . D-3
GÓMEZ PALACIO . . . C-3
GUADALAJARA . . . C-4
GUADALUPE Y CALVO . . . B-2
GUAMÚCHIL . . . B-3
GUANAJUATO . . . C-4
GUARICHE . . . C-4
GUASAVE . . . B-3
GUATEMALA . . . F-5
GUAYMAS . . . A-2
GUERRERO NEGRO . . . A-2
HECELCHAKAN . . . E-4
HERMOSILLO . . . B-2
HIDALGO DEL PARRAL . . . C-2
HORNOS . . . B-2
HUAJUAPAN DE LEÓN . . . D-5
HUAUTLA . . . D-5
HUIXTLA . . . E-5
IGNACIO ZARAGOZA . . . A-2
IGUALA . . . D-5
IRAPUATO . . . C-4
ITURBIDE . . . F-4
IXTLÁN DEL RIO . . . B-4
JALAPA . . . D-4
JALPA . . . E-5
JESÚS CARRANZA . . . E-5
JUAN ALDAMA . . . C-3
JUANACATIC . . . C-4
JUCHATENGO . . . D-5
JUCHITÁN . . . E-5
LA BARCA . . . C-4
LA CRUZ . . . C-2
LA PAZ . . . B-3
LA PESCA . . . D-3
LA TINAJA . . . A-3
LA UNION . . . A-1
LAS BOCAS . . . B-2
LAS MARGARITAS . . . C-2
LEÓN . . . C-4
LINARES . . . D-3
LLERA DE CANALES . . . D-3
LORETO . . . A-2
LOS INOCENTES . . . A-3
LOS MOCHIS . . . B-3
MADERA . . . B-2
MAJOMA . . . C-3
MANZANILLO . . . C-4
MAPASTEPEC . . . E-5
MATACHIC . . . B-2
MATAMOROS . . . D-3
MATEHUALA . . . D-3
MATÍAS ROMERO . . . E-5
MAXCANÚ . . . F-4
MAZATLÁN . . . B-3
MELCHOR OCAMPO . . . C-5
MÉRIDA . . . F-4
MEXICALI . . . A-1
MEXICO CITY . . . D-4
MIAHUATLÁN . . . D-5
MIER Y NORIEGA . . . C-3
MINA . . . D-3
MINATITLÁN . . . E-5
MIRADOR . . . E-5
MOCTEZUMA . . . B-2
MONCLOVA . . . C-2
MONTERREY . . . C-3
MORELIA . . . C-4
MOTOZINTLA . . . E-5
MULEGE . . . A-2
MUNA . . . F-4
NAVAJOA . . . B-2
NAVOLATO . . . B-3
NOCUPETARO . . . C-4
NOGALES . . . B-1
NOHAKAL . . . F-4
NORIAS . . . C-3
NUEVA ROSITA . . . C-2
NUEVO CASAS GRANDES . B-1
NUEVO LAREDO . . . C-2
OAXACA . . . D-5
OJINAGA . . . C-2
OJO CALIENTE . . . C-3
ORIZABA . . . D-4
OXKUTZCAB . . . F-4
PACHECO . . . C-3
PACHUCA . . . D-4
PAPANTLA . . . D-4
PARRAS . . . C-3
PETO . . . F-4
PIEDRAS NEGRAS . . . C-2
PIMAS . . . B-2
PITIQUITO . . . A-1
PLATON SANCHEZ . . . D-4
POCHUTLA . . . D-5
POTAM . . . B-2
POZA RICA . . . D-4
PROGRESO . . . F-4
PROVIDENCIA . . . C-3
PUEBLA . . . D-4
PUERTECITOS . . . A-1
PUERTO ANGEL . . . D-5
PUERTO BARRIOS . . . F-5
PUERTO ESCONDIDO . . . D-5
PUERTO PEÑASCO . . . A-1
PUERTO VALLARTA . . . B-4
PUNTA MITA . . . B-4
PUNTA PRIETA . . . A-2
QUERÉTARO . . . D-4
RANCHO . . . F-5
REYNOSA . . . D-3
RIO LAGARTOS . . . F-4
RODEO . . . B-3
ROSARIO . . . B-2
SABINAS . . . C-2
SABINAS HIDALGO . . . C-3
SALINA CRUZ . . . D-5
SALINAS DE HIDALGO . . . C-3
SALTILLO . . . D-3
SAN ANDRES . . . A-2
SAN ANDRES TUXTLA . . . E-4
SAN BLAS . . . B-2
SAN BRUNO . . . A-2
SAN CARLOS . . . A-3 C-2
SAN CRISTÓBAL
DE LAS CASAS . . . E-5
SAN FELIPE . . . A-1
SAN FERNANDO . . . D-3
SAN FRANCISCO
DEL ORCO . . . C-2
SAN ISIDRO . . . A-2
SAN JOSÉ DEL CABO . . . B-3
SAN JUANITO . . . B-2
SAN LORENZO . . . F-5
SAN LUCAS . . . B-3
SAN LUIS . . . A-2
SAN LUIS POTOSÍ . . . C-4
SAN MARCOS . . . C-5
SAN ONOFRE . . . B-2
SAN PEDRO SULA . . . F-5
SANTA ANA . . . A-1
SANTA BÁRBARA . . . C-2
SANTA ROSALÍA . . . A-2
SANTIAGO IXCUINTLA . . . B-4
SANTIAGO PAPASQUIARO . C-3
SANTO DOMINGO . . . A-2
SATEVO . . . B-2
SEÑOR . . . F-4
SIBINAL . . . E-5
SIERRA MOJADA . . . C-2
TACUPETO . . . B-2
TAMPICO . . . D-4
TAPACHULA . . . E-5
TEAPA . . . E-5
TECOMÁN . . . C-4
TECORIPA . . . B-2
TÉCPAN . . . C-5
TECUALA . . . B-3
TEHUACÁN . . . D-4
TEHUANTEPEC . . . E-5
TELA . . . F-5
TEMAX . . . F-4
TEMPOAL . . . D-4
TEOCALTICHE . . . C-4
TEPALCINGO . . . D-4
TEPIC . . . C-4
TIACOTALPAN . . . E-4
TIJUANA . . . A-1
TLAXCALA . . . D-4
TLAXIACO . . . D-5
TODOS SANTOS . . . A-3
TOLUCA . . . C-4
TONALÁ . . . E-5
TÓNICHI . . . B-2
TOPOLOBAMPO . . . B-3
TORREÓN . . . C-3
TRES PALOS . . . D-3
TULA . . . D-3
TULUM . . . F-4
TUXPAN . . . B-4 D-4
TUXTEPEC . . . D-5
TUXTLA GUTIERREZ . . . E-5
URES . . . B-2
URUAPAN . . . C-4
VALERIO . . . B-2
VALLEJO . . . C-3
VALPARAISO . . . C-3
VERACRUZ . . . D-4
VILLA MORELOS . . . A-3
VILLA OCAMPO . . . C-2
VILLA UNIÓN . . . B-3
VILLAHERMOSA . . . E-5
VILLAGRÁN . . . D-3
XALAPA . . . D-4
YAHUALICA . . . C-4
YAHUIRACHIC . . . B-2
YECORA . . . B-2
YERMO . . . C-3
ZACATECAS . . . C-3
ZAMORA . . . C-4
ZARAGOZA . . . C-3
ZIMATLÁN . . . D-5

MILWAUKEE, WI
SCALE IN MILES
0 1 2 3 4
© UniversalMAP™
N
Mequon
Milwaukee
Lake Michigan
West Allis
Wauwatosa
Greenfield
Greendale
Hales Corners
Cudahy
St. Francis
Shorewood
Whitefish Bay
Fox Point
Glendale
Brown Deer
River Hills
Bayside
Elm Grove
New Berlin
Lannon
S. Milwaukee
GENERAL MITCHELL INT'L AIRPORT
TIMMERMAN AIRPORT
WASHINGTON CO.
OZAUKEE CO.
WAUKESHA CO.
MILWAUKEE CO.

ATLANTA, GA
APPROXIMATE SCALE
0 1 2 3 4 MILES
0 1 2 3 4 KILOMETERS
© UniversalMAP™
N
ATLANTA
Marietta
Kennesaw
Roswell
Alpharetta
Smyrna
Vinings
Sandy Springs
Dunwoody
Chamblee
Doraville
Norcross
Tucker
Decatur
Clarkston
Avondale Estates
East Point
College Park
Hapeville
Forest Park
Lake City
Morrow
Riverdale
Jonesboro
Stockbridge
Union City
Fairburn
Red Oak
Mableton
Austell
HARTSFIELD-JACKSON ATLANTA INT'L
DEKALB PEACHTREE AIRPORT
FULTON
COBB
DEKALB
GWINNETT
CLAYTON
HENRY
DOUGLAS

CHICAGO, IL
SCALE IN MILES
0 2 4 6 8
© UniversalMAP™
N
Lake Michigan
Waukegan
Gurnee
Great America
Park City
North Chicago
Illinois Beach S.P.
Libertyville
Mundelein
Lake Bluff
Lake Forest
Vernon Hills
Highland Park
Deerfield
Ravinia Festival Music Center
Chicago Botanical Garden
Glencoe
Northbrook
Winnetka
Wilmette
Glenview
Skokie
Evanston
Northwestern University
Morton Grove
Niles
Des Plaines
Park Ridge
Lincolnwood
Loyola University
Chicago O'Hare Int'l Airport
Rosemont
Wrigley Field
Lincoln Park
De Paul University
Lincoln Park Zoo
Navy Pier
Chicago
Meigs Field
Soldier Field
Univ. of Illinois at Chicago
United Center
Oak Park
Cicero
Berwyn
Comiskey Park
Chicago Midway Airport
Univ. of Chicago
Jackson Park
Evergreen Park
Oak Lawn
Burbank
Bridgeview
Justice
Summit
Chicago Ridge
Alsip
Blue Island
Riverdale
Dolton
Harvey
Calumet City
Hammond
South Holland
Lansing
Lynwood
Chicago Heights
Park Forest
Matteson
Tinley Park
Orland Park
Palos Heights
Palos Hills
Palos For. Preserve
Hickory Hills
Worth
Crestwood
Midlothian
Oak Forest
Markham
Hazel Crest
Homewood
Flossmoor
Olympia Fields
Glenwood
Frankfort
Mokena
New Lenox
Joliet
Rockdale
Preston Heights
Shorewood
Crest Hill
Stateville Correctional Center
Lockport
Ill. and Mich. Canal Museum
Romeoville
Lemont
Bolingbrook
Argonne Nat'l Lab.
Darien
Burr Ridge
Willowbrook
Woodridge
Naperville
Downers Grove
Lisle
Westmont
Hinsdale
Clarendon Hills
La Grange
Brookfield
Brookfield Zoo
Riverside
Lyons
Western Springs
Oak Brook
Westchester
Maywood
Bellwood
Hillside
Melrose Park
River Forest
Elmhurst
Villa Park
Lombard
Glen Ellyn
Wheaton
College of DuPage
Warrenville
Winfield
West Chicago
Morton Arboretum
Aurora
North Aurora
Batavia
Fermi Natl. Accelerator Laboratory
Geneva
St. Charles
Carol Stream
Glendale Heights
Addison
Northlake
Franklin Park
River Grove
Elmwood Park
Harwood Heights
Norridge
Schiller Park
Bensenville
Wood Dale
Itasca
Roselle
Bloomingdale
Hanover Park
Bartlett
Schaumburg
Elk Grove Village
Streamwood
Elgin
Judson College
South Elgin
Hoffman Estates
South Barrington
Rolling Meadows
Arlington Heights
Arlington Park Race Track
Mount Prospect
Prospect Heights
Wheeling
Palatine
Inverness
Barrington
Barrington Hills
Carpentersville
East Dundee
West Dundee
Sleepy Hollow
Algonquin
Lake in the Hills
Crystal Lake
Cary
Fox River Grove
Lake Zurich
Buffalo Grove
Long Grove
Kildeer
Deer Park
Hawthorn Woods
Wauconda
Island Lake
Volo
Grayslake
Round Lake Beach
Fox Lake
McHenry
Johnsburg
Ringwood
Wonder Lake
Lakemoor
Moraine Hills S.P.
Northern Illinois Med Ctr
Volo Bog State Natural Area
Rolling Savanna For. Pres.
Lakewood For. Pres.
Spring Lake For. Pres.
Crabtree F.P.
Poplar Creek For. Pres.
Ned Brown For. Pres.
Plainfield
Montgomery
Boulder Hill
Oswego
William W. Powers S.C.A.
Purdue Univ. Reg. Campus
ILLINOIS
INDIANA

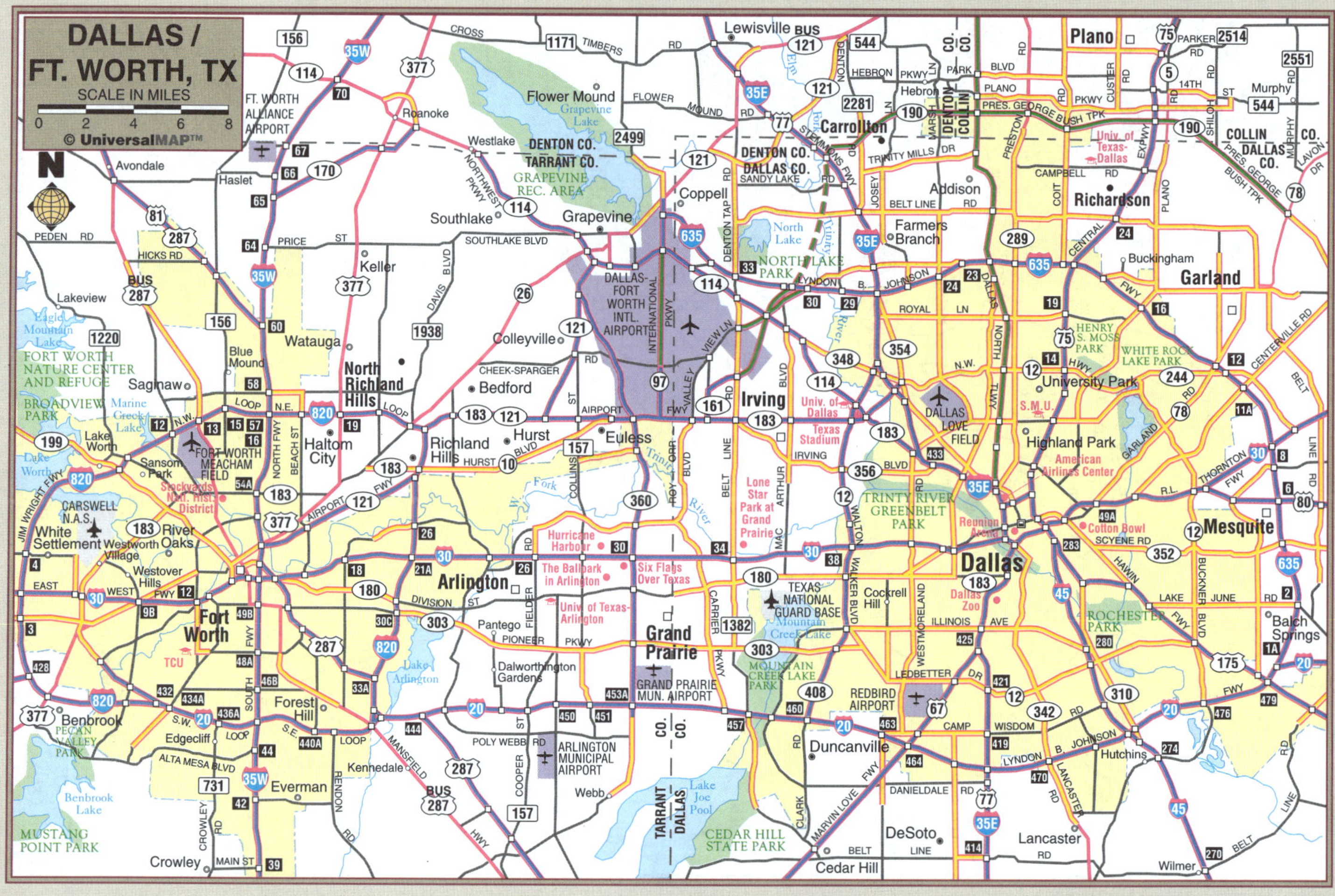
DALLAS /
FT. WORTH, TX
SCALE IN MILES
0 2 4 6 8
© UniversalMAP™
Dallas
Fort Worth
Arlington
Grand Prairie
Irving
Garland
Mesquite
Richardson
Plano
Carrollton
Grapevine
Dallas-Fort Worth Intl. Airport

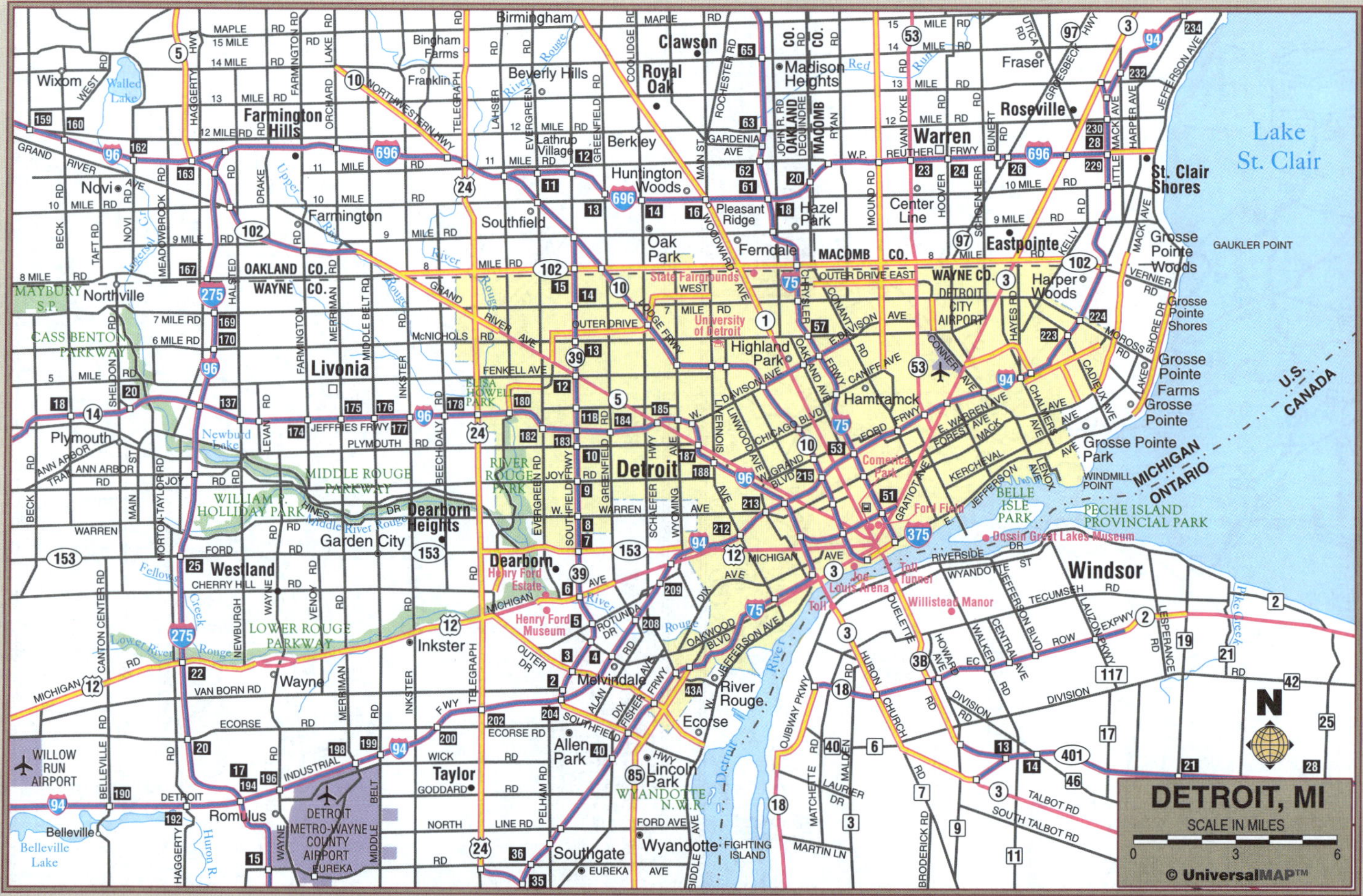
DETROIT, MI
SCALE IN MILES
0 3 6
© UniversalMAP™
Detroit
Windsor
Lake St. Clair
Dearborn
Livonia
Warren
Southfield
Detroit Metro-Wayne County Airport

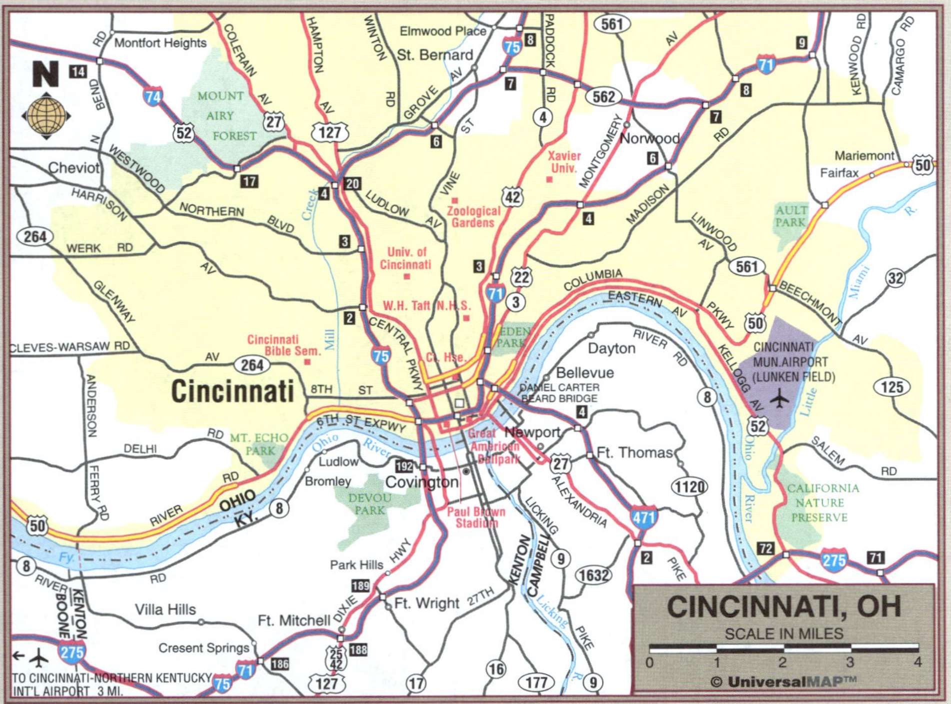
CINCINNATI, OH
SCALE IN MILES
0 1 2 3 4
© UniversalMAP™
N
Cincinnati
Covington
Newport
Bellevue
Dayton
Ft. Thomas
Norwood
St. Bernard
Elmwood Place
Cheviot
Mariemont
Fairfax
Ludlow
Bromley
Park Hills
Ft. Wright
Ft. Mitchell
Villa Hills
Cresent Springs
Montfort Heights
Univ. of Cincinnati
Xavier Univ.
Zoological Gardens
Cincinnati Bible Sem.
W.H. Taft N.H.S.
CINCINNATI MUN.AIRPORT (LUNKEN FIELD)
TO CINCINNATI-NORTHERN KENTUCKY INT'L AIRPORT 3 MI.
OHIO
KY.

CLEVELAND, OH
SCALE IN MILES
0 1 2 3 4
© UniversalMAP™
N
Lake Erie
Cleveland
Lakewood
Rocky River
Euclid
East Cleveland
Cleveland Heights
South Euclid
University Heights
Shaker Heights
Richmond Heights
Bratenahl
Garfield Heights
Maple Heights
Bedford
Bedford Heights
Brooklyn
Parma
Parma Heights
Brook Park
Independence
Seven Hills
Valley View
Fairview Park
Berea
Oakwood
North Randall
Newburgh Heights
Brooklyn Heights
Rock & Roll Hall of Fame
Cleveland Browns Stad.
CLEVELAND HOPKINS INT'L ARPT.
NASA Lewis Research Center
CUYAHOGA COUNTY AIRPORT
Baldwin Wallace College
Cuyahoga Comm College West
Thistledown Race Track

BOSTON, MA
SCALE IN MILES
0 1 2 3 4
© UniversalMAP™
BOSTON
Cambridge
Somerville
Medford
Malden
Everett
Chelsea
Revere
Winthrop
Brookline
Newton
Watertown
Waltham
Belmont
Arlington
Lexington
Winchester
Woburn
Stoneham
Melrose
Wakefield
Reading
Wilmington
Lynnfield
Peabody
Saugus
Lynn
Billerica
Wellesley Hills
Needham
Dedham
Milton
Quincy
Braintree
Canton
Massachusetts Bay
Boston Harbor
Quincy Bay
LOGAN INT'L AIRPORT
NORWOOD MEMORIAL AIRPORT
BOSTON HARBOR ISLANDS NATIONAL REC AREA
MIDDLESEX FELLS RESERVATION
BREAKHEART RESERVATION
LYNN WOODS RESERVATION
FRANKLIN PARK
BLUE HILLS
Harvard Univ.
M.I.T.
Boston College
Fenway Park

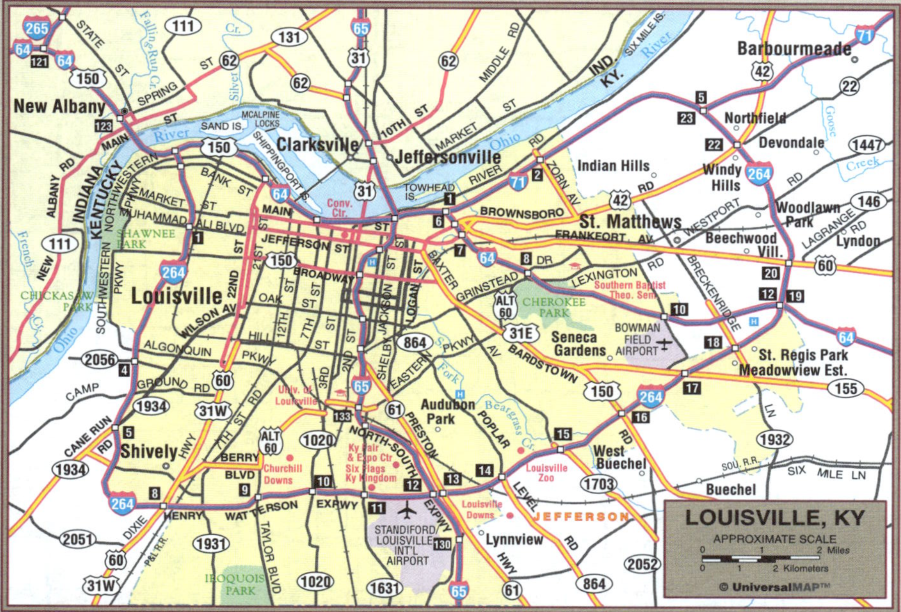
LOUISVILLE, KY
APPROXIMATE SCALE
© UniversalMAP™
Louisville
New Albany
Clarksville
Jeffersonville
Shively
St. Matthews
Indian Hills
Barbourmeade
Northfield
Devondale
Windy Hills
Woodlawn Park
Beechwood Vill.
Lyndon
Seneca Gardens
Audubon Park
West Buechel
Buechel
St. Regis Park
Meadowview Est.
Lynnview
INDIANA
KENTUCKY
JEFFERSON

BIRMINGHAM, AL
APPROXIMATE SCALE
© UniversalMAP™
Birmingham
Fultondale
Tarrant City
Irondale
Pleasant Grove
Fairfield
Midfield
Brighton
Lipscomb
Bessemer
Hoover
Vestavia Hills
Homewood
Mountain Brook
JEFFERSON
SHELBY
JEFFERSON CO.
SHELBY CO.
BIRMINGHAM INT'L AIRPORT

MIAMI, FL
SCALE IN MILES
© UniversalMAP™
MIAMI - DADE COUNTY
ATLANTIC
OCEAN
Biscayne
Bay
Miami
Miami Beach
Coral Gables
Hialeah
Hialeah Gardens
Miami Springs
Virginia Gardens
Opa-Locka
North Miami
North Miami Beach
Aventura
Sunny Isles
Ives Estates
Norland
Carol City
Palm Springs North
Miami Lakes
Bal Harbour
Surfside
Miami Shores
North Bay Village
Biscayne Park
El Portal
Brownsville
West Miami
Westchester
Sweetwater
Olympia Heights
Westwood Lake
Kendall
South Miami
Key Biscayne
MIAMI INTERNATIONAL AIRPORT
OPA-LOCKA AIRPORT
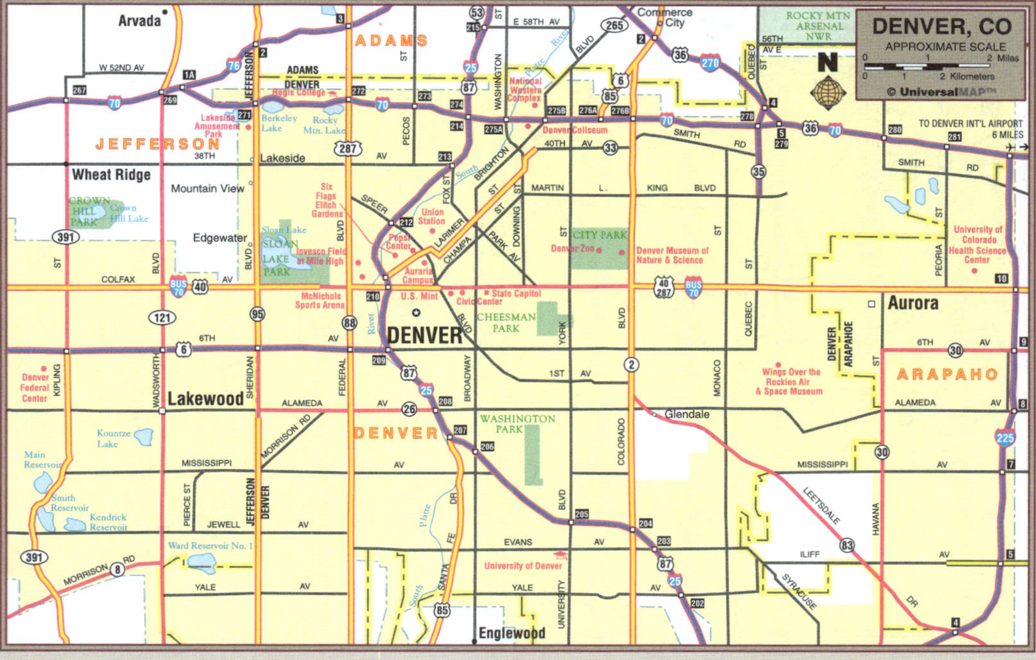
DENVER, CO
APPROXIMATE SCALE
© UniversalMAP™
DENVER
Denver
Aurora
Lakewood
Arvada
Wheat Ridge
Edgewater
Mountain View
Lakeside
Glendale
Englewood
Commerce City
ADAMS
JEFFERSON
ARAPAHO
TO DENVER INT'L AIRPORT 6 MILES

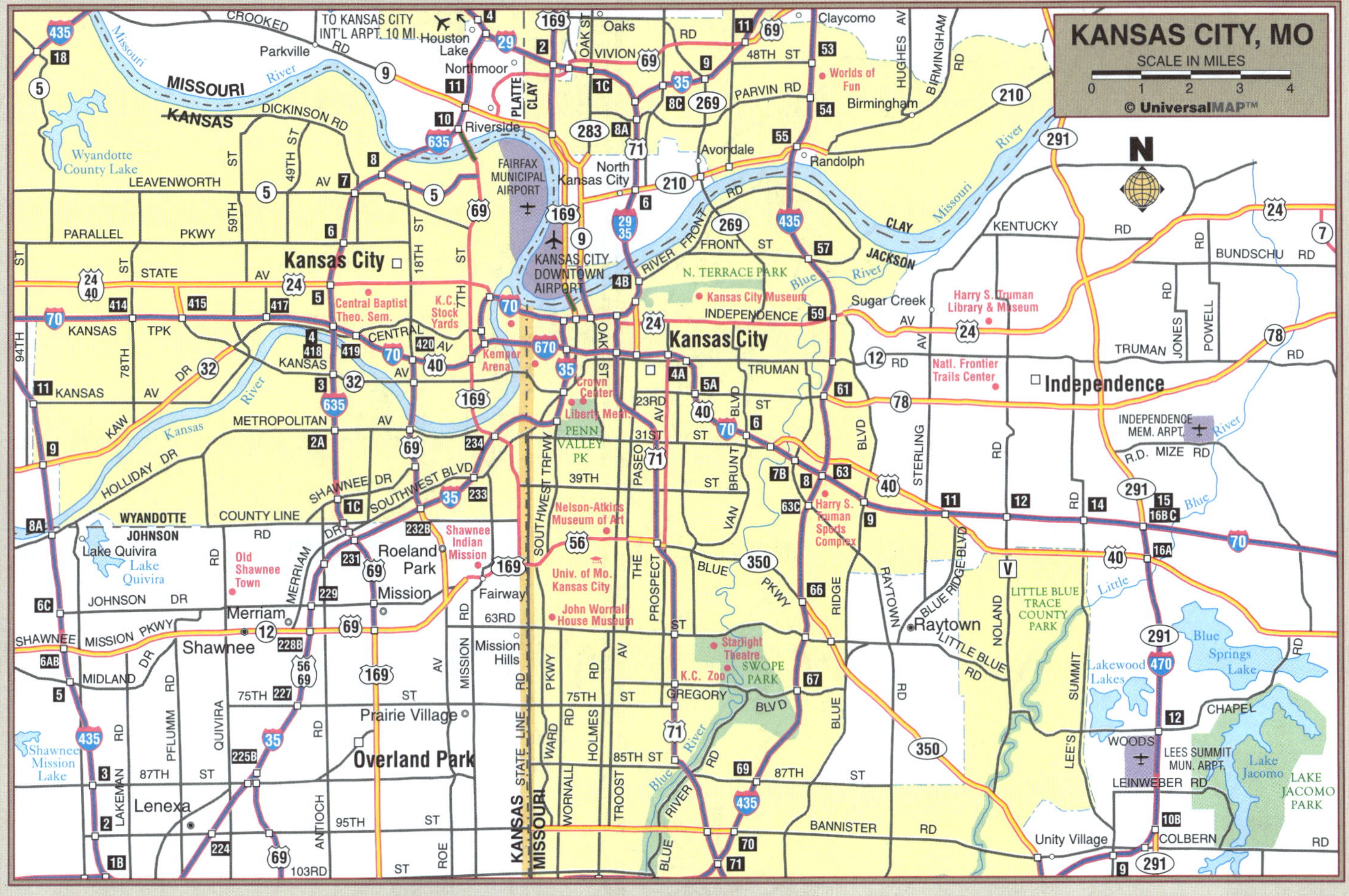
KANSAS CITY, MO
SCALE IN MILES
0 1 2 3 4
© UniversalMAP™
N
Kansas City
Independence
Overland Park
Parkville
Houston Lake
Northmoor
Riverside
Claycomo
Oaks
Birmingham
Avondale
Randolph
North Kansas City
Sugar Creek
Roeland Park
Mission
Merriam
Shawnee
Lenexa
Prairie Village
Mission Hills
Fairway
Raytown
Unity Village
Lake Quivira
FAIRFAX MUNICIPAL AIRPORT
KANSAS CITY DOWNTOWN AIRPORT
TO KANSAS CITY INT'L ARPT. 10 MI.
INDEPENDENCE MEM. ARPT.
LEES SUMMIT MUN. ARPT.
Worlds of Fun
Harry S. Truman Library & Museum
Natl. Frontier Trails Center
Kansas City Museum
Central Baptist Theo. Sem.
K.C. Stock Yards
Kemper Arena
Crown Center
Liberty Mem.
PENN VALLEY PK
Nelson-Atkins Museum of Art
Univ. of Mo. Kansas City
John Wornall House Museum
Shawnee Indian Mission
Old Shawnee Town
Harry S. Truman Sports Complex
Starlight Theatre
K.C. Zoo
SWOPE PARK
N. TERRACE PARK
LITTLE BLUE TRACE COUNTY PARK
LAKE JACOMO PARK
Wyandotte County Lake
Shawnee Mission Lake
Blue Springs Lake
Lakewood Lakes
Missouri River
Kansas River
Blue River
MISSOURI
KANSAS
WYANDOTTE
JOHNSON
CLAY
JACKSON
PLATTE
CLAY

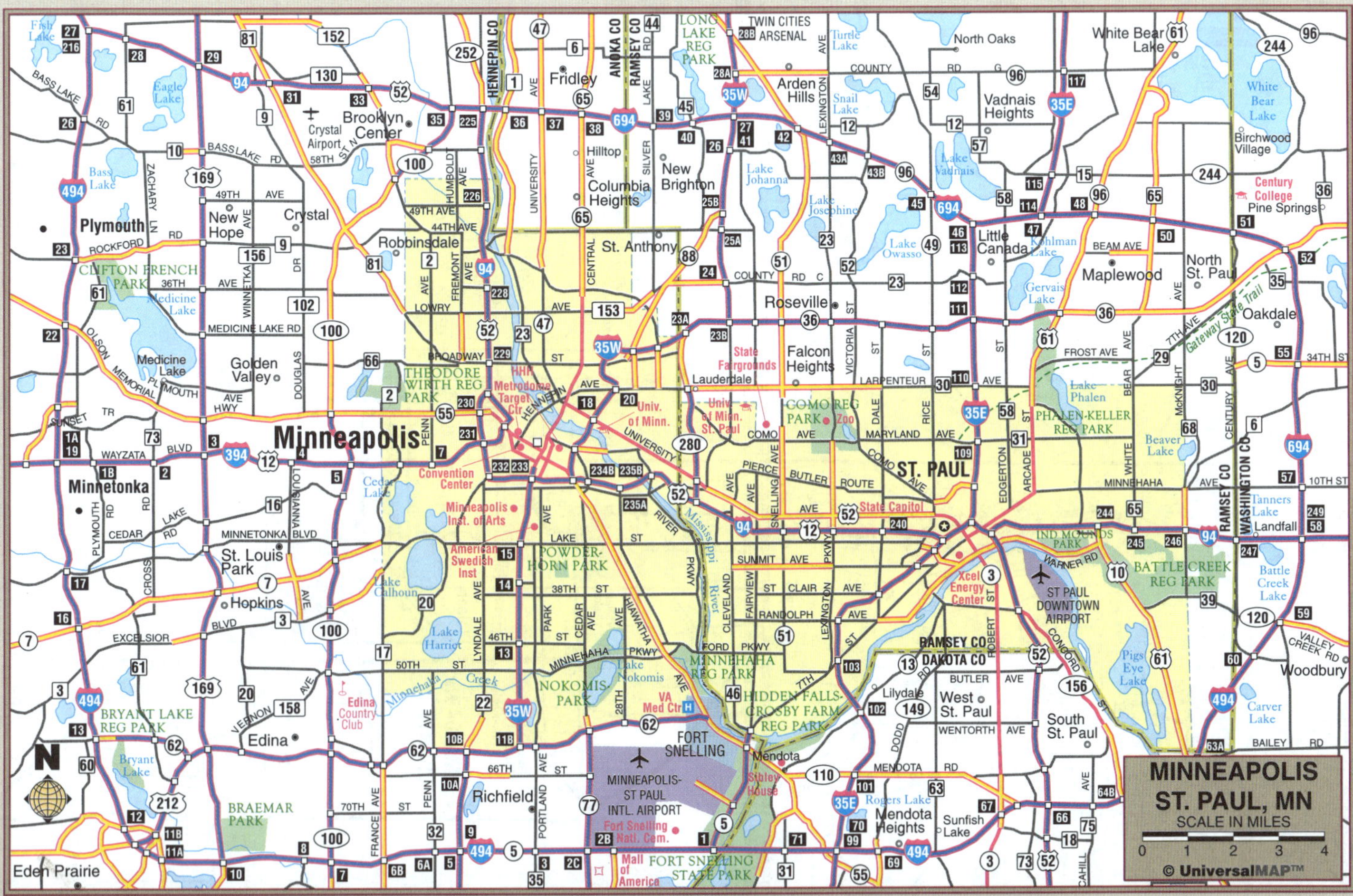
MINNEAPOLIS ST. PAUL, MN
SCALE IN MILES
0 1 2 3 4
© UniversalMAP™
N
Minneapolis
ST. PAUL
Fridley
Arden Hills
Brooklyn Center
Vadnais Heights
White Bear Lake
North Oaks
Birchwood Village
Plymouth
New Hope
Crystal
Robbinsdale
Columbia Heights
Hilltop
New Brighton
St. Anthony
Roseville
Falcon Heights
Lauderdale
Little Canada
Maplewood
North St. Paul
Pine Springs
Oakdale
Golden Valley
Minnetonka
St. Louis Park
Hopkins
Edina
Richfield
Eden Prairie
Mendota
Mendota Heights
Lilydale
West St. Paul
South St. Paul
Sunfish Lake
Woodbury
Landfall
TWIN CITIES ARSENAL
Crystal Airport
MINNEAPOLIS-ST PAUL INTL. AIRPORT
ST PAUL DOWNTOWN AIRPORT
FORT SNELLING
FORT SNELLING STATE PARK
Mall of America
Fort Snelling Natl. Cem.
Sibley House
VA Med Ctr
Univ. of Minn.
Univ. of Minn. St. Paul
State Fairgrounds
COMO REG PARK
Zoo
State Capitol
HHH Metrodome
Target Ctr.
Convention Center
Minneapolis Inst. of Arts
American Swedish Inst
Xcel Energy Center
Century College
Edina Country Club
THEODORE WIRTH REG PARK
POWDERHORN PARK
MINNEHAHA REG PARK
NOKOMIS PARK
HIDDEN FALLS-CROSBY FARM REG PARK
PHALEN-KELLER REG PARK
BATTLE CREEK REG PARK
IND MOUNDS PARK
LONG LAKE REG PARK
CLIFTON FRENCH PARK
BRYANT LAKE REG PARK
BRAEMAR PARK
Gateway State Trail
Mississippi River
HENNEPIN CO
ANOKA CO
RAMSEY CO
DAKOTA CO
WASHINGTON CO
Lake Calhoun
Lake Harriet
Lake Nokomis
Cedar Lake
Medicine Lake
White Bear Lake
Lake Johanna
Lake Owasso
Lake Phalen
Pigs Eye Lake

LOS ANGELES, CA
SCALE IN MILES
0 3 6 9 12
© UniversalMAP™
N
PACIFIC
OCEAN
Santa
Monica
Bay
San Pedro Channel
San Pedro
Bay
SANTA MONICA
MOUNTAINS
NATL. REC. AREA
Malibu
Santa Monica
Marina del Rey
Inglewood
Hawthorne
Lennox
El Segundo
Manhattan Beach
Hermosa Beach
Redondo Beach
Torrance
Palos Verdes Estates
Rolling Hills Estates
Rancho Palos Verdes
San Pedro
Long Beach
Seal Beach
Huntington Beach
Newport Beach
Costa Mesa
Irvine
Santa Ana
Tustin
Orange
Anaheim
Fullerton
Garden Grove
Westminster
Fountain Valley
Los Angeles
Beverly Hills
West Hollywood
Culver City
Burbank
Glendale
Pasadena
Alhambra
Rosemead
El Monte
Monterey Park
East Los Angeles
Montebello
Pico Rivera
Whittier
Downey
Norwalk
Bellflower
Lakewood
Cerritos
Compton
Gardena
Carson
Lynwood
South Gate
Huntington Park
Florence
West Covina
Baldwin Park
Covina
Pomona
Ontario
Upland
Claremont
Chino
Chino Hills
Yorba Linda
La Habra
La Mirada
Buena Park
Cypress
Villa Park
Laguna Hills
Lake Forest
Mission Viejo
Crystal Cove
Emerald Bay
LOS ANGELES CO
ORANGE
SAN BERNARDINO COUNTY
RIVERSIDE CO
Sierra Peak 3,045

NEW ORLEANS, LA
SCALE IN MILES
0 1 2 3 4
© UniversalMAP™
N
Lake Pontchartrain
LAKE PONTCHARTRAIN CAUSEWAY (TOLL)
NEW ORLEANS
ORLEANS PARISH
ST. BERNARD PARISH
JEFFERSON PARISH
ST. CHARLES PARISH
ST. JOHN THE BAPTIST PARISH
PLAQUEMINES PARISH
Metairie
Kenner
Louis Armstrong New Orleans International Airport
New Orleans Lakefront Airport
Chalmette
Arabi
Meraux
Violet
Gretna
Harvey
Marrero
Westwego
Harahan
Jefferson Heights
Bridge City
Avondale
Waggaman
St. Rose
Luling
Boutte
Norco
Hahnville
Paradis
Des Allemands
St. Bernard
Belle Chasse
BELLE CHASSE NAVAL AIR STATION
CALLENDER FIELD
US COAST GUARD RESERVATION
Lake Cataouatche
Mississippi River

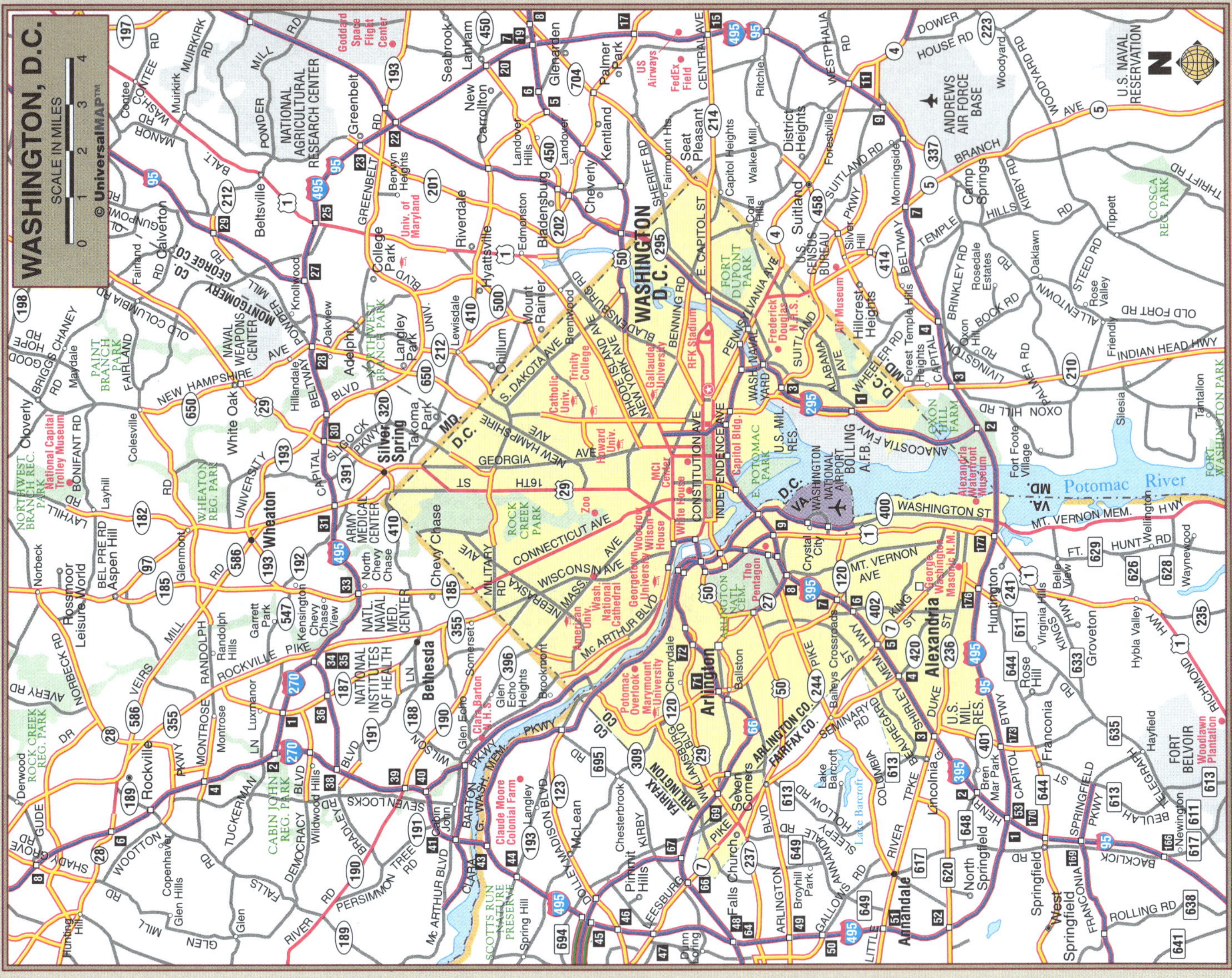
WASHINGTON, D.C.
SCALE IN MILES
0 1 2 3 4
© UniversalMAP™
WASHINGTON D.C.
Arlington
Alexandria
Bethesda
Silver Spring
Wheaton
Rockville
Potomac River
VA.
MD.
ANDREWS AIR FORCE BASE
FORT BELVOIR
NATIONAL AGRICULTURAL RESEARCH CENTER
N

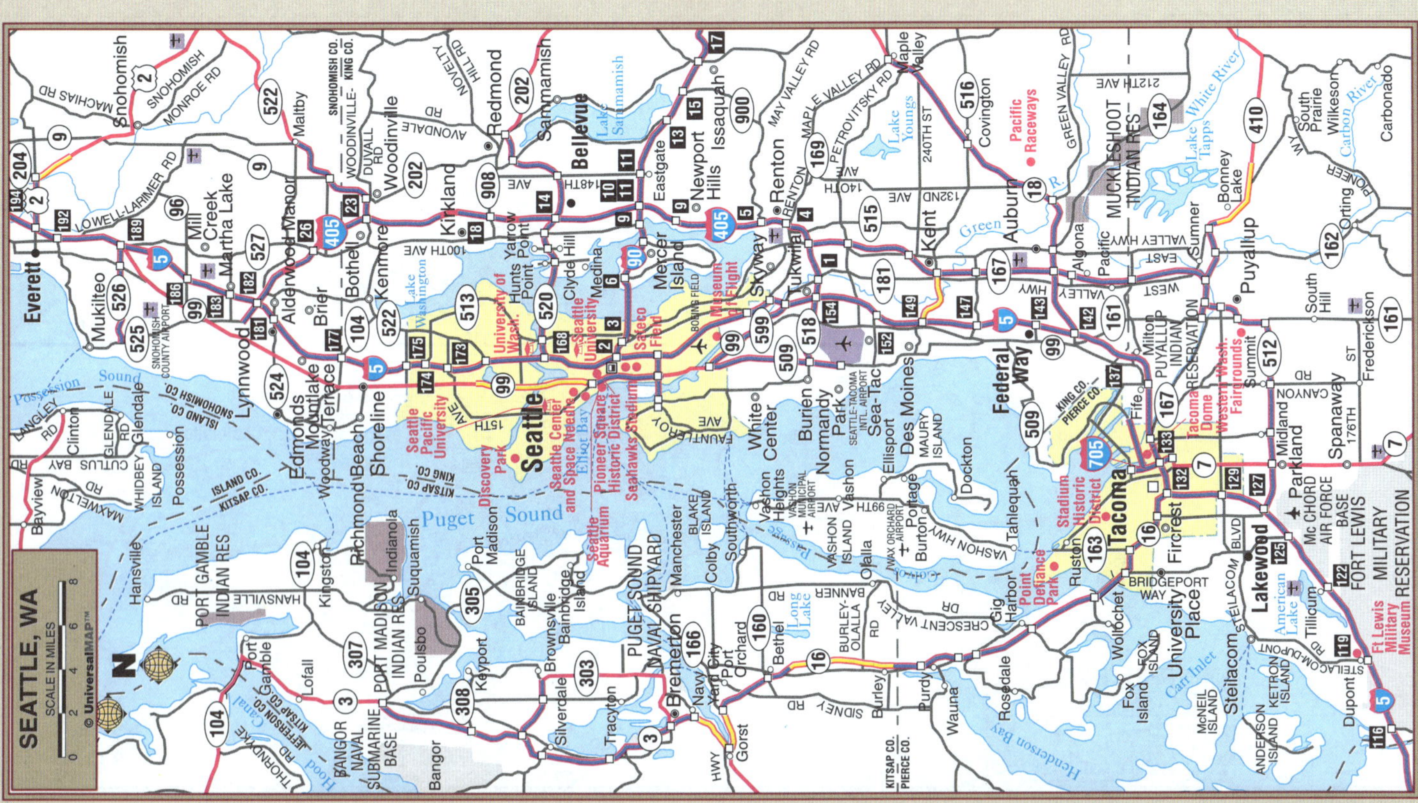
SEATTLE, WA
SCALE IN MILES
0 2 4 6 8
© UniversalMAP™
Seattle
Tacoma
Everett
Bellevue
Puget Sound
Federal Way
Lakewood
Kent
Auburn
Puyallup
FORT LEWIS MILITARY RESERVATION
N

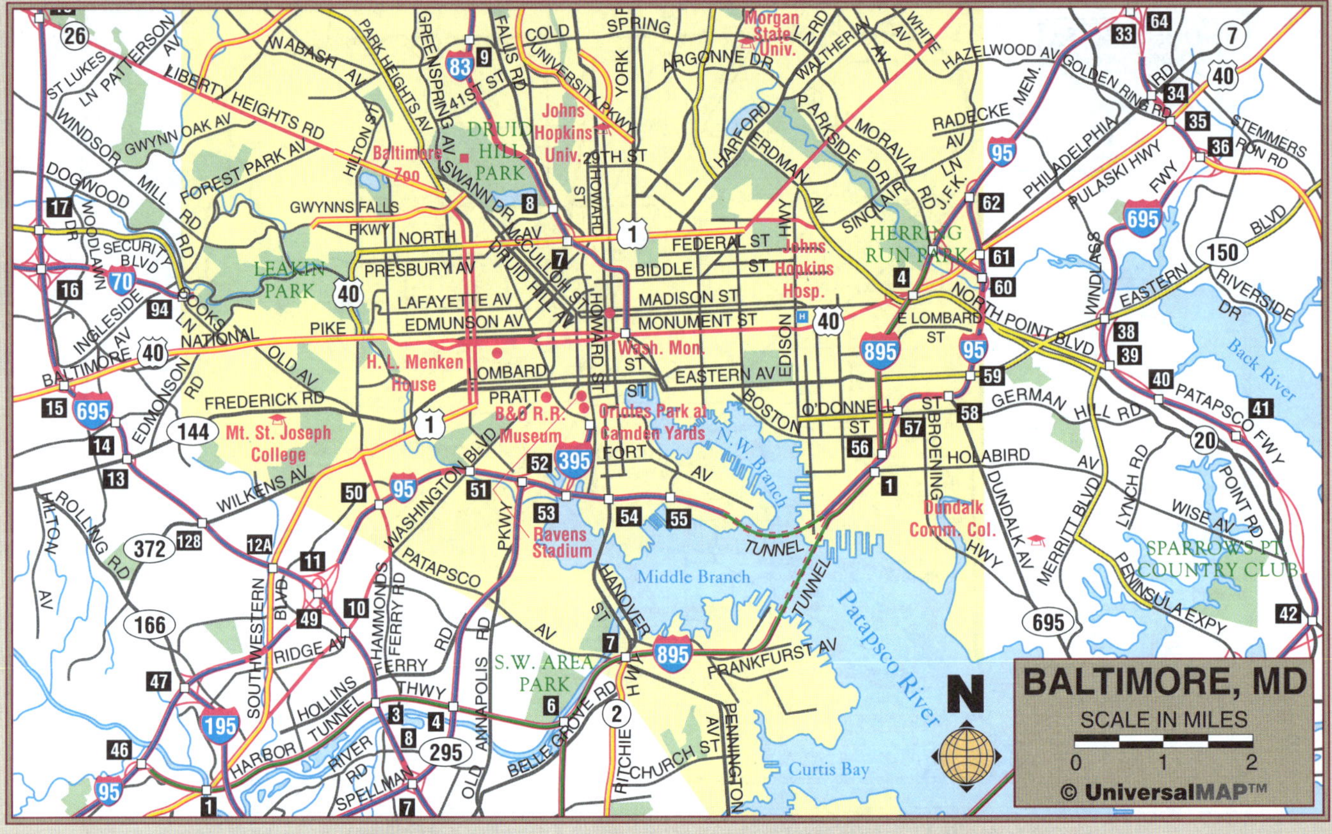
BALTIMORE, MD
SCALE IN MILES
0 1 2
© UniversalMAP™
N
Druid Hill Park
Baltimore Zoo
Johns Hopkins Univ.
Morgan State Univ.
Johns Hopkins Hosp.
Herring Run Park
Leakin Park
H.L. Menken House
Wash. Mon.
B&O R.R. Museum
Orioles Park at Camden Yards
Mt. St. Joseph College
Ravens Stadium
Middle Branch
N.W. Branch
Patapsco River
Curtis Bay
Back River
S.W. Area Park
Dundalk Comm. Col.
Sparrows Pt. Country Club
Fort McHenry Tunnel
Harbor Tunnel

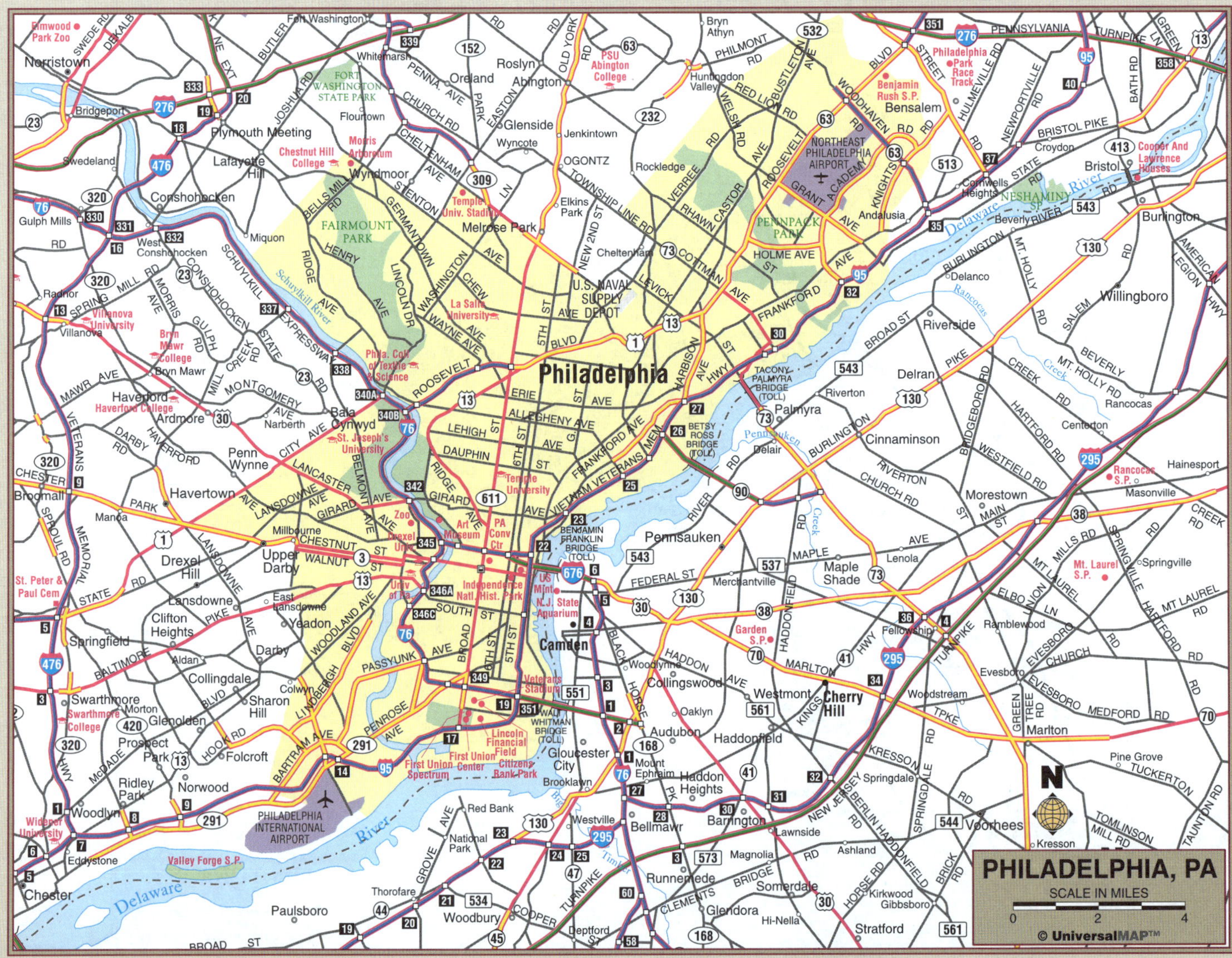
PHILADELPHIA, PA
SCALE IN MILES
0 2 4
© UniversalMAP™
N
Philadelphia
Camden
Cherry Hill
Norristown
Conshohocken
Bala Cynwyd
Upper Darby
Havertown
Springfield
Swarthmore
Pennsauken
Palmyra
Willingboro
Bensalem
Bristol
Burlington
Chester
Paulsboro
Woodbury
Haddonfield
Fairmount Park
Pennypack Park
Northeast Philadelphia Airport
Philadelphia International Airport
Independence Natl. Hist. Park
Art Museum
Temple University
La Salle University
St. Joseph's University
Villanova University
Widener University
Delaware River
Schuylkill River
Valley Forge S.P.

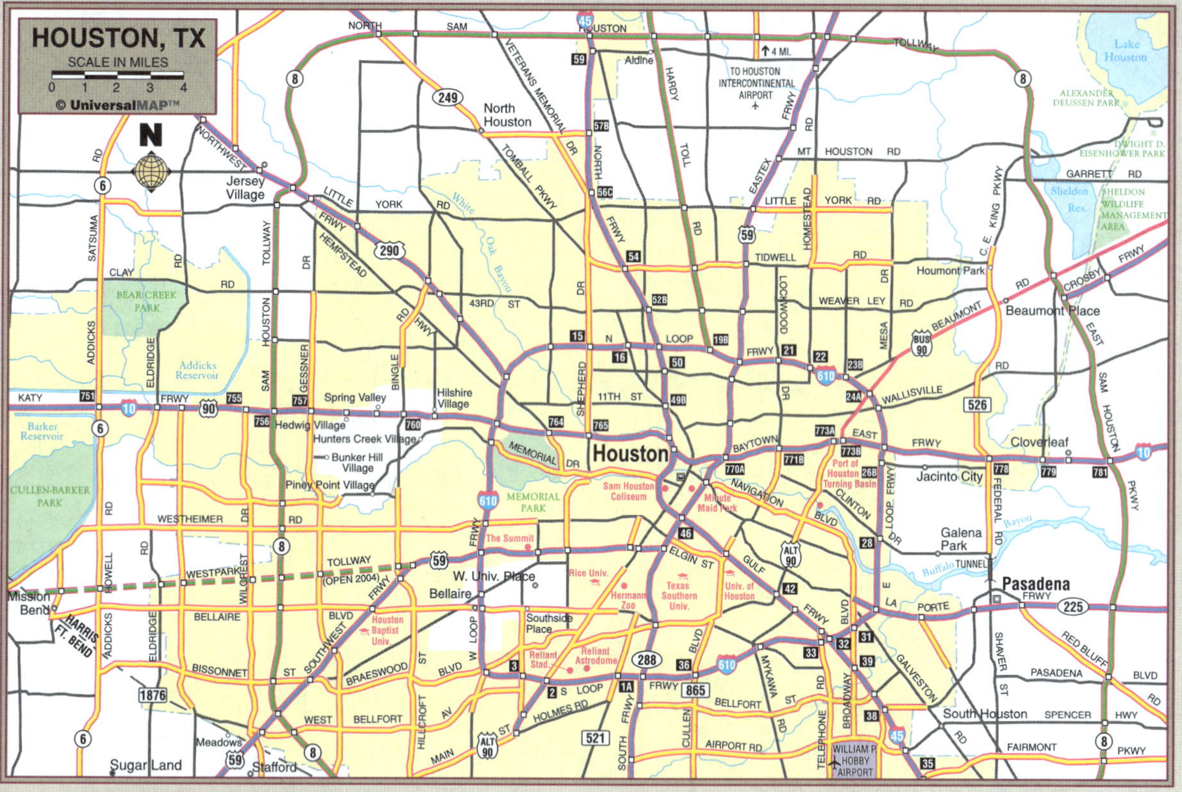
HOUSTON, TX
SCALE IN MILES
0 1 2 3 4
© UniversalMAP™
Houston
Pasadena

NEW YORK, NY
SCALE IN MILES
0 2 4 6 8
© UniversalMAP™
ATLANTIC OCEAN
NEW YORK
MANHATTAN
BROOKLYN
QUEENS
BRONX
STATEN ISLAND
Newark

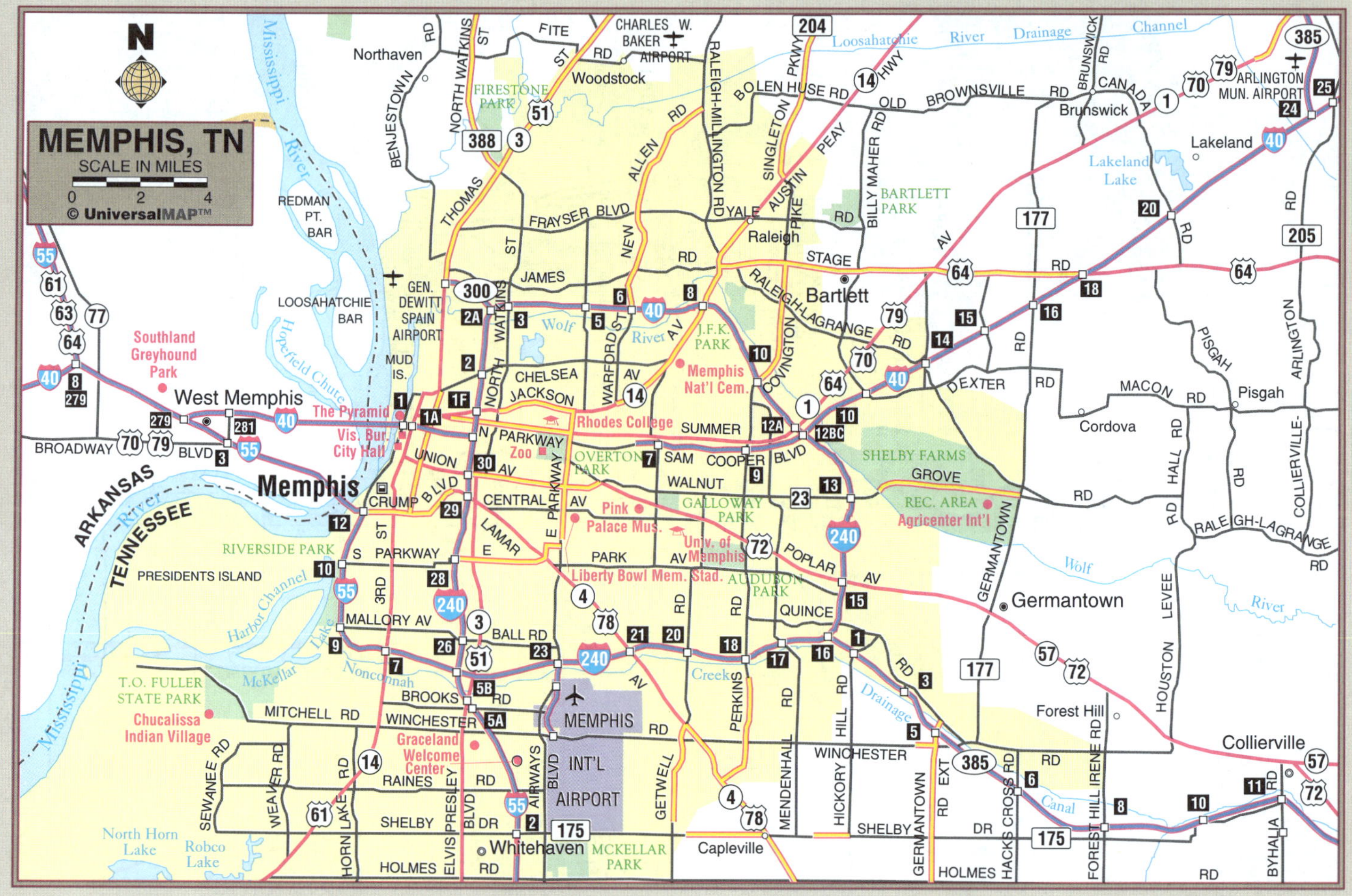
MEMPHIS, TN
SCALE IN MILES
0 2 4
© UniversalMAP™
N
Memphis
West Memphis
Bartlett
Germantown
Collierville
Whitehaven
Raleigh
Cordova
Lakeland
Brunswick
Capleville
Woodstock
Northaven
Pisgah
Forest Hill
MEMPHIS INT'L AIRPORT
CHARLES W. BAKER AIRPORT
ARLINGTON MUN. AIRPORT
GEN. DEWITT SPAIN AIRPORT
The Pyramid
Vis. Bur. City Hall
Rhodes College
Zoo
Pink Palace Mus.
Univ. of Memphis
Liberty Bowl Mem. Stad.
Graceland Welcome Center
Memphis Nat'l Cem.
Southland Greyhound Park
Agricenter Int'l
Chucalissa Indian Village
T.O. FULLER STATE PARK
SHELBY FARMS
BARTLETT PARK
FIRESTONE PARK
MCKELLAR PARK
OVERTON PARK
GALLOWAY PARK
AUDUBON PARK
J.F.K. PARK
RIVERSIDE PARK
PRESIDENTS ISLAND
ARKANSAS
TENNESSEE
Mississippi River
Wolf River
Loosahatchie River

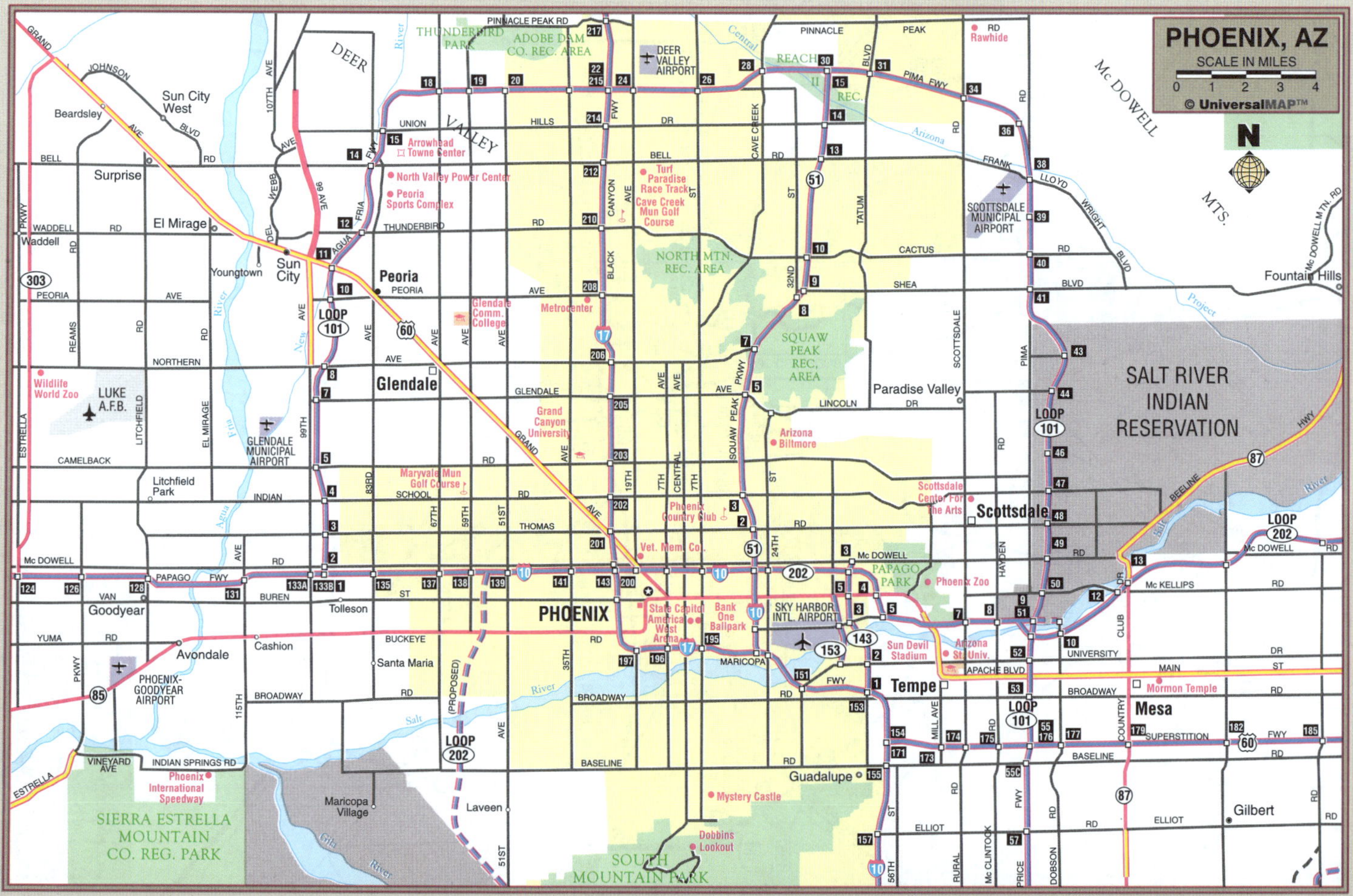
PHOENIX, AZ
SCALE IN MILES
0 1 2 3 4
© UniversalMAP™
N
PHOENIX
Glendale
Peoria
Scottsdale
Tempe
Mesa
Gilbert
Goodyear
Avondale
Tolleson
Surprise
El Mirage
Sun City
Sun City West
Youngtown
Paradise Valley
Fountain Hills
Guadalupe
Laveen
Maricopa Village
Cashion
Litchfield Park
Santa Maria
SALT RIVER INDIAN RESERVATION
SKY HARBOR INTL. AIRPORT
DEER VALLEY AIRPORT
SCOTTSDALE MUNICIPAL AIRPORT
GLENDALE MUNICIPAL AIRPORT
PHOENIX-GOODYEAR AIRPORT
LUKE A.F.B.
State Capitol
Bank One Ballpark
America West Arena
Sun Devil Stadium
Arizona St. Univ.
Phoenix Zoo
Mormon Temple
Arizona Biltmore
Grand Canyon University
Metrocenter
Glendale Comm. College
Turf Paradise Race Track
Cave Creek Mun Golf Course
North Valley Power Center
Peoria Sports Complex
Arrowhead Towne Center
Wildlife World Zoo
Phoenix International Speedway
Mystery Castle
Dobbins Lookout
Rawhide
SOUTH MOUNTAIN PARK
SQUAW PEAK REC. AREA
NORTH MTN. REC. AREA
SIERRA ESTRELLA MOUNTAIN CO. REG. PARK
ADOBE DAM CO. REC. AREA

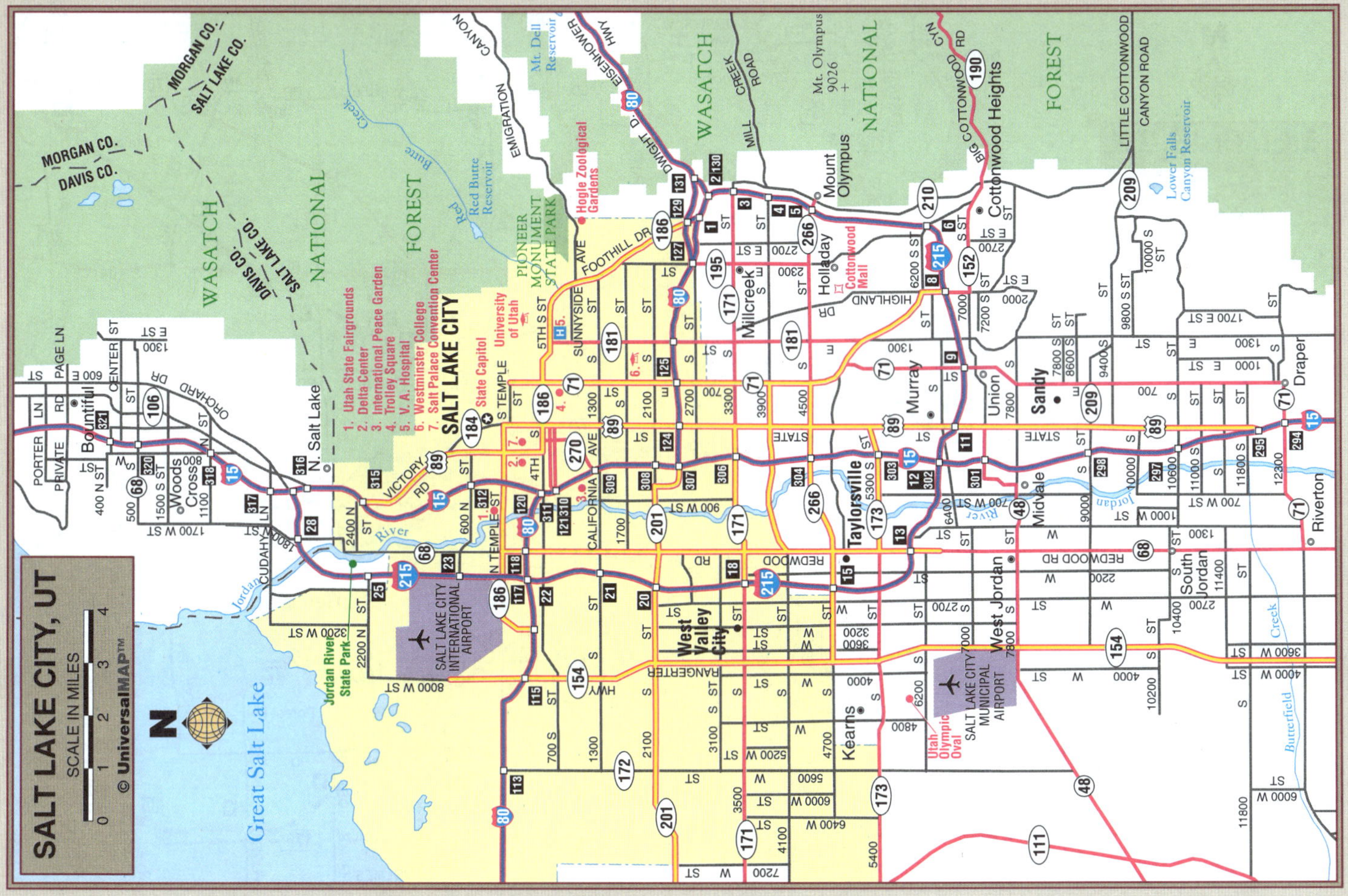
SALT LAKE CITY, UT
SCALE IN MILES
0 1 2 3 4
© UniversalMAP™
N
Great Salt Lake
Jordan River State Park
SALT LAKE CITY INTERNATIONAL AIRPORT
SALT LAKE CITY
State Capitol
University of Utah
1. Utah State Fairgrounds
2. Delta Center
3. International Peace Garden
4. Trolley Square
5. V. A. Hospital
6. Westminster College
7. Salt Palace Convention Center
Hogle Zoological Gardens
PIONEER MONUMENT STATE PARK
WASATCH NATIONAL FOREST
Bountiful
Woods Cross
N. Salt Lake
West Valley City
Kearns
Utah Olympic Oval
SALT LAKE CITY MUNICIPAL AIRPORT
West Jordan
South Jordan
Taylorsville
Millcreek
Holladay
Cottonwood Mall
Murray
Midvale
Union
Sandy
Cottonwood Heights
Mount Olympus
Mt. Olympus 9026
Riverton
Draper
Red Butte Reservoir
Mt. Dell Reservoir
Lower Falls Canyon Reservoir
MORGAN CO.
DAVIS CO.
SALT LAKE CO.
LITTLE COTTONWOOD CANYON ROAD
BIG COTTONWOOD CYN RD
EMIGRATION CANYON
EISENHOWER HWY
MILL CREEK ROAD

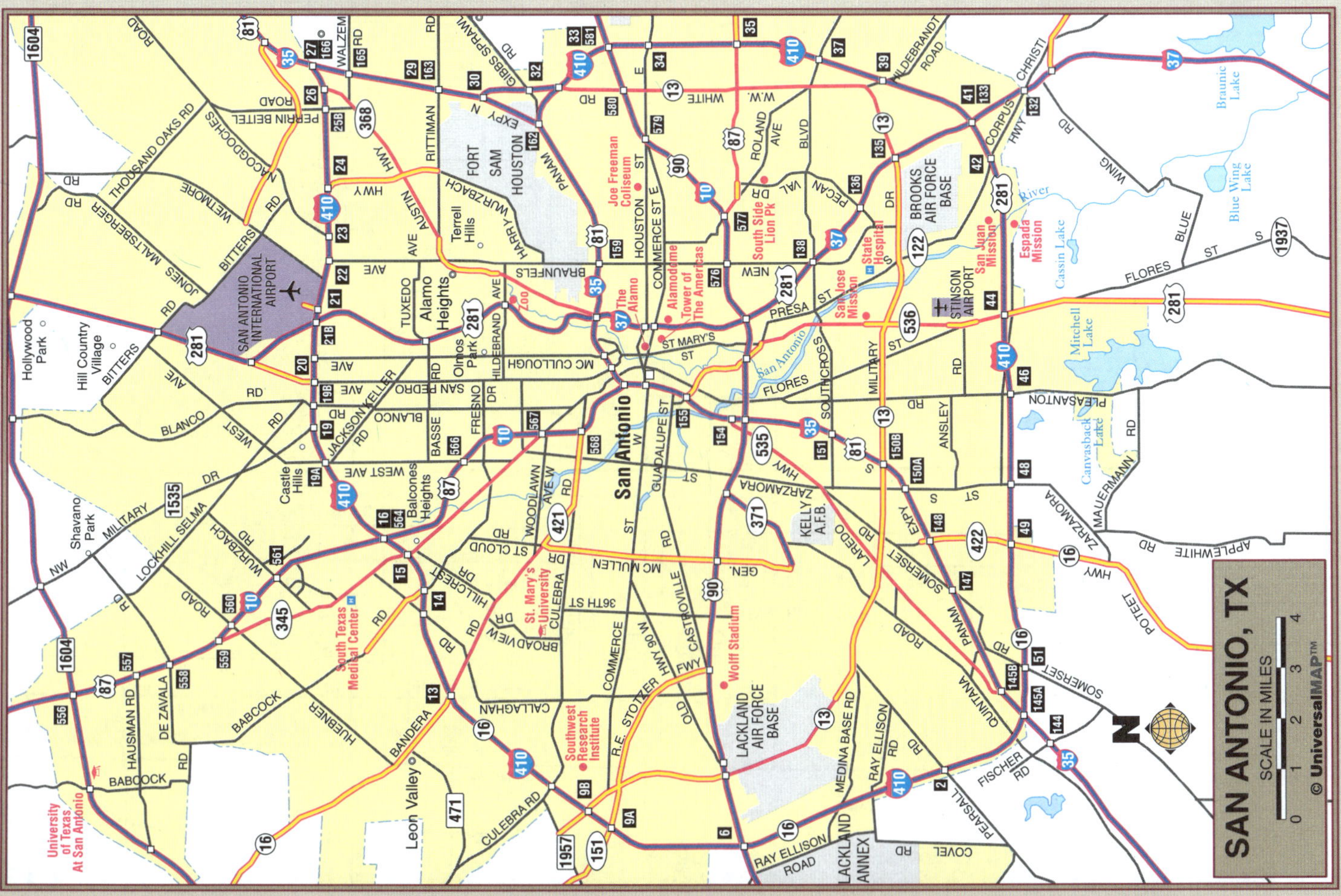
SAN ANTONIO, TX
SCALE IN MILES
0 1 2 3 4
© UniversalMAP™
N
San Antonio
SAN ANTONIO INTERNATIONAL AIRPORT
LACKLAND AIR FORCE BASE
LACKLAND ANNEX
KELLY A.F.B.
BROOKS AIR FORCE BASE
STINSON AIRPORT
FORT SAM HOUSTON
University of Texas At San Antonio
South Texas Medical Center
Southwest Research Institute
St. Mary's University
Wolff Stadium
The Alamo
Alamodome
Tower of The Americas
Joe Freeman Coliseum
South Side Lion Pk
San Jose Mission
San Juan Mission
Espada Mission
State Hospital
Zoo
Leon Valley
Balcones Heights
Castle Hills
Shavano Park
Hill Country Village
Hollywood Park
Olmos Park
Alamo Heights
Terrell Hills
Mitchell Lake
Cassin Lake
Canvasback Lake
Blue Wing Lake
Braunig Lake

ST. LOUIS, MO
SCALE IN MILES
0 1 2 3 4
© UniversalMAP™
St. Louis
St. Charles
Bridgeton
Florissant
Black Jack
Spanish Lake
Hazelwood
Bellefontaine Neighbors
Berkeley
Ferguson
Dellwood
Jennings
Kinloch
St. Ann
Woodson Terrace
St. Johns
Normandy
Breckenridge Hills
Maryland Heights
Overland
University City
Olivette
Creve Coeur
Clayton
Ladue
Frontenac
Huntleigh
Des Peres
Town And Country
Manchester
Kirkwood
Glendale
Webster Groves
Rock Hill
Brentwood
Maplewood
Richmond Heights
Shrewsbury
Crestwood
Sunset Hills
Concord
Affton
Fenton
Valley Park
Twin Oaks
Peerless Park
Murphy
Mattese
Cahokia
East Carondelet
Dupo
LAMBERT ST. LOUIS INTL. AIRPORT
WEISS AIRPORT
CREVE COEUR AIRPORT
ARROWHEAD AIRPORT
FOREST PARK
St. Louis Art Mus.
Zoo
Science Ctr.
St. Louis Cathedral
Anheuser Busch Brewery
1. Kiel Center
2. Busch Stadium
3. Edward Jones Dome
Jefferson Barracks Natl. Cem.
JEFFERSON BARRACKS HIST. CO. PARK
Grant's Farm
Meramec Comm. Col.
Museum of Transportation
Carmelite Monastery
Army Records Center
Maryville College
Bissell House
First State Capitol
Comm. Col.
MISSOURI
ILLINOIS
Mississippi River
Missouri River
Meramec River
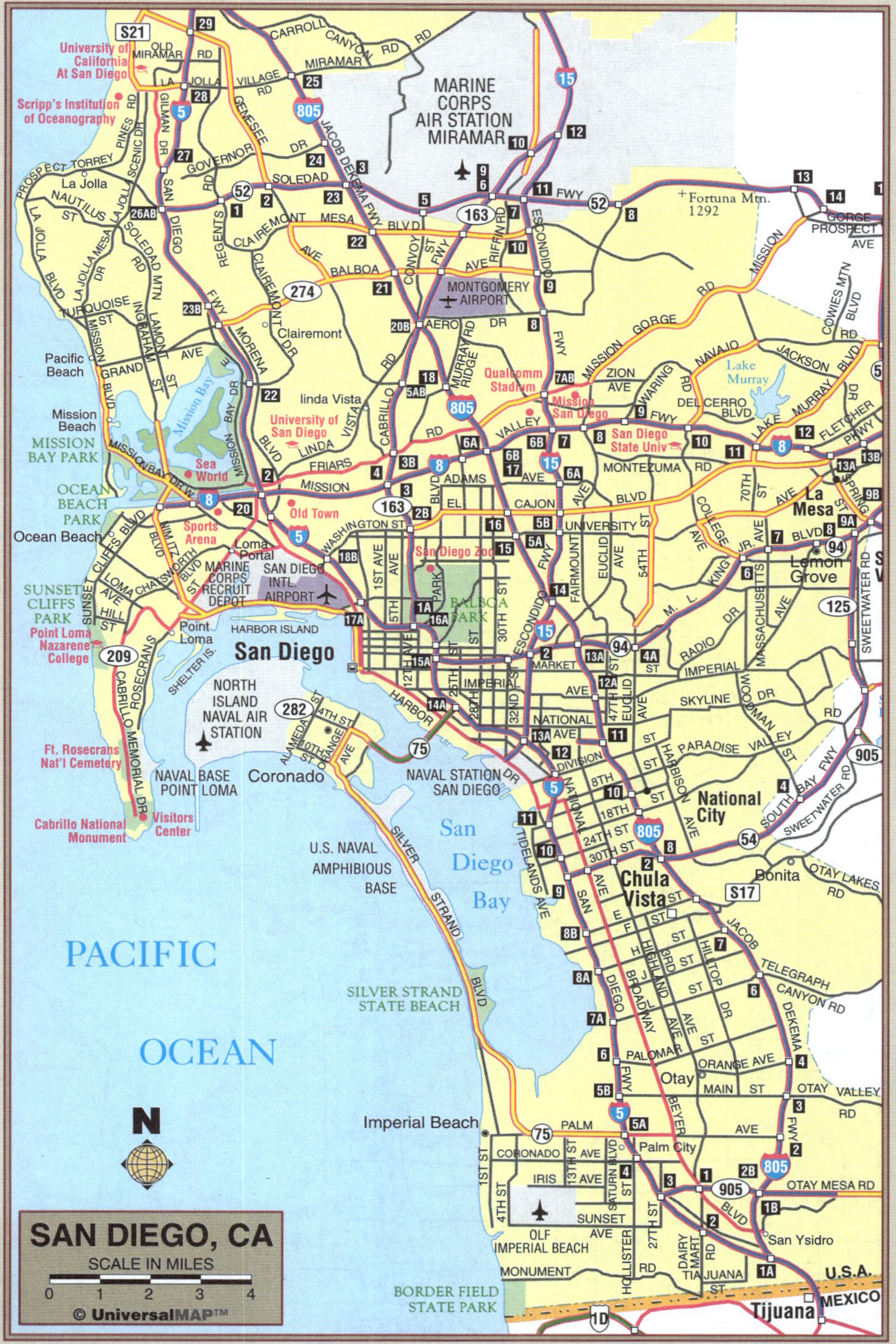
SAN DIEGO, CA
SCALE IN MILES
0 1 2 3 4
© UniversalMAP™
San Diego
PACIFIC OCEAN
San Diego Bay
La Jolla
Pacific Beach
Mission Beach
Ocean Beach
Point Loma
Clairemont
linda Vista
Coronado
National City
Chula Vista
Bonita
Imperial Beach
Palm City
Otay
San Ysidro
Tijuana
U.S.A.
MEXICO
La Mesa
Lemon Grove
MARINE CORPS AIR STATION MIRAMAR
MONTGOMERY AIRPORT
SAN DIEGO INTL. AIRPORT
NORTH ISLAND NAVAL AIR STATION
NAVAL BASE POINT LOMA
NAVAL STATION SAN DIEGO
U.S. NAVAL AMPHIBIOUS BASE
MARINE CORPS RECRUIT DEPOT
University of California At San Diego
Scripp's Institution of Oceanography
University of San Diego
San Diego State Univ.
Qualcomm Stadium
Mission San Diego
Sea World
Sports Arena
Old Town
San Diego Zoo
BALBOA PARK
Point Loma Nazarene College
Ft. Rosecrans Nat'l Cemetery
Cabrillo National Monument
Visitors Center
MISSION BAY PARK
OCEAN BEACH PARK
SUNSET CLIFFS PARK
SILVER STRAND STATE BEACH
BORDER FIELD STATE PARK
Lake Murray
Fortuna Mtn. 1292

SAN FRANCISCO, CA
SCALE IN MILES
0 2 4 6 8
© UniversalMAP™
PACIFIC OCEAN
San Pablo Bay
San Francisco Bay
Suisun Bay
San Francisco
Oakland
Berkeley
Richmond
Alameda
San Leandro
Hayward
Fremont
Daly City
South San Francisco
San Mateo
Redwood City
Palo Alto
Mountain View
Sunnyvale
Santa Clara
Concord
Walnut Creek
San Rafael
SANTA CRUZ MTNS

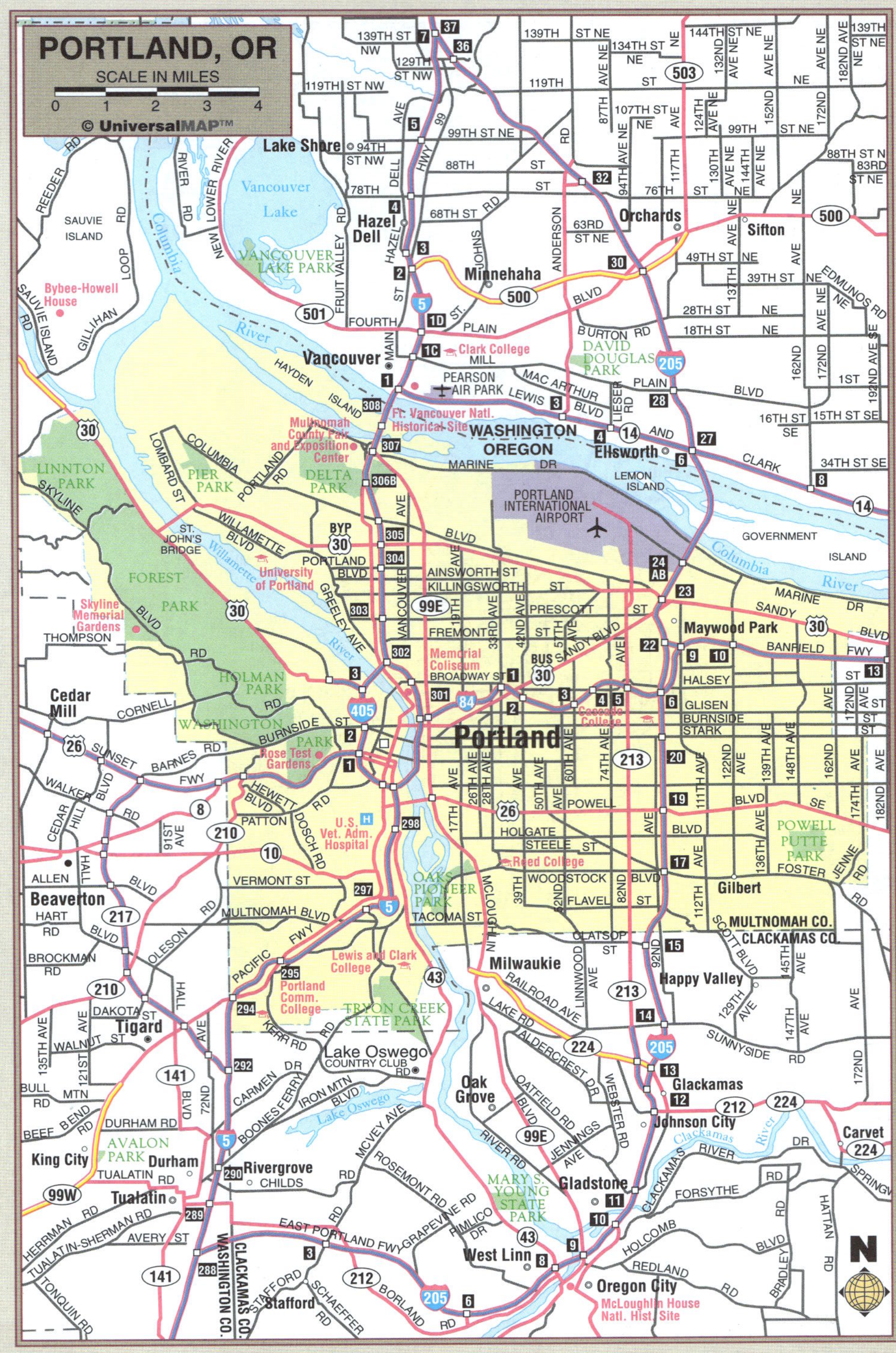
PORTLAND, OR
SCALE IN MILES
0 1 2 3 4
© UniversalMAP™
Portland
Vancouver
WASHINGTON
OREGON
PORTLAND INTERNATIONAL AIRPORT
FOREST PARK
Columbia River
Willamette River
Beaverton
Tigard
Lake Oswego
Milwaukie
Gresham
Oregon City
West Linn
Gladstone
Happy Valley
Clackamas
Tualatin
Hazel Dell
Orchards
Minnehaha
Gilbert
Maywood Park
MULTNOMAH CO.
CLACKAMAS CO.
WASHINGTON CO.